PHILIPPA SIGL-GLÖCKNER

Gutes Geld

Philippa Sigl-Glöckner

GUTES GELD

Wege zu einer gerechten und nachhaltigen Gesellschaft

QUADRIGA

NACHHALTIG PRODUZIERT

Die Bastei Lübbe AG verfolgt eine nachhaltige Buchproduktion. Wir verwenden Papiere aus nachhaltiger Forstwirtschaft und verzichten darauf, Bücher einzeln in Folie zu verpacken. Wir stellen unsere Bücher in Deutschland und Europa (EU) her und arbeiten mit den Druckereien kontinuierlich an einer positiven Ökobilanz.

FSC www.fsc.org MIX Papier | Fördert gute Waldnutzung FSC® C014496

Originalausgabe

Textredaktion: Burkard Miltenberger, Berlin
Illustrationen: Tim Brackmann, Berlin
Umschlaggestaltung: Massimo Peter-Bille
Umschlagmotiv: © Annette Hauschild/Ostkreuz
Satz: hanseatenSatz-bremen, Bremen
Gesetzt aus der Minion Pro
Druck und Verarbeitung: GGP Media GmbH, Pößneck

Printed in Germany
ISBN 978-3-86995-144-7

2 4 5 3 1

Sie finden uns im Internet unter quadriga-verlag.de
Bitte beachten Sie auch: lesejury.de

Inhalt

Einleitung

Waren das da drüben in dem großen blauen Haus Einschusslöcher? Und was machte diese Frau hier, die Flugtickets nach Paris haben wollte? Vielleicht sollte ich erstmal eine Steckdose für meinen Laptop finden, first things first. Außerdem hatte ich schon wieder den Namen des Kollegen mir gegenüber vergessen, auf den die Flugticketfrau so intensiv einredete. Schrecklich peinlich ist das, vor allem, wenn man sich gegenübersitzt und ständig in die Augen sieht.

Es war mein erster Tag im Finanzministerium von Liberia, einem kleinen, vom Schicksal ungnädig behandelten Land in Westafrika. Nach zwei Bürgerkriegen war aus dem Mittelschichtland der Cabrio-Fahrer ein afrikanisches Klischee mit SIM-Karten verkaufenden Bretterbuden geworden. Nach Liberia war ich über meinen vorherigen Job bei der Weltbank in Washington, D. C. gekommen. Die Weltbank wurde gegründet, um nach dem Zweiten Weltkrieg den Wiederaufbau zerstörter Staaten zu finanzieren, und ist heute einer der größten Geldgeber von Regierungen in Afrika. Ich lernte viel, die Distanz zu unseren Kunden war aber sehr groß. Wir saßen in einem Glaspalast direkt neben dem Weißen Haus und diskutierten über Staaten, in denen bereits die große Bretterbude als mittelständisches Unternehmen galt. Nach zwei Jahren bei der Weltbank wollte ich lernen, wie es im Inneren der Regierungen aussah, an die wir unsere Kredite vergaben. 2015 bot mir eine Nichtregierungsorganisation den Job in Liberia an. Ich sollte, von ihr finanziert, das dortige Finanzministerium unterstützen. Meine Aufgabe würde es sein, Excel-Tabellen zu erstellen, mit denen die Regierung ihre Kreditaufnahme steuern konnte.

Nun saß ich da, im siebten Stock des in knalligem Gelb und Grün angestrichenen Finanzministeriums, war überwältigt von allem und versuchte, mich an den Namen meines neuen Kollegen zu erinnern. »Hi, Philippa«, rief es da aus dem Korridor. Die Stimme war mir noch nicht begegnet. Ein sehr großer Mann kam zu uns ins Büro. »Wie viele Schulden darf ich dieses Jahr aufnehmen?« Das war dann wohl der Minister. Amara Konneh, Anfang 40, Anzug wie ein westlicher Banker und kein Fan von Metadiskussionen. Eine Antwort hatte ich nicht und versuchte so viel Zeit wie möglich herauszuschlagen, um eine fundierte Analyse erstellen zu können. Bis zum nächsten Nachmittag gab er mir. Immerhin. Und der Kollege gegenüber hieß Saye-Maye. Saye-Maye, der mir mitgebrachten Maniokblatt-Eintopf zum Mittagessen anbot, damit ich lernte, was anständige liberianische Küche war.

Zuhause kramte ich in meinen Uni-Notizen und sah mir das europäische Regelwerk zu Staatsschulden an. Die Sache schien einfacher als gedacht. Eine Schuldenquote, also das Verhältnis der Staatsschulden zum Bruttoinlandsprodukt, dem BIP, von 60 Prozent galt in Europa als nachhaltig, alles darüber als zu hoch. Liberias Schuldenquote lag bei lediglich 20 Prozent des BIPs, da es nach dem Bürgerkrieg einen Schuldenerlass bekommen hatte. Rechnete man ein bisschen herum, war klar, dass Liberias Schulden trotzdem schnell bei 60 Prozent landen könnten. Ich präsentierte dem Finanzminister meine Analyse und argumentierte, dass die Regierung mit der Kreditaufnahme vorsichtig sein solle. Der Schuldenerlass sei schließlich noch nicht lange her gewesen. Ob mir bewusst sei, in welchem Zustand sich das Land befinde, fragte der Minister. Es gebe zur Regenzeit kaum befahrbare Straßen, kein sauberes Wasser, nicht mal in der Hauptstadt Monrovia. Natürlich müsse er mit dem Geld verantwortungsvoll umgehen. Er brauche aber eine gute Begründung, wenn er seinen Landsleuten grundlegende Infrastruktur vorenthalte. Ich solle mir noch einmal genau ansehen, wie man in Europa die maximal zulässige Schuldenquote von 60 Prozent begründete und ob das auch wirklich die richtige Messlatte für Liberia sei.

Minister Konnehs Frage kann man genauso gut für Europa stellen. Wieso sollten sich Staaten in Europa nur bis zu 60 Prozent des BIPs verschulden dürfen? In Deutschland war die Stimmung 2015 miserabel. Die Asylgesuche hatten sich mehr als verdoppelt. Kanzlerin Angela Merkel verkündete, »Wir schaffen das!«, das Land war sich nicht so sicher. Die Umfragewerte der AfD stiegen an. Anstatt den Menschen wenigstens die ökonomischen Sorgen zu nehmen, zu erklären, dass Migration Deutschland nicht in den finanziellen Ruin stürzte, bespielte Finanzminister Wolfgang Schäuble die ganze Sparklaviatur. Im Koalitionsvertrag von 2013 hätte man schließlich vereinbart, ab 2015 keine neuen Schulden zu machen. Außerdem wollte die Regierung die Staatsverschuldung innerhalb von zehn Jahren von knapp über 80 auf weniger als 60 Prozent reduzieren. Das sei elementar für das Vertrauen von Investoren und Verbrauchern, erklärte er im Bundestag.[1] Für Schäuble hatte die Einhaltung der Schuldenquote von 60 Prozent höchste Priorität, selbst in diesen unruhigen Zeiten. Es musste etwas Besonderes mit dieser Zahl auf sich haben. Kaum eine andere Messgröße schien so eindeutig gleichbedeutend mit guter Politik. Heute dürften vielleicht noch das Ziel, die Erderwärmung unter 1,5 Grad zu halten, oder die NATO-Quote – also die Vereinbarung, mindestens zwei Prozent des BIPs für Verteidigung auszugeben – ähnlich bekannt sein.

Für dieses Buch habe ich mich auf die Suche nach dem Ursprung der 60-Prozent-Schuldenquote gemacht. Wenn sie schon der Haken ist, an dem die ganze deutsche Finanzpolitik hängt, wäre es gut zu wissen, nach welchen Qualitätskriterien er ausgesucht wurde. 2024 war ein guter Zeitpunkt für die Recherche zu diesem Buch, da die Europäische Kommission im November 2023 die Protokolle der Verhandlungen des Maastricht-Vertrags, des Gründungsdokuments der Europäischen Union (EU), veröffentlicht hatte. 30 Jahre später kann man von den verbalen Boxkämpfen zwischen dem späteren Bundespräsidenten Horst Köhler, damals Staatssekretär im Bundesfinanzministerium, und dem konservativen britischen Finanzminister Norman Lamont lesen. Er und Köhler stritten sich um allerlei finanzpolitische Fragen, nicht jedoch um die Schuldenquote. Die beiden dürften Jacques Delors, den Präsidenten der Europäischen Kommission und Vorsitzenden der Verhandlungen, fast um den Verstand gebracht haben. Wer aber stritt aus welchen Gründen für die Schuldenquote? Wieso entschied man sich gerade für 60 Prozent? Und was können wir aus der Geschichte der Schuldenquote und der auf ihr aufbauenden Schuldenbremse im deutschen Grundgesetz für die Gestaltung zukünftiger Finanzpolitik lernen?

Ich beschäftige mich nun seit einigen Jahren mit Staatsfinanzen und Finanzpolitik, also Fragen rund um den Staat und das Geld. Wie viel soll er ausgeben und einnehmen, sollte er sich verschulden dürfen und falls ja, wofür? Je länger ich mich mit dem Thema auseinandersetzte, desto stutziger machten mich all die Kennzahlen in den deutschen und europäischen Schuldenregeln. Neben der Schuldenquote von 60 Prozent darf zum Beispiel die Bundesregierung pro Jahr maximal Kredite in Höhe von 0,35 Prozent des BIPs aufnehmen, der deutsche Staat in Höhe von 0,5 Prozent (die jährliche Kreditaufnahme wird auch ›Defizit‹ genannt). Woher kommen alle diese Werte? Ökonomisch lassen sie sich nicht begründen. Die Antworten liegen in der Geschichte; es ist eine Geschichte von Krisenreaktionen, Tugendbeweisen und von Horst Seehofer als Napoleon – mehr dazu später. Vor allem aber ist es eine Geschichte von der gefährlichsten Idee, die nie einer hatte.

Dieses Buch nimmt Sie mit zu den Ursprüngen der Zahlen, die heute die Staatsfinanzen in Deutschland und Europa beherrschen. Es zeichnet nach, wie aus plausiblen, vorsichtig formulierten Richtwerten zur Begrenzung der Verschuldung wuchernde technopolitische Apparate wurden. Deren mathematische Formeln entschieden plötzlich über politische Großfragen, zum Beispiel darüber, wie groß unser Staat sein darf. Früher war das ein heiß umkämpftes politisches Thema, zu dem Parteien verschiedene Positionen hatten. Heute bestimmen die Schuldenregeln. Damit aber nicht genug, die Regeln treffen Entscheidungen, die einen großen Einfluss auf persönliche Schicksale haben können: zum Beispiel, in welchem Maß Frauen erwerbstätig sein sollen oder wie viele Menschen arbeitslos sein müssen. Ja, Sie haben richtig gelesen. Beides steht in unseren Schuldenregeln. Was Frauenerwerbstätigkeit und notwendige Arbeitslosigkeit mit Finanzpolitik zu tun haben und wie man überhaupt auf die Idee kommen kann, Arbeitslosigkeit für notwendig zu erklären, dazu später mehr.

Ich möchte aber nicht nur mit Ihnen in der Geschichte herumreisen und hitzige Verhandlungen und technopolitische Apparate begutachten. Ich mache auch konkrete, umsetzbare Vorschläge, wie wir die Finanzpolitik wieder in den Dienst der Gesellschaft stellen können. Das zu tun, würde sich lohnen; nicht nur, weil es dann ausreichend Geld für gesellschaftlich wichtige Projekte von Kindergärten bis zur Bundeswehr gäbe, sondern auch, weil die Politik endlich ihr großes Versprechen einlösen könnte, nämlich dass alle, die sich Mühe geben, die Chance auf gute Arbeit und ein selbstbestimmtes Leben haben.

Damit Sie mich nicht missverstehen: Die These dieses Buchs ist nicht, dass Politik sich weniger Gedanken um Geld machen sollte. Im Gegenteil: Sie sollte sich wesentlich mehr Gedanken darum machen. Eine Regierung, die ihre Finanzpolitik wieder nach inhaltlichen Zielen ausrichten würde, anstatt mit Hingabe ihre Schuldenkennzahlen zu polieren, hätte viel zu gewinnen.

Zu beschreiben, wie eine gute Finanzpolitik aussieht, setzt die Definition eines gesellschaftlichen Ziels voraus. Denn wer das eigene Ziel nicht kennt, kann unmöglich sagen, ob er auf dem richtigen Weg ist. *Kapitel 1: It's jobs, stupid!* beschreibt dieses gesellschaftliche Ziel. Auf einen Satz verkürzt, argumentiert es: Gut ist es, wenn es für alle gute Arbeit gibt. *Kapitel 2: Geldflüsse, Macht und gute Jobs* erklärt, wie Finanzpolitik und gute Arbeit zusammenhängen. *Kapitel 3: Bildung, Bahn und Bergführer* sieht sich an, wofür der Staat heute konkret Geld ausgeben sollte, und wieso für diese Ausgaben eine flexible Staatsbilanz vonnöten ist. *Kapitel 4: Die Staatsbilanz* argumentiert, dass Deutschland zu den wenigen, ausgewählten Staaten der Welt gehört, die eine solche flexible Bilanz bedenkenlos nutzen können. *Kapitel 5: Technopolitik* legt die Formeln hinter der deutschen Finanzpolitik frei und zeigt, dass die deutsche Politik mit den geltenden Regeln weder auf gute Arbeit abzielen kann noch die Möglichkeit hat, ihre Bilanz nach den gesellschaftlichen Zielen auszurichten. Das Kapitel ist zwangsläufig etwas technisch. Aber es ist wichtig, um genau zu identifizieren, an welcher Stelle unsere Vorstellung von Schuldenregeln, die uns und nachfolgende Generationen schützen sollen, und das aktuelle Regelwerk nicht zusammenpassen. Sollte es Ihnen etwas zu viel Technik sein, blättern Sie vor zu *Ein ungewinnbares Spiel.* Darin geht es um eine historische Episode, in der die Regeln und das finanzpolitisch Sinnvolle auf besonders hartem Kollisionskurs waren. Diese Zeit weist eine erstaunliche Ähnlichkeit zu heute auf. *Kapitel 6: Die gefährlichste Idee, die nie einer hatte,* verfolgt zurück, wie es zu all den Zahlen und Formeln in unseren Schuldenregeln kam. *Kapitel 7: Eine neue Finanzpolitik* schlägt einen neuen Rahmen für die Wirtschafts- und Finanzpolitik und konkrete Reformen der Schuldenregeln vor, die auch tatsächlich umsetzbar wären.

Kapitel 1
It's jobs, stupid!

Die Idee, definieren zu wollen, was eine ›gute‹ Wirtschaft ist, mag Ihnen etwas seltsam vorkommen. Die Gesellschaft sei doch gespalten und die Politik ebenso. Einen Konsens über ein gemeinsames wirtschaftliches Ziel könne es heute gar nicht geben, nur noch eine Wirtschaft, die gut ist für die ein oder andere Interessengruppe. An die Stelle der alten Volksparteien seien längst Klientelparteien gerückt, die die Interessen bestimmter Bevölkerungsgruppen vertreten. Die einen wollen Steuersenkungen, die andere Förderung für ihre Lastenräder und die Dritten die Viertagewoche. Ein gemeinsames Verständnis von ›gut‹ entwickeln zu wollen, das über Parteigrenzen hinausgeht, wirkt angesichts dieser Gesamtsituation womöglich aussichtslos. Aber bevor wir uns alle vorschnell in den Kokon unserer jeweiligen gesellschaftlichen Splittergruppe zurückziehen, könnte es sich lohnen, einmal die fundamentalen Unterschiede zwischen den Mitteparteien herauszuarbeiten. Ich rede nicht davon, ob eine Partei für oder gegen eine bestimmte Wirtschaftspolitik ist, sondern von den grundlegenden Politikzielen, die Parteien zum Beispiel in ihren Grundsatzprogrammen definieren.

Wer in den Grundsatzprogrammen von CDU, CSU, FDP, Grünen und SPD nachsieht, könnte meinen, die fünf Parteien hätten voneinander abgeschrieben. Allen geht es um ›Freiheit‹ und nicht nur das: Auch die Auslegung des Freiheitsbegriffs ähnelt sich. Es geht eigentlich immer um Freiheit als Selbstbestimmung und Entfaltung. Die einen wollen die »Talente und Ideen«[2], die anderen die »Talente und Begabungen«[3] und die Dritten die »Persönlichkeit«[4] des Menschen entfalten. Die besonders sozial Gesinnten setzen auf selbstbestimmte Entfaltung mit »Schwächen und Stärken«[5], die besonders Fortschrittlichen auf die Entfaltung von »Frauen wie Männer[n]«[6]. Ganz so verwunderlich ist dieser politische Konsens nicht. Auch in der deutschen Gesellschaft dürfte breite Zustimmung zu diesen Aussagen bestehen. Schließlich stimmen die allermeisten hierzulande zweierlei zu: Erstens, jeder Mensch hat qua seiner Existenz Menschenwürde. Zweitens, Menschen macht aus, dass sie ihre eigenen Lebenspläne verfolgen können.[7] Wir vegetieren nicht nur dahin, jeder von uns will irgendwas. Sie möchten vielleicht der erste Mensch auf einem bestimmten Berggipfel sein, ich dieses Buch fertig schreiben und mein Bruder Schauspieler werden. Nimmt man diese beiden Annahmen – Menschenwürde und Willen – zusammen, kommt dabei heraus, dass die Politik versuchen sollte, jedem Menschen Selbstbestimmung zu ermöglichen. Es gibt in Deutschland also doch einen Konsens über fundamentale Prinzipien. Die entscheidende Frage ist, ob sich von diesem Konsens ein ausreichend konkretes und kohärentes Politikziel für die Wirtschafts- und Finanzpolitik ableiten lässt; ein Politikziel, von dem wir auch wissen, wie wir es erreichen können. Ein solches Ziel zu finden wäre der Jackpot, eine Art Kochrezept für die Weltverbesserung.

Beten, Brunch und Baukästen

Kein solches Kochrezept zu haben ist unbefriedigend. Das lernte ich auf der Kirchenbank von Heilig Blut in München Bogenhausen. Bogenhausen, das ist da, wo die Leute in schönen Häusern leben, ein Audi oder Land Rover vor der Tür steht und man am Wochenende in sein Haus am See fährt. Ich war ungefähr zehn. Im Gottesdienst erzählte der Priester eindringlich und immer wieder von Kindern in Afrika, die hungern mussten. Die Erwachsenen seufzten ob des schrecklichen Zustands der Welt. Wir beteten eifrig dafür, dass es den hungernden Kindern bald besser ginge. Danach fuhren wir heim zum Brunch, ich freute mich besonders auf meine Honigsemmel. Die Kinder in Afrika waren schnell vergessen. Am nächsten Sonntag begannen die Gebetsmühlen von neuem. Um zu denken, dass davon irgendetwas besser würde, musste man schon sehr stark an ›den da oben‹ glauben. Das fiel mir schwer, ich beschloss, später irgendwas mit Weltverbesserung zu machen, zum Beispiel bei Ärzte ohne Grenzen in Afrika anzuheuern. Als Arzt hat man zwar nicht das Rezept für die allumfassende Weltrettung, ich würde aber hoffentlich dazu beitragen können, die Folgen von Hungersnöten und Krankheit zu lindern.

Der Berufswunsch Ärztin hielt nicht lang. Organische Chemie überforderte mich in der 10. Klasse hoffnungslos. Dafür lief es gut bei der Schülerzeitung. Die war damals in der Hand der intellektuellen Jungs aus der Oberstufe, die gefühlt den ganzen Tag zwischen Kant, Big-Band-Proben und Platon hin und her schwebten. Ich verstand von alldem nichts, hatte aber das Buch *Schatten der Globalisierung* des US-amerikanischen Ökonomen Joseph Stiglitz gelesen. Damit fühlte ich mich eindeutig ausreichend informiert, um eine über mehrere Seiten ausufernde Generalkritik am Internationalen Währungsfonds (IWF) und der Weltbank zu verfassen, die dann tatsächlich in der Schülerzeitung abgedruckt wurde. Stiglitz rezitierend warf ich den beiden Organisationen vor, ganz unterschiedlichen Entwicklungsländern auf Basis eines sehr stilisierten ökonomischen Modells das immer gleiche Reformrezept verordnet zu haben. Ging es nach ihnen, sollten Staaten möglichst schnell privatisieren, ihre Handelsbarrieren abbauen und Kapitalmärkte für ausländisches Geld öffnen. So freigesetzte Marktkräfte würden dann von allein in Wachstum und Wohlstand resultieren. Dass ein effizienter Markt voraussetzungsreich ist, weil er unter anderem einen Rechtsstaat benötigt, der die Marktregeln bestimmt und durchsetzt, wurde oft nicht berücksichtigt. Glaubt man Stiglitz, hat das Vertrauen des IWFs und der Weltbank in stark vereinfachte ökonomische Modelle großen Schaden angerichtet. So sei zum Beispiel die asiatische Wirtschafts- und Währungskrise 1997 und 1998 vor allem auf Empfehlungen des IWFs zurückzuführen.[8] Wahrscheinlich hatte ich von der Thematik genauso wenig verstanden wie von organischer Chemie. Der große Einfluss abstrakter Modelle auf konkrete Politik, die den Alltag von Millionen Menschen betraf, war mir aber ungeheuer. Ich entschied mich für ein Studium in Philosophie, Politik und Volkswirtschaftslehre. Meine Hoffnung war, besser zu verstehen, was ein gutes Leben ausmachte, und zu lernen, wie man dieses gute Leben möglichst vielen Menschen ermöglichte.

Ein gutes Leben hatte für mich damals viel mit Freiheit zu tun. Als Eigenbrötlerin, die am liebsten Ski fuhr und Handball spielte, wollte ich wissen, wie alle ihr Leben so leben konnten, wie sie das wollten. Amartya Sen, ein indischer Philosoph und Wirtschaftswissenschaftler mit Legendenstatus (und Nobelpreis), hatte eine plausible Antwort. Geht es nach Sen, brauchen Menschen für Freiheit die Chance, ihren Lebensentwurf selbst zu wählen, und die Fähigkeiten, ihn umzusetzen.[9] Falls Ihnen die Formulierung aus den oben erwähnten Freiheitskonzepten der deutschen Mitteparteien bekannt vorkommt, täuschen Sie sich nicht. Sie alle teilen die zentralen Punkte aus Sens Denkschule. Als Staat sicherzustellen, dass Menschen die notwendigen Fähigkeiten haben, um ihren Lebensentwurf umsetzen zu können, ist anspruchsvoll. Es reicht unter diesem

Konzept zum Beispiel nicht aus, eine Schule zu bauen. Die Politik hat erst dann die Freiheit erhöht, wenn die Kinder auch erfolgreich die Schule besucht und die Fähigkeiten erworben haben, die sie für ein selbstbestimmtes Leben benötigen. Da für jeden etwas anderes im Leben wichtig ist, der eine gärtnern, die andere um die Welt segeln möchte, weigert sich Sen, generell festzulegen, welche Fähigkeiten für Freiheit wichtig sind. Die einzige Beschränkung der zulässigen Fähigkeiten ist, dass sie zu einem Leben führen, für dessen Wertschätzung Menschen einen Grund haben.[10] Nach diesem Kriterium wäre es in Deutschland zum Beispiel keine Einschränkung der Freiheit, jemandem die Karriere als Massenmörder zu verbieten. Sens Freiheitskonzept wirkt weniger wie ein Kochrezept als vielmehr wie ein Baukasten für die große Freiheitsformel. In der Anleitung des Baukastens beschreibt er, nach welchen Prinzipien die Freiheitsformel zusammengebaut werden könnte. Ich war mir nicht sicher, wie gut sich mit diesem Baukasten ein konkretes Politikziel formulieren ließ.

Die Straßen von Liberia

Nach dem Studium wollte ich meine Kindheitsidee, in Afrika zu arbeiten, weiterverfolgen. Zu Hause im Land der Audis und Land Rovers schien mir die Welt in Ordnung, während die Menschen in Afrika weiter hungerten. Etwas zu lernen, das einen in Afrika nützlich machte, war nur gar nicht so einfach. Ich heuerte bei einer Unternehmensberatung in London an, die sich auf Telekommunikation spezialisiert hatte, eine der wichtigsten Industrien in Afrika. Die Chance, an einem Projekt dort arbeiten zu dürfen, war minimal. Sie kam aber tatsächlich. Ich lernte, dass man für den Kongo mehrere Businesspläne brauchte, weil die Regionen so unterschiedlich waren, dass Mobile Money, also Geldtransfer per SMS, recht mühselig war und dass afrikanische Kunden wesentlich weniger zahlten als lateinamerikanische. Mit dieser Erfahrung bewarb ich mich bei der Weltbank. Nach zahllosen erfolglosen Anläufen bekam ich tatsächlich ein Jobangebot von der Institution, die mich seit der Stiglitz-Lektüre faszinierte: Wie konnte die Weltbank, die den moralisch ansprechendsten Auftrag überhaupt hatte, nämlich armen Ländern zu helfen, angeblich so großen Schaden anrichten? Die Bank wirkte auf mich ein bisschen wie die katholische Kirche oder die FIFA. Sie hat ein Betätigungsfeld, das über allem erhaben ist, und schien sich – vielleicht auch deswegen – Handlungsweisen leisten zu können, die in einem anderen Kontext undenkbar gewesen wären. Ich wollte die Bank von innen kennenlernen, um mehr zu verstehen. Die Erfahrung war lehrreich, aber keine durchweg gute: 2014 brach in Westafrika Ebola aus, ein sehr ansteckendes Virus, das bei schlechter Versorgung gut darin ist, die an ihm Erkrankten umzubringen. Die Weltbank schickte mich zu den Vereinten Nationen nach New York und Ghana, um mitzuhelfen, dass das Geld der Bank möglichst schnell bei den Katastrophenhelfern und Ärzteteams vor Ort ankam. Als ich im Krisenstab der Vereinten Nationen anfing, hatte ich erwartet, dass sich alle Beteiligten in internationalen Organisationen darauf konzentrieren würden, die Regierungen und ihre Helfer vor Ort zu unterstützen. Das war weit gefehlt. Unser Kompass richtete sich nicht nach Westafrika aus, die große Bühne war in New York. Im Saal des Sicherheitsrats der Vereinten Nationen drängten sich die Anzugträger, während die wenigen Mitarbeiter der Weltgesundheitsorganisation vor Ort in Westafrika gleichzeitig Krankenhäuser leiten, bei uns Gelder beantragen und Regierungen beraten sollten. Für Konferenzen, Panels und Studien zum globalen Gesundheitssystem gab es plötzlich viel Geld, in den betroffenen Ländern fehlten aber die notwendigen Mittel, um die Totengräber zu bezahlen. Als mich die vom ehemaligen britischen Premierminister Tony Blair gegründete Nichtregierungsorganisation Africa Governance Initiative 2015 fragte, ob ich das liberianische Finanzministerium vor Ort unterstützen wolle, sagte ich daher mit Freuden zu. Im westafrikanischen Liberia herrschte bis 2003 Bürgerkrieg. Danach war das Land weitgehend zerstört. Sogar die Turbinen des Wasserkraftwerks Mount Coffee hatte jemand gestohlen. Bis heute ist nicht bekannt, wer. Während der Ebolakrise starben in Liberia knapp 5.000 Menschen,[11] im Slum von West Point in der Hauptstadt Monrovia stapelten sich im August 2014 die Leichen. Viele dieser Todesfälle wären mit ausreichend Schutzkleidung für medizinisches Personal, mit Infusionen, Straßen und Vertrauen in die Regierung zu vermeiden gewesen.

Im liberianischen Kontext funktionierte Sens Baukasten-Ansatz sehr gut. Die Inputs für die Freiheitsformel zusammenzusuchen war nicht schwer. Es ging um grundlegende Fähigkeiten wie Lesen, Schreiben, Mobilität, Gesundheit oder den Zugang zu Strom. Inwieweit Menschen über diese Fähigkeiten verfügten, bestimmte vor allem die Existenz von Stromleitungen, Krankenhäusern, Schulen oder Straßen. Was ›keine Straßen‹ in der Praxis bedeutete, konnte ich mir vorher nicht wirklich vorstellen. An einem Wochenende nahm mich eine befreundete Ärztin mit, um ein Buschkrankenhaus im Süden des Landes zu besuchen. Schotterpisten waren eins, Schlammschlunde, aus denen Autos mit Seilwinden herausgezogen werden mussten, etwas anderes. Noch nie hatte ein Allrad-Jeep so mickrig ausgesehen wie zwischen diesen meterhohen Matschbergen. Wenigstens war das Rezept, mittels dessen man in Liberia für mehr Freiheit sorgen konnte, klar. Nur kostete seine Umsetzung weit mehr, als die Staatskasse hergab. Die Kosten der *Agenda for Transformation*, der von der liberianischen Regierung verabschiedeten Entwicklungsstrategie für die Jahre 2013 bis 2018, überstiegen die jährliche Wirtschaftsleistung des Landes.[12] Trotz des Schuldenerlasses war es nicht offensichtlich, wie man dieses Land wieder auf die Füße bringen konnte. Die Verschuldung wuchs schnell an. Der Regierung saßen sowohl die Gläubiger als auch die Bürgerkriegsvergangenheit im Nacken. Manchmal war die näher, als man dachte.

Monrovia liegt auf einer Halbinsel, die in einen Hügel mündet, so als wollte die Stadt ihren Kopf heben. Direkt hinter dem Finanzministerium beginnt der Anstieg. Oben auf dem Hügel stehen die Überreste des Ducor-Hotels. Dort leben obdachlose Jungs, von denen wahrscheinlich einige mit Waffen umgehen können. Die Zeit der Kindersoldaten ist noch nicht so lange her. Heute verdingen sich die Jungs als Fremdenführer, zum Beispiel für meine Freunde und mich. Geht man mit ihnen hoch aufs Dach der Ruine und bekommt die Geschichte des Hotels erzählt, ist das nicht nur sehr eindrücklich, es kann einen auch froh machen. Wer Fremden Führungen gibt, wird schon eine Chance auf eine Beschäftigung haben und liegt immerhin nicht auf Drogen in der Ecke. Aber noch während ich das denke, schlägt die Stimmung um. Plötzlich sind es ein paar mehr, der eine scheint nicht mehr so ganz bei sich. Es fühlt sich eher nach einem Gangsterfilm an als nach einem Ausschnitt aus der Erfolgsgeschichte der liberianischen Entwicklung. Im Film könnte man vorspulen, das würde ich jetzt auch gern. Oder ich hätte zumindest gern die Auflösung, ob ich nur paranoid bin oder die Situation tatsächlich bedrohlich ist. Am Ende bleibt einem nichts anderes übrig, als ein Stockwerk nach dem anderen wieder runterzulaufen. Dann die große Freitreppe. Wir bleiben zusammen, keiner springt mehr mit den Jungs durch die Pfützen. Der Ausgang ist da. Wir müssen nun für unsere Führung zahlen, die Frage ist, was danach passiert. Eine Freundin übergibt das Geld, wir treten sofort den Rückzug an. Die Jungs bleiben, wo sie sind. Wir haben keine Dummheit begangen.

In Liberia zu leben fühlte sich an, als stünde man den ganzen Tag vor einem der überdramatischen, düsteren Ölgemälde von Rubens, die in der Alten Pinakothek in München ganze Wände einnehmen; vor einem Bild, in dem viel zu viel gleichzeitig passierte. Kinder starben an dreckigem Wasser oder Lungenentzündungen. Minderwertige Stromkabel setzten erst kürzlich elektrifizierte Häuser in Brand. Lehrer demonstrierten, um ihr Gehalt ausgezahlt zu bekommen. Polizisten in Kampfanzügen hielten sie von dem Eingang des Finanzministeriums fern. Mit solchen Alltagserfahrungen fiel es erst einmal leicht, sich selbst von der Wichtigkeit der eigenen Arbeit im Finanzministerium zu überzeugen. Dabei vergaß man leicht zu fragen, wie sie dazu beitragen sollte, in Liberia irgendwas dauerhaft besser zu machen. Wie das Land auf die Beine kommen sollte, wusste ich nicht. Es fehlte hinten und vorne am Geld.

Für eine Zeit hatte ich Deutschland und Europa ausgeblendet, das liberianische Rubens-Gemälde beschäftigte mich ausreichend. Irgendwann schaltete ich dann aber doch beim Abendessen die *Tagesschau* ein. Ich hoffte auf Berichte von der schönen, heilen Welt zu Hause. Deutschland und Europa waren weit weg von den Problemen eines bettelarmen afrikanischen Staats. In Deutschland wurde nicht die Asphaltierung wichtiger Straßen diskutiert, sondern der Bau von Großbahnhöfen. Stuttgart 21 kostet fast das Dreifache des liberianischen BIPs.[13] Die *Tagesschau* tat mir den Gefallen nicht, sie zeigte brennende Straßen in Athen. Die Gewerkschaften hatten zum Protest gegen die Reformauflagen aus Europa aufgerufen. Trotz einer Jugendarbeitslosigkeit von 50 Prozent[14] und einem Nullwachstum[15] sollte Griechenland weiter sparen und einen einheitlichen Mehrwertsteuersatz von 23 Prozent einführen.[16] Deutschland senkt diese Steuer in Krisen auf 16 Prozent.[17] Auch ohne Sparprogramm wäre 2015 für Griechenland schon so ein spezielles Jahr gewesen.

An seiner Küste kamen mehr Flüchtlinge an als jemals zuvor. Etwas mehr als 850.000 sollten es 2015 insgesamt werden.[18] Das entsprach rund acht Prozent der Gesamtbevölkerung. Stellen Sie sich einmal vor, bei uns kämen sieben Millionen Flüchtlinge im Jahr an. Trotzdem verlangte die Bundesregierung von Griechenland, die finanzielle Sparkur über alles andere zu stellen.[19]

Deutschland selbst kämpfte mit sich und der Flüchtlingspolitik der Kanzlerin. Merkel hatte am 31. August 2015 erklärt: »Wir haben so vieles geschafft – wir schaffen das.« Die Ehrenamtlichen am Münchner Hauptbahnhof glaubten es noch und versorgten innerhalb von zehn Tagen 67.000 Flüchtlinge.[20] Die Stadt war nun nicht mehr nur für Bier, sondern auch für ihre Hilfsbereitschaft bekannt. Allzu lang hielt der Glaube nicht. Schon im Oktober gab die Mehrheit bei einer bundesweiten Umfrage an, dass Deutschland die vielen ankommenden Flüchtlinge nicht verkraften könnte. Die Hauptsorge war das Geld. Drei viertel der Befragten fürchteten, der Staat müsse wegen der hohen flüchtlingsbedingten Ausgaben sparen.[21] Die Bundesregierung sparte auch, aber nicht wegen der Flüchtlinge, sondern weil ihr selbst in dieser Situation für die Finanzpolitik kein besseres Ziel als maximale Ersparnisse einfiel. Es wurde der höchste Überschuss seit der Wende, knapp 20 Milliarden Euro.[22] Mit ihrem Sparkurs schaffte die Regierung es, Verteilungskonflikte zu kreieren, die es nicht hätte geben müssen: Als ich zwei Jahre später den Sommer in Deutschland verbrachte, erklärte mir eine alte Dame auf der Straße, Schäuble hätte kein Geld mehr für ihre Rente. Das sei alles an die Flüchtlinge gegangen. Vom Juli 2015 bis zum Frühjahr 2016 verdreifachte die AfD in Umfragen ihre Stimmen, damals zum Glück nur auf knapp 13 Prozent.[23]

2019 sollte die SPD im Europawahlkampf ›#EuropaistdieAntwort‹ plakatieren. Im Winter 2015/16 wirkte es anders. Europa schien die Antwort auf nichts. Der Euro hatte eine erstaunlich zerstörerische Kraft entwickelt. Das gemeinsame Geld brachte sowohl in Deutschland als auch in Griechenland Sparprogramme anstelle von Wachstum und Wohlstand. Anstatt der Politik zu helfen, mit der schwierigen Migrationslage klarzukommen, schuf unser Geld seine eigenen Probleme. So richtig verstand ich es nicht, vor allem nicht, wenn ich Europas Situation mit der in Liberia verglich. Europa war reich, hatte die drittgrößte Wirtschaft der Welt, und trotzdem regierte in einer so schwierigen Situation das Spardiktat. Wieso taten sich das Europa und Deutschland selbst an? Eine implodierende griechische Wirtschaft und deutsche Rentner, die den Verteilungskampf ausriefen, konnten doch nicht im Interesse der Regierung sein. Von außen war das alles schwer nachvollziehbar. Die Hypothese, dass in Berlin und Brüssel böse Menschen saßen, die dem Kontinent bewusst schaden wollten, schien trotzdem wenig plausibel. Ich beschloss, meine Koffer zu packen und nach Hause zurückzukehren, um herauszufinden, ob es für das eigene Land und die EU nicht weniger zerstörerische Politikrezepte gab.

Materielle Freiheit

In Liberia war das Problem klar. Sens Freiheitsformel zeigte an, dass es den Menschen an Straßen und Schulen fehlte. Um den Mangel zu beheben, brauchte die liberianische Regierung Geld, das nicht da war. In Deutschland und Europa schien die Sache komplizierter. Zumindest ich tat mich schwer, mit Sens Formelbaukasten eine Freiheitsformel für Deutschland und Europa zusammenzuschrauben.

Straßen plus Schulen erklärten hier nicht viel der Freiheit beziehungsweise Unfreiheit: Eine gepflasterte Straße vor der Türe und kostenlosen Zugang zu Bildung hatten bei uns die meisten.

Die Nachbarskinder unterschieden sich darin nicht von meiner Schwester und mir. Trotzdem schien es, als würden wir im Lauf unseres Erwachsenwerdens mit besonders viel Freiheit ausgestattet werden. Dabei hatten weder sie noch ich zu Beginn unserer Gymnasialzeit besonders herausragende Fähigkeiten, abgesehen von einem außergewöhnlichen Durchhaltevermögen beim Dauerfernsehen. Ich fiel in der sechsten Klasse fast in Mathematik und Latein durch, weil wir nachmittags etwas zu viel Zeit mit Andreas Türck, Arabella und Richterin Barbara Salesch verbrachten. Damals hätte meine Bildungslaufbahn auf einen ziemlich schwierigen Pfad geraten können. Stattdessen bekam ich Nachhilfe. Als meine Schwester und ich im Ausland studieren wollten, konnten wir das tun, ohne nebenher arbeiten zu müssen. Sie konzentrierte sich ganz auf Neuronenfeuer im Gehirn und ich auf all die Dinge, um die es in diesem Buch geht. Als mein erster Job in einer Unternehmensberatung nicht mehr zu dem passte, was ich gerne mit meinem Leben machen wollte, mahnte mein Vater nicht an, dass ich das gute Gehalt beachten sollte. Im Gegenteil, er ermutigte mich zur Kündigung. Meine Schwester und ich waren zumindest nach unserer Talkshow-Phase durchaus fleißig, aber konnten auch zunehmend zwischen verschiedenen Lebensoptionen wählen wie zwischen Wandfarben aus einem Farbfächer: Wir waren finanziell abgesichert und hatten in unseren jeweiligen Berufsfeldern keine schlechte Position, sodass wir im Zweifel immer irgendwie den Job hätten wechseln können. Unsere Freiheit wirkte recht groß im Vergleich zu vielen anderen. Mit Sens Formelbaukasten ließ sich das nicht richtig abbilden. Das Ausschlaggebende für unsere Freiheit war nicht eine Ansammlung von Fähigkeiten. Entscheidend waren unsere gute Position auf dem Arbeitsmarkt und Finanzen, die uns Rückhalt gaben.[24]

Max Krahé, mein ehemaliger Mitbewohner aus Studienzeiten, hatte schon früher Zweifel an dem Nutzen von Sens Freiheitskonzept für Industrieländer. Seiner Meinung nach war die größte Freiheitseinschränkung für Menschen hierzulande, ihre Arbeitskraft zu Markte tragen zu müssen. Auf dem Arbeitsmarkt, meinte er, gebe es Freiheit, aber auch Macht und Zwang. Und weil Märkte menschengemacht sind, nicht von Gott oder der Natur unveränderlich erschaffen, könne und solle man ihre Beschaffenheit hinterfragen. Dazu hingen die Machtverhältnisse wesentlich von Faktoren ab, die der Einzelne nicht beeinflussen könne, Regierungen jedoch durchaus. Hätte man das Pech gehabt, 2009, im zweiten Jahr der Finanzkrise, auf den Arbeitsmarkt gespült zu werden, hätte das Machtverhältnis mit Arbeitgebern anders ausgesehen als während des Booms der frühen Zweitausender. Eine Freiheitstheorie, so seine Kritik, müsse auf wirtschaftliche Verhältnisse, die Beziehungen zwischen Menschen und die daraus resultierende Macht eingehen, sonst sei sie ein herzlich theoretisches Unterfangen.

Philip Pettit, ein tatsächlich zierlicher irischer Philosoph mit sanfter Stimme, randloser Brille und Professur in Princeton kann erklären, wieso ein kohärentes Freiheitskonzept nicht ohne Analyse der Machtverhältnisse auskommt. Pettit gibt das Beispiel von Ibsens Nora, die mit dem reichen Torvald verheiratet ist. Torvald bestimmt über Nora, erlaubt ihr aber eigentlich alles. Wirklich frei ist sie trotzdem nicht. Sie kann sich zum Beispiel nicht von ihm trennen, hat kein eigenes Geld und darf keine Makronen essen, obwohl sie die so gerne mag: Gleich in der ersten Szene nutzt sie Torvalds Abwesenheit für den verbotenen Kekskonsum. Noras Leben klingt nach dem Handel, den Frauen früher eingegangen sind, den wir heute aber nicht mehr akzeptieren würden. Niemand steht gern unter der Kontrolle eines anderen. Und das ist Pettits Punkt: Freiheit bedeutet in seiner Interpretation, die Kontrolle über das eigene Leben zu haben, also Freiheit als Nichtbeherrschung.[25]

Laut Pettit ist die Person frei von der Kontrolle anderer, in deren persönliche Entscheidungen sich niemand willkürlich einmischen kann.[26] Nicht willkürlich sei die Einmischung, wenn sie im Interesse der betroffenen Person ist. Für Torvalds Makronenverbot gilt das eindeutig nicht. Selbst wenn Nora Diabetes hätte, würden wir es heute nicht für richtig halten, dass ihr, einer erwachsenen, zurechnungsfähigen Person, jemand die Makronen verbietet. Ein Gegenbeispiel ist das Zahlen von Steuern. Ich mag mich nicht darüber freuen, Geld abgeben zu müssen. Es ist aber in meinem Interesse, dass die Polizei die öffentliche Ordnung aufrechterhält, und das erfordert Steuergelder, die die Polizistengehälter bezahlen. Also ist auch die Steuerzahlung in meinem Interesse. Wie sichert der Staat Einmischung nur im Interesse der Bürger? Wenig kontrovers argumentiert Pettit, dass es dazu einen demokratischen Prozess brauche.[27] Entscheiden Bürger, die ihr Gegenüber in seiner Menschenwürde ernst nehmen, über die Gesetze ihres Landes, werden sie nicht gegen dessen Interessen agieren.[28] Ein demokratischer Staat, der aus Bürgern besteht, die sich gegenseitig schätzen, greift daher nicht willkürlich in das Leben des Einzelnen ein. Dass Bürger sich schätzen, klingt nach einer zusätzlichen Bedingung für Freiheit. Dem ist aber nicht so. Denn würden sie sich nicht gegenseitig schätzen und die Selbstbestimmung jedes Einzelnen für wichtig erachten, gäbe es keinen Grund, Freiheit als Wert überhaupt hochzuhalten.

Demokratie allein reicht nicht aus für Freiheit als Nichtbeherrschung. Auch eine Bill-Gates-Gesellschaft, in der ein Milliardär die Hälfte aller Arbeitsplätze stellt, bestünde den Freiheitstest nicht. Denn selbst im Fall eines netten Milliardärs wären seine Mitmenschen Willkür ausgesetzt. Drohte er morgen, seine Geschäfte in dem betroffenen Staat zu beenden, falls nicht alle auf einem Bein hüpften, würden sie das tun. Schlimmer noch: Dächte er nur laut über die Ästhetik dieser Fortbewegungsmethode nach, würden viele bereits in vorauseilendem Gehorsam handeln. Interpretiert man ›Freiheit‹ als ›Kontrolle über das eigene Leben‹, spielen Eigentumsverhältnisse eine große Rolle. Jeder braucht genug, um frei entscheiden zu können, und keiner darf so viel haben, dass er Macht über andere ausüben kann. Der Urvater von Pettits Denktradition, Jean-Jacques Rousseau, fand sogar, man solle weder Bettler noch Reiche dulden.[29] Beide zerstörten die Gesellschaft. Der, der nicht genug hat, kümmert sich erst einmal um das eigene Überleben, bevor er sich für die Interessen der anderen einsetzt. Im Rahmen der liberianischen Präsidentschaftswahl 2023 boten Politiker angeblich 20 US-Dollar und Reissäcke im Tausch gegen Stimmen an.[30] Der eine oder andere hat das Angebot sicher angenommen.[31] Der, der weit mehr als genug hat, möchte dagegen womöglich seine ökonomische Position mithilfe des politischen Systems absichern. Je unterschiedlicher die materiellen Verhältnisse, desto unwahrscheinlicher ist es, dass Bürger im Interesse der Gesellschaft handeln, anstatt ihre Partikularinteressen zu vertreten. Materiell nicht beherrscht zu werden ist also nicht nur ein Wert an sich, sondern auch eine Voraussetzung, um zukünftige Freiheit zu ermöglichen.[32]

Wenn jeder genug haben und das aus eigener Kraft erreichen können soll, um weder von Torvald, Bill Gates noch dem Staat kontrolliert werden zu können, braucht es neben der Erfüllung von menschlichen Grundbedürfnissen vor allem eines: gute Jobs für alle ohne einseitige Abhängigkeiten. Das ist ein sehr anspruchsvolles Kriterium, das selbst Deutschland bei weitem nicht erfüllt. Denn auch wenn hierzulande den ganzen Tag über von Fachkräftemangel gesprochen wird, fehlen Jobs. 3,7 Millionen Menschen ohne Job würden gerne arbeiten. 2,6 Millionen davon sind als arbeitslos gemeldet.[33] Ist das viel oder wenig? Als die Arbeitslosenzahl 1982 die Zwei-Millionen-Marke überschritt, druckte der *Spiegel* eine riesige Arbeitslosenwelle auf sein Cover. Anstelle von Gischt spuckte die Welle Menschen aus.[34] Um diese Zahl mit heute vergleichbar zu machen, muss man sie auf die aktuelle Erwerbsbevölkerung hochrechnen. Definiert man Personen im Alter von 15 bis 64 als erwerbsfähig, entsprechen die zwei Millionen von 1982 heute 2,6 Millionen Arbeitslosen, also ziemlich genau der aktuellen Arbeitslosenzahl.[35] Über die als arbeitslos gemeldeten Personen hinaus würden 1,1 Millionen gerne Arbeit aufnehmen,[36] wenn sich die Arbeitsmarktsituation verbessert oder ihre persönlichen Umstände es zulassen. Zu dieser sogenannten ›Stillen Reserve‹ gehören zum Beispiel Personen, die arbeitsmarktpolitische Maßnahmen durchlaufen, Vorruheständler oder Eltern, die ihre Kinder betreuen müssen, aber gerne einer Erwerbsarbeit nachgehen würden. Es gibt zweifellos Engpässe im deutschen Arbeitsmarkt. Trotzdem hat bei weitem nicht jeder, der arbeiten möchte, einen Job.

Hinzu kommt, dass das Gehalt oftmals nicht für den Lebensstandard ausreicht, den wir alle für angemessen befinden. Für Deutschland gibt es bisher keine belastbaren Zahlen für die Kosten eines anständigen Lebensstandards, den wir alle bei genauer Betrachtung für richtig halten würden. Definiert wird lediglich das Existenzminimum, das 2024 einschließlich der Kosten für die Unterkunft für eine alleinlebende Person bei knapp 11.500 Euro pro Jahr liegt.[37] Das entspricht weniger als 1.000 Euro pro Monat. Die britische Joseph Rowntree Foundation ermittelt mithilfe von Fokusgruppen das notwendige Einkommen, um im Vereinigten Königreich anständig leben zu können.[38] Überträgt man die Zahlen auf Deutschland, entspräche das einem Stundenlohn von knapp 18 Euro bei Vollzeitbeschäftigung.[39] Etwas mehr als die Hälfte der Beschäftigten in Deutschland verdienen derzeit mindestens 18 Euro pro Stunde.[40] Nun ist diese Statistik auf Basis britischer Daten so krude, dass man sehr vorsichtig mit Schlussfolgerungen sein sollte. Dass hierzulande viele nicht genug verdienen, um sich einen anständigen Lebensstandard zu leisten, dürften die Zahlen aber zeigen.

Zudem haben Unternehmen gegenüber ihren Beschäftigten

in vielen Fällen Marktmacht. In städtischen Gegenden gibt es ungefähr drei Arbeitgeber vor Ort für eine bestimmte Beschäftigung. Ausnahmen sind Großstädte wie Berlin oder München, in denen es eher neun oder zehn sind.[41] Geht man davon aus, dass es für Menschen nicht ganz einfach ist, umzuziehen, haben viele deutsche Arbeitgeber Marktmacht gegenüber ihren Beschäftigten. Anders ließen sich die Arbeitsbedingungen in manchen Branchen auch nicht erklären: Der Paketbote, der von seinem Auftraggeber überwacht wird, ob er schnell genug die Treppen hochläuft, macht das nicht aus freien Stücken.[42]

Der Unterschied zwischen Jobs kann sehr fundamental sein. Auf der einen Seite ist der Paketbote. Er zählt die Pakete, die er vor dem Feierabend noch ausliefern muss, und freut sich auf jeden freien Tag. Man würde ihn vermutlich für verrückt erklären, wenn er aus Jux eine Extrarunde ausführe. Ganz anders die Professorin, die endlich diesen kleinen Winkel da hinten im Universum erforschen darf, der es ihr schon immer angetan hatte. Wenn die nie nach 17 Uhr im Labor – oder wo man sonst das Universum so ausleuchtet – anzutreffen wäre, würden die Kollegen schon fragen, was denn mit ihr los sei. Obwohl sie sich eigentlich zurücklehnen könnte, die Professorin ist ja verbeamtet. Was sie leistet, tut sie aus freien Stücken. Diese beiden Arten von Arbeit in einen Topf zu werfen ist analytisch ungefähr so hilfreich wie Impfung und Krankheit gleichzusetzen. Die beiden lösen ähnliche Symptome aus, sowohl die Professorin als auch der Paketbote gehen jeden Tag zur Arbeit und bekommen am Ende des Monats Geld dafür. Die Auswirkung auf den Menschen ist aber eine ganz andere. Während die eine tut, was sie schon immer tun wollte, führt der andere einen Abnutzungskampf, Paket gegen Körper.

Nun sucht nicht jeder Mensch in seinem Job geistige Erfüllung. Die eine möchte denken, der andere gerne mit vielen Menschen reden und die Dritte Autos zusammenschrauben. Ganz gleich, was einem davon zusagt, gibt es Jobs, die erfüllend sind und mit dem Menschen und seiner Physis und Psyche pfleglich umgehen, und solche, die einen kaputtmachen. Oft liegt das auch gar nicht am Job selbst, sondern an den Bedingungen, unter denen gearbeitet wird. Solche Abnutzungsjobs dürfte es eigentlich nicht mehr geben, wenn Pettits Version der Freiheit umgesetzt ist; denn niemand – Masochisten ausgeschlossen – wird freiwillig einen Job machen, der gegen die menschliche Kondition geht.[43]

Freiheit als Nichtbeherrschung zu definieren ist nicht nur intuitiv, sondern auch ein hilfreiches Konzept für den, der ein politisches Kochrezept schreiben möchte. Es lassen sich nämlich drei ganz konkrete Politikziele davon ableiten: Das erste sind sicher gedeckte Grundbedürfnisse für ein Leben in Menschenwürde. Ist die Erfüllung meiner Grundbedürfnisse bedroht, weil ich zum Beispiel nicht genug zu essen oder die notwendige Gesundheitsversorgung habe, bin ich jedem ausgeliefert, der mir damit hilft oder womöglich gar nur so tut, als würde er mir helfen. Und habe ich keine ausreichende Bildung oder bin krank, kann ich nicht arbeiten. Das wiederum hat Folgen für die Freiheit. Denn die andere, und ich würde argumentieren, entscheidende, Voraussetzung für ein nicht von anderen kontrolliertes Leben ist Arbeit. Verdiene ich meinen eigenen Lebensunterhalt, hänge ich weder von der Gnade einer anderen Person noch des Staates ab. Das zweite Politikziel sind daher ausreichend gute Jobs für alle. Gibt es genug Jobs, bin ich auch nicht der Willkür meines Arbeitgebers ausgesetzt, wir verhandeln auf Augenhöhe. Schließlich könnte ich jederzeit den Job wechseln. Je mehr Geld über Arbeit verteilt wird, desto besser funktioniert tendenziell Freiheit als Nichtbeherrschung, weil große Armut und großer Reichtum zurückgehen. Der Mittellose hat eine Chance, durch die eigene Arbeit zu Geld zu kommen, und der Vermögende wird nicht im Schlaf so reich, dass er den anderen kontrollieren kann. Sprechen wir zukünftigen Generationen die gleiche Menschenwürde zu wie der gegenwärtigen, braucht es noch ein drittes Politikziel: Was immer die Politik macht, sollte nicht die Freiheit zukünftiger Generationen einschränken. Gute Jobs auf Kosten von CO_2-Emissionen erweitern am Ende nicht die Freiheit, sie vergrößern die Freiheit der aktuellen Generation auf Kosten zukünftiger. Das Gleiche gilt für wirtschaftliche Abhängigkeiten von nichtdemokratischen Regimen, die zukünftige Generationen dem Willen von Autokraten aussetzen. Es gibt also für Deutschland ein Rezept mit recht spezifischen Politikzielen, die sich von dem Freiheitsgedanken in den Grundsatzprogrammen der Mitteparteien ableiten lassen. Vermutlich würden die meisten Vertreter der genannten Parteien den drei oben beschriebenen Politikzielen nicht widersprechen. Auch die Wähler sehen es schließlich so. Die Partei, der die größte Kompetenz in der Arbeitsmarktpolitik zugeschrieben wird, gewinnt in der Regel die Bundestagswahl.[44] Bill Clintons Slogan während der amerikanischen Präsidentschaftswahl 1992 scheint auch heute noch zu gelten: »It's the economy, stupid!«[45] »It's jobs, stupid!« wäre noch präziser.[46]

Bisher dürften die Aussagen dieses Texts wenig revolutionär sein. Konfliktreicher würde die Diskussion zwischen den Parteienvertretern, wenn sie darüber sprächen, wie die genannten Politikziele zu verwirklichen sind. Wer sich die deutsche Wirtschaft heute ansieht, mag sich fragen, ob sie überhaupt erreicht werden können. Schließlich ist Deutschland schon die drittgrößte Wirtschaft der Welt und besonders wohlhabend. Trotzdem schaffen wir es bisher bei weitem nicht, die Grundbedürfnisse aller zu decken. Pro Jahr werden hierzulande Neuwagen im Wert von ungefähr 100 Milliarden Euro, einem Scholz'schen ›Wumms‹, abgesetzt;[47] aber Geld, um allen alten Menschen im Heim die Zähne zu putzen, ist keines da. Genauso fehlt es an guten Jobs. Dabei nimmt die Bundesregierung für gute Arbeit schon viel in

Kauf, zum Beispiel den Pakt mit dem CO_2-Teufel und mit autoritären Herrschern. Für Industriejobs in Deutschland subventionieren wir als Gesellschaft die Nutzer großer Dienstwagen und die Betreiber besonders energieintensiver Unternehmen, erhalten Flüssiggas vom Kriegstreiber Putin und machen uns abhängig von China. Wir verstoßen ziemlich eklatant gegen das Ziel, unsere Freiheit nicht auf Kosten zukünftiger Generationen oder anderer Staaten zu erkaufen. Die Allerwenigsten in der Bundesregierung zerstören zum Spaß das Klima oder begeben sich aus freien Stücken in Abhängigkeiten. Nur stecken sie in der Zwickmühle zwischen heutigem und zukünftigem Wohlstand und guten Jobs. Es gibt einen Grund, wieso die aktuelle Rolle einer Partei im politischen Berlin ein besserer Indikator für ihre Einstellung zu Klimaschutz und Souveränität ist als ihre politische Farbe: Die Regierung hat Zielkonflikte zu verhandeln, die Opposition nicht. So ist die Union in der Opposition plötzlich für ein strengeres Klimaschutzgesetz als eine Bundesregierung mit Beteiligung der Grünen[48] oder fordert einen »klaren Kompass« beim »Systemwettbewerb« mit China,[49] Worte, die die Bundeskanzlerin Merkel so nicht in den Mund genommen hätte, um die wirtschaftliche Partnerschaft mit dem Land nicht zu gefährden. Unser Wohlstand heute triumphiert an der einen oder anderen Stelle sehr deutlich über die Selbstbestimmung zukünftiger Generationen und anderer Menschen.

Gedeckte Grundbedürfnisse, gute Jobs für alle und keine Politik auf Kosten zukünftiger Generationen für richtig zu halten ist das eine. Einen Weg zu finden, wie alle drei Ziele gleichzeitig erreicht werden können, das andere. Vielleicht sind sie sogar für sich genommen nicht erfüllbar. Das wäre eine bekümmernde Erkenntnis. Wir müssten uns eingestehen, dass wir die Chance auf ein selbstbestimmtes Leben und damit auch die Würde des Menschen, eines unserer fundamentalsten Grundprinzipien, verankert in Artikel 1 des Grundgesetzes, leider nicht für alle realisieren können. Und das, obwohl Deutschland im Gegensatz zu Liberia ein reiches Land ist, das die ganze Welt mit Hightech-Lasern und schnurrenden Motoren versorgt. Kapitel 2 lotet aus, ob die Politik eine Chance hat, das beschriebene Freiheitsrezept umzusetzen.

Kapitel 2
Geldflüsse, Macht und gute Jobs

Für den Job in Liberia hatte ich ein Masterstudium in London aufgeschoben. Das kam jetzt, 2016, wie gerufen. Ich hatte bisher nur Fragen, vor allem, wieso das reiche Deutschland und Europa so schlecht in der Umsetzung von Freiheitsrezepten waren. Aber ich hatte keine Idee, wie es besser ginge. Ein bisschen Zeit, um die verworrenen Spaghettigedanken in meinem Kopf zu ordnen, war dringend nötig. Die ökonomischen Modelle aus dem Grundstudium halfen wenig. Deren Ergebnisse spiegelten oft vor allem die ihnen zugrunde liegenden Annahmen wider und sagten mehr über die Weltsicht ihrer Schöpfer aus als über die Realität. Zudem hatten die ökonomischen Modelle überraschende blinde Flecken. So bilden sie nur in den seltensten Fällen Geldflüsse ab, also wer wen bezahlt. Geldflüsse zu verstehen schien aber wichtig. Nur wenn der Konsument ein Einkommen hat, kann er damit ein Auto kaufen. Und nur wenn Konsumenten Autos kaufen wollen, werden Unternehmen Menschen einstellen und die Beschäftigten dafür bezahlen, dass sie Autos produzieren (siehe Abbildung 1). Fließt das Geld zwischen Konsumenten, Unternehmen und Beschäftigten, läuft die Wirtschaft.

Abbildung 1: Geldkreislauf

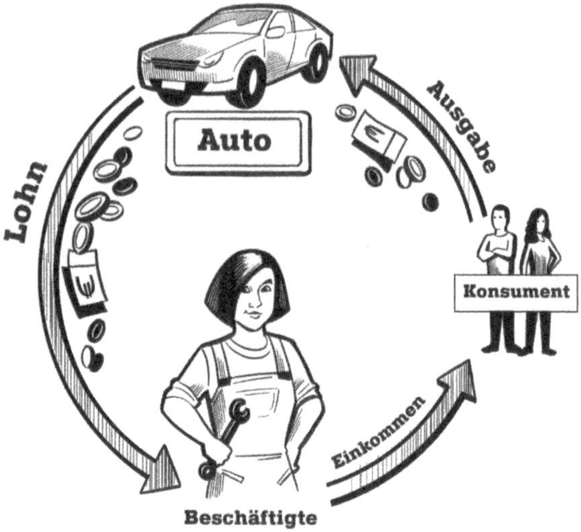

Neben diesem grundlegendsten Geldkreislauf gibt es noch einen anderen, der aus ökonomischer Perspektive besonders interessant ist: Wer eine Idee davon bekommen will, ob die Wirtschaft auch zukünftig laufen wird, sollte sich ansehen, ob die Unternehmensgewinne in Investitionen fließen. Ein Unternehmen, das seine Maschinen nicht erneuert, ist ein paar Jahre später nicht mehr konkurrenzfähig. Ich wollte während meines Masterstudiums gerne verstehen, wie das Geld zwischen dem Finanzsektor und der Realwirtschaft hin- und herfloss. In einem Modell ohne Geld war das allerdings schwierig. Also entschloss ich mich, neue analytische Methoden kennenzulernen, am besten bei Menschen, die den ganzen Tag darüber nachdachten, wie man unsere sehr komplexe Welt am besten zu einem Modell reduziert. Genau das ist die Aufgabe von Informatikern. Damit der Computer die Welt verarbeiten und sinnvolle Ergebnisse auswerfen kann, muss ihm der Code haargenau sagen, wie er die Welt wahrzunehmen hat und wie er die empfangenen Informationen verarbeiten soll. Das funktioniert dann gut, wenn die Annahmen, auf die sich der Computer bei der Datenverarbeitung stützt, mit großer Wahrscheinlichkeit zutreffen. Anzunehmen, dass Menschen, die seit Jahren Kriegsfilme schauen, sich zukünftig für Kriegsfilme interessieren, ist plausibel. Deswegen ist es leicht, einen Computer Fernsehpräferenzen modellieren zu lassen, wenn genug Daten über die vergangenen Filmauswahlen einer Person vorhanden sind. Die Annahme, dass Haushalte ihre Entscheidungen, Geld auszugeben, vor allem davon abhängig machen, ob sie schon ihr Zielvermögen besitzen, ist schon gewagter. Jeder weiß, dass sich Menschen aus ganz unterschiedlichen Gründen für bestimmte Ausgaben entscheiden. Hält die Annahme aber nicht, sagen die Modellergebnisse wenig über die reale Welt aus. Der Bau eines Modells ist ein bisschen wie der Bau einer Brücke zwischen der chaotischen Realität und geordneten Erkenntnissen über die Welt. Ob die Erkenntnis etwas wert ist, hängt davon ab, ob die Brücke trägt.

Ich studierte von 2016 bis 2018 Informatik in London. Unter der Woche lernte ich, über Modelle nachzudenken, an den Wochenenden besuchte mich mein kleiner Bruder, der in England zur Schule ging. Wir saßen beim amerikanischen Diner bei meiner Wohnung ums Eck, es gab Spareribs und Chowder, amerikanische Fischsuppe mit viel Sahne, und ich versuchte, ihm ein paar wirtschaftliche Zusammenhänge zu erklären. So richtig plausibel kamen mir die großen ökonomischen Modelle in diesen Gesprächen nicht vor, auch wenn sie jetzt, mit neu gewonnenen Programmierkenntnissen, viel Spaß machten. Ich entschied mich, für meine Masterarbeit Geldströme zu visualisieren (mit einem Computerprogramm zu malen), anstatt ein Modell zu bauen. Damit versuchte ich zum Beispiel zu verstehen, wie viel Geld aus Banken hinaus-, in realwirtschaftliche oder Finanzunternehmen hineinfließt und wie sich das verändert, wenn zum Beispiel die Zentralbank Staatsanleihen kauft.[50] Die Grafiken zeigten deutlich, dass der Staat die Geldflüsse beeinflussen kann, die Wirtschaft aber nicht so funktionierte, wie wir uns das vorstellten. Der Kanal vom Finanzmarkt in die Realwirtschaft, also von den Banken oder Investmentfonds hin zu den Unternehmen und Haushalten war ständig verstopft. Anstatt Fabriken zu finanzieren, zirkulierte das Geld im Finanzmarkt. Sogar Unternehmen investierten lieber in Finanzprodukte als in ihr eigenes Geschäft.[51] Sich genauer mit Geldflüssen zu beschäftigen schien mir eine sinnvolle Aktivität. Schließlich ist Geld menschengemacht und wenn es nicht so funktioniert, wie es soll, könnten wir das vielleicht ändern?

Während mein Bruder am Sonntag seine Hausaufgaben machte, las ich mich durch eine eklektische Lektüreliste rund um das Thema Geld und Veränderbarkeit unserer Wirtschaft. Allein schon die Spannbreite der Ansätze war ziemlich groß. Die Londoner Berühmtheiten Karl Marx und John Maynard Keynes dachten in Systemen, die deutsche Finanzwissenschaft in Gesetzen. Für Letztere konnte der Staat nichts am Geld an sich ändern, er konnte nur bessere, diszipliniertere Regeln verfassen, wie Geld ausgeben oder eingenommen werden sollte.

Keynes' Nachfrage- und Machtpumpe

Mit ihrem Ansatz sind die deutschen Finanzwissenschaftler nicht allein. Auch Arbeitsmarktpolitik wird in Deutschland vor allem über Gesetze gemacht: Der Mindestlohn legt fest, wie viel Arbeitgeber mindestens pro Stunde zahlen müssen, und das Brückenteilzeitgesetz gibt Beschäftigten das Recht auf Rückkehr in Vollzeitarbeit. Die fein ziselierten Matrizen des Qualifizierungschancen- und des Arbeit-von-morgen-Gesetzes regeln staatliche Unterstützung für Weiterbildung. Gute Jobs will man vor allem per Gesetz schaffen. Das ist ein Ansatz, und sicher auch ein wichtiger. Die von der Bundesregierung im Jahr 2022 beschlossene Anhebung des Mindestlohns auf zwölf Euro war zum Beispiel eine der effektivsten Maßnahmen, um trotz hoher Inflation Kaufkraft zu erhalten. Seit seiner Anhebung fließen knapp sechs Milliarden pro Jahr mehr in die Taschen der Mindestlöhner, ungefähr 1.000 Euro pro Person.[52] Die Nebenwirkungen dürften sehr begrenzt gewesen sein.[53] Denkt man in Geldflüssen, war das eine erfolgreiche und große Umsteuerung. Sehr viel mehr wird man per Gesetz nicht hinbekommen. Im Gegenteil: Schon die weitere Geschichte des Mindestlohns zeigt, wie eng die Grenzen sind, solange nicht grundsätzlicher über die Wirtschaftsordnung gesprochen wird. Die Erhöhung des Mindestlohns 2023 richtete sich wieder nach dem Vorschlag der Mindestlohnkommission, und die interpretierte die deutliche Erhöhung im Jahr 2022 als einen Vorschuss auf die Zukunft. Trotz der bis Ende 2023 außergewöhnlich hohen Inflation erhöhte die Bundesregierung den Mindestlohn zum 1. Januar 2024 um lediglich 41 Cent.[54]

Gute Jobs allein per Gesetz zu schaffen ist schwierig: In einer Marktwirtschaft schließt kein Unternehmen ein Beschäftigungsverhältnis ab, das mehr kostet, als es einbringt. Erhöht die Regierung den Mindestlohn auf 18 Euro, den Lohn, den es für ein anständiges Leben braucht, ist die Wahrscheinlichkeit, dass zahlreiche Arbeitgeber Stellen streichen, hoch. Schließlich verdienen knapp die Hälfte der Beschäftigten in Deutschland weniger. Die Regierung könnte versuchen, ihnen mit Weiterbildungen oder Umschulungen zu helfen. Aber selbst wenn morgen aus allen Café-Bedienungen Autobauer würden: Solange die Nachfrage nach Autos nicht entsprechend steigt, werden die ehemaligen Bedienungen Schwierigkeiten haben, einen neuen Job bei den

Automobilkonzernen zu finden. Am Ende kann die Regierung noch so viele Gesetze schreiben oder Regeln aufstellen. Solange Arbeit über den Markt und nicht über einen zentralen Steuerungsmechanismus zugeteilt wird, kann die Regierung Unternehmen nicht zwingen, ausreichend gute Jobs anzubieten, ihre Produktivität zu steigern oder innovativ zu sein. Und solange es an guten Jobs fehlt, besteht eine Machtasymmetrie zwischen Beschäftigten und Arbeitgebern. Das ändert keine staatliche Vorschrift.[55]

Karl Marx hält diese Machtasymmetrie für eine notwendige Eigenschaft des Kapitalismus. Unternehmer wollten ihren Profit maximieren und erreichten das, indem sie aus immer weniger Arbeitern immer mehr Produktion herausquetschen. Das führe zu der Existenz einer industriellen Reservearmee an Arbeitern, »das stets bereite exploitable Menschenmaterial«[56]. Die Reservearmee friste dabei nicht nur selbst ein lausiges Leben. Sie sorge auch dafür, dass alle, die Arbeit haben, sich bereitwilliger ausbeuten lassen, um nicht von einem Reservisten ersetzt zu werden. Mit der Zeit würden die Kapitalisten immer reicher, die Arbeiter mehr und mehr ausgebeutet. Laut Marx ist dieser Lauf der Geschichte unausweichlich. Machtverteilung sei nicht zufällig, sondern abhängig von den heute etablierten Interessen des Großkapitals. Für ihn kann es also keinen Kapitalismus geben, in dem auch Arbeiter selbstbestimmt leben. Gute Jobs für alle gebe es nur mit der Abschaffung des Kapitalismus. Lebt man in London, der Stadt des ewigen Hamsterrads, fällt es leicht, Marx zu glauben. Der Wettbewerb ist hart und die Abhängigkeit groß. Wer nicht genug verdient, kann sich die Miete nicht leisten. Für jeden Job stehen im Zweifel drei gut ausgebildete Nachrücker bereit, die kein Problem mit Überstunden oder einem etwas niedrigeren Einstiegsgehalt haben, solange es die Chance auf einen schnellen Aufstieg gibt.

Im Deutschland von heute sieht es anders aus. Unternehmen suchen dringend nach Arbeitnehmern und bieten nicht nur gute Gehälter, sondern auch Jobräder und Rückencoaches. Schwache Geburtenraten haben den Arbeiter zu einem knapperen Gut gemacht, als Marx es ahnte. Wir wissen mittlerweile, wie einzelne Arbeitsmärkte ohne Reservearmee aussehen. Wir wissen nur nicht, wie man das in der gesamten Wirtschaft hinbekommt. Während die Industrie ihre hochqualifizierten Beschäftigten behandelt wie wertvolle Kobe-Rinder, sollen sich Lieferdienst-Beschäftigte bereits darüber freuen, tatsächlich den gesetzlich garantierten Mindestlohn von 12,41 Euro zu erhalten. Flink, einer der größten deutschen Lieferdienste, wirbt allen Ernstes mit diesem Versprechen auf seiner Recruitingwebsite.[57] Ungelernte und Beschäftigte mit niedrigem Abschluss sind diejenigen, deren Machtposition im Arbeitsmarkt am meisten von der Nachfrage abhängt, also davon, wie viel Geld Konsumenten bereit sind auszugeben. Einen Programmierer braucht man immer, einen Lieferdienstfahrer nur, wenn bei den Leuten das Geld locker genug sitzt, um sich das Abendessen an die Wohnungstüre bringen zu lassen. Zudem kann man den Lieferdienstfahrer schneller einstellen und auch wieder entlassen, der Programmierer findet sich nicht so leicht. Wie ausbalanciert die gesellschaftlichen Machtverhältnisse sind, wird also wesentlich von der Nachfrage und damit der Auslastung der Produktionskapazitäten bestimmt. Die Auslastung der Gesamtwirtschaft ist aber nichts, das Marx ungeliebter einzelner Kapitalist wirklich unter Kontrolle hat. Zudem wäre es sehr kontraproduktiv, auf Unterauslastung hinzuarbeiten, da weniger Nachfrage auch die Unternehmen schädigt. Es ist also zumindest nicht offensichtlich, wieso Marx recht haben sollte mit der Notwendigkeit einer industriellen Reservearmee und damit der fundamentalen Unvereinbarkeit von Freiheit und Kapitalismus.

Viel eher wirkt es so, als hätte er auf die Entwicklungen

des 18. und 19. Jahrhunderts reagiert. Die Konsolidierung der englischen Landwirtschaft schuf ein Landstreichertum, das auf den größer und effizienter werdenden Bauernhöfen nicht mehr gebraucht wurde. Fabriken sogen die verarmte, stark wachsende Landbevölkerung ein, die sich vom Leben in der Stadt einen höheren Lebensstandard versprach. Die Bevölkerung des Vereinigten Königreichs, lange Zeit Marx' Wohnort und Referenzpunkt, wuchs zwischen 1800 und 1867, dem Jahr, in dem der erste Band des *Kapitals* erschien, von etwas mehr als zehn Millionen auf knapp 25 Millionen.[58] Während mehr und mehr Arbeiter verfügbar waren, hatten die Unternehmer nichts anderes im Sinn, als Menschen durch Maschinen zu ersetzen. Das Produktivitätswachstum explodierte, die industrielle Reservearmee aber auch. Kapital konzentrierte sich zunehmend in den Händen weniger erfolgreicher Unternehmer. Verdeutlicht man sich die damaligen Umstände, ist Marx' Pessimismus leicht nachvollziehbar.

Eines stimmte allerdings schon damals nicht: Die Einkommensungleichheit wuchs nicht im Gleichschritt mit der Kapitalkonzentration. Stattdessen streikten die Arbeiter mehr und bekamen ihre Lohnerhöhungen.[59] Es war sogar um die Jahrhundertwende schon möglich, Macht zu verschieben und dafür zu sorgen, dass mehr Geld in Richtung Arbeit floss.

John Maynard Keynes, der zumindest für die Angelsachsen als der Überökonom des zwanzigsten Jahrhunderts gilt, wurde leider erst drei Monate nach Marx' Tod 1883 geboren. Die Debatten der beiden wären sicher in die Geschichte eingegangen. Keynes war nicht nur frisurentechnisch der Anti-Marx: Statt Rauschebart und wilder Mähne trug er strengen Scheitel und Schnauzer. Revolution war nicht seins. Im Grundstudium verehrte Keynes Edmund Burke, den philosophischen Vater des Konservatismus. Während Marx lange Zeit im Exil verbrachte und von Preußen geschasst wurde, war Keynes der ultimative

Regierungsinsider und hatte eigentlich immer seine Finger im Spiel, wenn es wirklich wichtig wurde. Als Abgesandter der britischen Regierung verhandelte Keynes nach dem Ersten Weltkrieg Reparationen in Versailles und nach dem Zweiten Weltkrieg eine neue globale Währungsordnung in Bretton-Woods. Kurz vor seinem Tod bekam er vom König einen Adelstitel verliehen und saß im britischen Oberhaus. Marx dagegen wurde als »notorischem Agitator«[60] bis zum Lebensende die britische Staatsbürgerschaft verweigert.

Keynes widerspricht Marx in einem ganz zentralen Punkt: Seiner Meinung nach sind es nicht die Interessen des Großkapitals, die der Welt die Arbeitslosigkeit bescheren, sondern fehlende Einsichten in wirtschaftliche Zusammenhänge.[61] Ideen, nicht Interessen bestimmen für ihn die Politik. Wie Marx ist Keynes dabei sicher auch beeinflusst von seiner Zeit und den eigenen Erlebnissen. In Versailles hatte er 1919 vergeblich versucht, ein Reparationsregime zu verhindern, das nur zu einem weiteren Krieg führen konnte – und das schließlich auch tat. Es brachte ihn zur Verzweiflung, dass keine der Siegermächte daran interessiert schien, »das wirtschaftliche Grundproblem eines vor ihren Augen verhungernden und verfallenden Europa[s]«[62] zu lösen. Stattdessen hätte der britische Premier Lloyd George alles seinem Wahlsieg zu Hause untergeordnet, wollte der französische Präsident Georges Clemenceau Deutschland vor allem wirtschaftlich zerstören und der amerikanische Präsident Woodrow Wilson als »blinder und tauber Don Quijote« lieber nichts tun als das Falsche.[63] Für Keynes ist der Politiker das Problem, nicht die Wirtschaft, deren technischer Fortschritt ihn begeisterte.

1929 löste der Crash der New Yorker Börse die Große Depression aus. Der Finanzmarkt-Schock führte zu einer lang andauernden Malaise, insbesondere in der Industrie. Die Arbeitslosigkeit in der britischen Industrie verdoppelte sich in den Dreißigerjahren.[64] Keynes beschäftigte die Frage, wie es denn sein könne, dass Arbeitskräfte zur Verfügung standen, aber nicht genutzt wurden. Die klassischen Ökonomen hatten bisher vertreten, dass die Wirtschaft von allein in ihr Gleichgewicht fände, alle Arbeitskräfte genutzt würden. Das war nun eindeutig nicht der Fall. Die Leute hatten kein Geld und waren ängstlich, es wurde nichts ausgegeben. Die Arbeitslosigkeit blieb hoch, weil zu wenig Geld durch die Wirtschaft floss. Dem ist laut Keynes beizukommen. Geld sei schließlich eine Kreation des Staates. Fließe zu wenig durch die Wirtschaft, könne man dem entgegenwirken. Am einfachsten sei das mit der Geldpolitik: Senke die Zentralbank die Zinsen, könnten Banken günstigere Kredite vergeben. Solange Unternehmen investieren wollen, helfe das, mehr Geld in Umlauf zu bringen. Die Medizin funktioniere jedoch nicht, wenn Unternehmen ohnehin nicht investieren wollen (oder können), zum Beispiel, weil sie sich nicht sicher sind, wer in Zukunft ihre Produkte kauft oder wann die Schwächephase vorbei ist. Dann nähmen Unternehmen keine Kredite auf, ganz gleich wie billig oder teuer diese sind. Für diesen Fall schlägt Keynes vor, dass der Staat die öffentlichen Investitionen erhöht[65] und so selbst für genug Geld im Umlauf sorgt. Der Staat solle sich verschulden, also mehr Geld in die Wirtschaft hineinfließen lassen, als ihr zu entziehen. Damit entstünden zusätzliche Nachfrage und zusätzliche Arbeit. Würde mehr gekauft, bräuchten die Unternehmen mehr Beschäftigte. Gäbe es genug Arbeit für alle, hätten Beschäftigte Verhandlungsmacht, Marx' Reservearmee verdürbe nicht mehr die Preise. Stattdessen könnten Arbeitnehmer ihre Löhne hochverhandeln. Während Marx auf Klassenkampf setzt, ist für Keynes die staatliche Nachfrageregulierung, bildlich gesprochen die richtige Einstellung der Nachfrage- oder Machtpumpe, das Mittel der Wahl.

Abbildung 2: Klassenkampf vs. Nachfragepumpe

Eines ist dabei wichtig: Keynes argumentiert für die Nachfragepumpe und damit dafür, die Staatsfinanzen auf Vollbeschäftigung auszurichten. Von sorgloser Schuldenaufnahme hält er aber wenig.[66] Je mehr Staatsanleihen eine Regierung am Finanzmarkt ausgibt, um sich zu verschulden, desto höher sei tendenziell der Zins. Damit viel investiert wird, benötigt es laut Keynes aber einen niedrigen Zins. Seiner Meinung nach sollen im Regelfall nur staatliche Investitionen mit Schulden finanziert werden.[67] Um den Konsum zu erhöhen, gibt es bei Keynes ein anderes Mittel als die Schuldenfinanzierung: Umverteilung.[68] Denn je wohlhabender Haushalte sind, desto geringer ist der Anteil ihres Einkommens, den sie ausgeben. Die wohlhabendsten zehn Prozent der deutschen Haushalte sparen 40 Prozent ihres monatlichen Einkommens, die ärmsten zehn Prozent sparen gar nichts, ja verschulden sich sogar.[69] Bei aller Zurückhaltung gegenüber Staatsverschuldung, insbesondere zum Zweck kurzfristiger Konsumbefeuerung, hält Keynes es schlicht für einen technischen Fehler der Politik, wenn zu wenig Geld in der Wirtschaft zirkuliert. Das führe zu mehr Elend als nötig und weniger Wohlstand als möglich. Zur Not könne der Staat daher auch dafür bezahlen, dass Menschen Flaschen ausgraben, in denen der Staat Geldscheine versteckt hat.[70] Das sei sinnvoll, weil nicht nur der, der für das Ausbuddeln von Geldscheinen bezahlt wird, ein Einkommen habe, sondern auch wieder Geld in Umlauf bringe und so das Einkommen der Gemeinschaft erhöhe. Das ist natürlich ein sehr zugespitztes Beispiel. Keine Regierung kann sich damit begnügen, Menschen in Arbeitsbeschaffungsmaßnahmen zu parken. Auch hilft Geldscheine auszubuddeln nur begrenzt gegen die Unfreiheit. Schließlich braucht niemand – den Staat eingeschlossen – einen Geldausbuddler, der Geldausbuddler den Job aber unbedingt. Die Abhängigkeit ist daher groß.

Trotzdem erklärt Keynes mit diesem Beispiel aber etwas ganz Entscheidendes: Der Staat kann jederzeit dafür sorgen, dass alle Beschäftigung haben. Arbeitslosigkeit ist weder natürlich noch notwendig. Beschäftigte müssen nicht in einseitiger Abhängigkeit von ihren Arbeitgebern darben. Eine Reservearmee, die sich gegenseitig die Löhne kaputt macht, ist kein Naturgesetz. Die Politik hat also eine Chance, die wichtigste Voraussetzung für Freiheit als Nichtbeherrschung, gute Arbeit für alle, tatsächlich zu realisieren. Die Achtung der Würde des Menschen im Grundgesetz ist damit kein uneinlösbares Versprechen.

Man würde vermuten, dass die Bundesregierung dieses Rezept nutzt. Neu ist es schließlich nicht. Ein Ort, an dem es eigentlich beschrieben sein müsste, ist der alle vier Jahre erscheinende, gut 500 Seiten starke Armuts- und Reichtumsbericht des Arbeitsministeriums. In der Zusammenfassung beschreibt das Ministerium mögliche Maßnahmen zur Verbesserung der Lebenslagen in Deutschland. Es gibt sogar einen eigenen Abschnitt zur Finanz- und Steuerpolitik. Der handelt aber von Steuerentlastungen, Unterstützungsmaßnahmen in Krisen und Vermeidung von Steuertricks. Zur Nachfragepumpe, die für ausgeglichene Machtverhältnisse und damit gute Löhne sorgt, oder gar den Löhnen, die der Staat direkt zahlt, findet sich kein Wort.[71] Es ist erstaunlich: Die Bundesregierung veröffentlicht alle vier Jahre ein enzyklopädisches Werk zur sozialen Lage und lässt das Instrument aus, mit dem sie die materielle Freiheit der Menschen am meisten beeinflusst. Entscheidet sich der Staat zu sparen, schwächt er Löhne und damit die Freiheit. Entscheidet sich der Staat, die Nachfrage mit Krediten zu befeuern, oder erhöht er die Löhne, die er direkt zahlt, stärkt er die materielle Freiheit. Eine neutrale Position gibt es nicht. Trotzdem ignorieren die 500 Seiten des Berichts das Thema.

Im Armuts- und Reichtumsbericht von 2008 verfolgte die Bundesregierung aber immerhin noch das Ziel, Sens Freiheitskonzept umzusetzen. Das Arbeitsministerium versuchte damals, Armut und Reichtum über effektive Verwirklichungschancen zu definieren. Es sollte nicht nur gezählt werden, welche Angebote der Staat macht. Der Bericht sollte auch beschreiben, wer sie effektiv wahrnimmt, zum Beispiel welchen Kindern es gelingt, das Bildungsangebot in einen Universitätsabschluss zu übersetzen.[72] 2013 erklärt dann das Ministerium, Sens Konzept der Verwirklichungschancen sei leider nicht umsetzbar. Nun liege der Fokus auf ›Teilhabechancen‹, also zum Beispiel, ob ein Kind theoretisch Zugang zu Bildung hätte.[73] Deutschland war zurück bei Bildung und Beten.

Gedankliche Multiresistenz

Keynes, der Brexit und die Wahl Donald Trumps zum US-Präsidenten waren es, die ein paar Mitstreiter und mich 2018 zur Gründung der Denkfabrik Dezernat Zukunft – Institut für Makrofinanzen bewegten. Keynes, weil er deutlich machte, dass es lohnenswert ist, sich um die Geldflüsse zu kümmern. Brexit und Trump fühlten sich an wie zwei direkt aufeinanderfolgende Elektroschocks für den europäischen Liberalismus, der sich recht selbstbewusst Francis Fukuyamas These vom Sieg von Marktwirtschaft und Demokratie zu eigen gemacht hatte. So sicher war dieser Sieg nicht, die rechten Populisten kamen in großen Schritten näher. Max Krahé und ich hatten schon lange nach einem Forum gesucht, um ökonomische Ideen zu diskutieren und unsere Analyse zu schärfen. Ich kam nach meinem Master in London zurück nach Deutschland und traf alte Freunde, die mittlerweile bei einer Zeitung, in der Beratung und bei einem Risikokapitalgeber arbeiteten. Sie alle teilten unser Anliegen und gaben den Anstoß, tatsächlich etwas zu tun. Wir wussten nicht so recht, was wir da eigentlich gründeten. Das Etwas benannten wir nach den Abteilungen der Bundesbank, die dort Dezernate genannt werden, und holten ein paar Freunde im Kreuzberger Open-Space-Büro unseres Mitstreiters Hanns Koenig zur Diskussionsrunde zusammen. Die bisher eingesammelten Spenden reichten immerhin für einen Kasten Bier. Es wurde hitzig und viel diskutiert. Als meine Banknachbarin aus der Schule, Biologielehrerin ohne großes Faible für ökonomische Nischendiskussionen, um drei Uhr nachts nochmal die Frage des Zentralbankmandats aufmachte, schlich ich mich ins Bett. So beschwingt das erste Treffen war, so schwer fiel uns der Anfang. Keynes Idee von einem gestaltungsfähigen Staat und vollausgelasteten Arbeitsmarkt zu vertreten war eine größere Abweichung von der Norm, als wir vermutet hatten. Was die Norm ist, zeigen die juristischen

Fachkommentare zur Schuldenbremse im Grundgesetz. Dort wird, ohne weitere Erklärung, von dem »vielfach anfechtbare[n] Gedankengut Keynes«[74] gesprochen. Der einflussreichste Ökonom des 20. Jahrhunderts, ein lebenslanges Mitglied der Liberal Party, war in Deutschland politisch so klar links einsortiert, dass ich zur Debatte stellte, wie eindeutig sich das Dezernat Zukunft öffentlich mit seiner Denkschule in Verbindung bringen lassen sollte.

Teil unserer Schwierigkeit war, dass es keine aktuellen Beispiele für eine keynesianische Nachfrage- und Machtpumpe gab. Keine westliche Regierung nutzte die Finanzpolitik, um die Wirtschaft auszulasten und für gute Löhne zu sorgen. Das war vor Trump und Biden. Die ansonsten sehr unterschiedlichen US-Präsidenten schickten während der Corona-Krise allen US-Bürgern Schecks nach Hause. Zuerst 1.200 US-Dollar, dann sogar 1.400. Die Leute gaben das Geld zum größten Teil aus, über die Hälfte allein für Essen. 2020 wurden nur etwas mehr als zehn Prozent der Schecks gespart.[75] Dazu kamen unter Biden noch Investitionen in Infrastruktur und Gelder für lokale Regierungen.

2021 lag das deutsche Defizit, die jährliche Kreditaufnahme, bei knapp vier Prozent des BIPs, das amerikanische dagegen bei zwölf. Das hohe US-Defizit blieb dabei nicht auf die unmittelbare Krise beschränkt. 2023 verschuldeten sich die USA noch mit acht Prozent, Deutschland mit zwei.[76] Es war die Hochdruckversion der Nachfrage- und Machtpumpe. Biden befeuerte die Wirtschaft. Das wirkte. So haben Forscher gezeigt, dass die niedrigsten Löhne in den USA nach der Pandemie am stärksten gestiegen sind; und zwar so stark, dass sich die Lohnschere, die sich über 40 Jahre immer weiter geöffnet hatte, innerhalb von nur vier Jahren um ein Drittel schloss. Am stärksten profitierten junge Beschäftigte ohne universitären Abschluss, die den Job gewechselt hatten.[77] Die US-Regierung bewies, dass Keynes' Rezept weiterhin funktionierte, dass eine schwache Lohnentwicklung in den unteren Lohngruppen kein Naturgesetz ist.

Spätestens jetzt hätte die deutsche Finanzpolitik aufhorchen können. Deutschland brauchte dank eines gut ausgebauten sozialen Sicherungsnetzes zwar weniger Konsumschecks als die USA. Dafür steigen die Abgaben auf Arbeitseinkommen in Deutschland sehr schnell an. Eine Steuer- und Abgabenreform, die kleinen und mittleren Einkommen am Ende des Monats mehr Geld auf dem Konto gelassen hätte, oder – mehr nach Keynes' Geschmack – höhere staatliche Investitionen wären durchaus begründbar gewesen. Die deutsche Politik reagierte nicht, auch wenn die schwache Entwicklung niedriger Löhne seit Jahren zu einer der zentralen Herausforderungen der deutschen Politik gehörte. Die inflationsbereinigten Einkommen der ärmsten zehn Prozent aller Haushalte sind von 1996 bis 2020 nicht gestiegen, während sich die zehn Prozent der höchsten Einkommen um 50 Prozent erhöhten.[78] Finanz- und Arbeitsmarktpolitik wurden weiterhin als zwei unterschiedliche Disziplinen behandelt. Es fühlte sich so an, als hätte Deutschland eine ausgeprägte gedankliche Multiresistenz gegen die Wahrnehmung des Zusammenhangs zwischen Geldflüssen und guter Beschäftigung entwickelt. Weder die großen ökonomischen Theorien noch das praktische Beispiel aus den USA drangen in der politischen Debatte durch. Wie fing man sich als Staat eine solche Multiresistenz nur ein? Oder gab es in Deutschland einen guten Grund gegen eine andere Finanzpolitik?

Das folgende Kapitel geht dieser Frage anhand konkreter Projekte nach, die der deutsche Staat mit keynesianischen Ausgabenprogrammen finanzieren könnte. Denn in Deutschland fehlt es ja nicht nur an guten Jobs, sondern auch an öffentlicher Infrastruktur. Obwohl es zum Beispiel einen breiten gesellschaftlichen Konsens gibt, dass mehr Geld für Bildung und Bahn benötigt wird, will das Geld nicht fließen. Der Staat macht gerade nicht, was Keynes empfohlen hatte, nämlich sich um Investitionen zu kümmern, wenn der Markt schwächelt.[79] Dabei wäre das heute dringlicher denn je, um eine dekarbonisierte Wirtschaft aufzubauen, die Zielkonflikte zwischen guten Jobs und Klimaschutz vermeidet.

Kapitel 3
Bildung, Bahn und Bergführer

Die meisten Politiker treten zu Wahlen mit dem Versprechen an, die Geldflüsse zu ändern und zum Beispiel mehr in die Bildung zu investieren. Dennoch gelingt das in der Realität fast niemandem. Sieht man sich an, in welche Wirtschaftsbereiche wie viel Geld fließt, gab es in Europa in den letzten 20 Jahren zwei große Änderungen[80] – mal abgesehen von der Explosion der Glücksspielindustrie in Malta: Erstens ließ die Deindustrialisierung die Geldflüsse in die Industrie schrumpfen (außer in Deutschland und einigen osteuropäischen Staaten) und die in unternehmensnahe Dienstleistungen anschwellen. Zweitens sog die Alterung der Gesellschaft mehr und mehr Geld in das Gesundheitssystem, während die Bildung auf dem Trockenen saß. Faktisch setzten sich Megatrends durch, nicht politische Vorhaben. Wie also kann der deutsche Staat tatsächlich dafür sorgen, dass das Geld dorthin fließt, wo wir als Gesellschaft es gerne hätten?

Da es in diesem Kapitel viel um Summen geht und die meisten nicht jeden Tag mit Bundeshaushalten hantieren, hier ein kurzer Überblick zu den Größenordnungen:

Betrag (in Euro)	Entspricht ungefähr
1 Million	den jährlichen laufenden Kosten für 100 Schüler, ca. vier Klassen[81]
1 Milliarde (1.000 Millionen)	ca. 60 Kilometern Autobahn[82] oder etwas weniger als 20 Kilometern Schiene[83] (und ist de facto die Grundeinheit des Bundeshaushalts)
10 Milliarden	Subventionen für ein bis zwei Chipfabriken
100 Milliarden	einem Bundeswehr-Sondervermögen (oder auch einem Scholz'schen ›Wumms‹)
500 Milliarden	einem Bundeshaushalt (477 Milliarden Euro 2024[84])
4 Billionen (4.000 Milliarden)	der deutschen Wirtschaftsleistung

Tabelle 1: Größenordnungen

Bildung und Bahn

Zwei finanzielle Großbaustellen in Deutschland sind das Bildungssystem und die Bahn. Beide sind gesellschaftlich wichtig, und beide sind chronisch unterfinanziert. So wie es zum Standardrepertoire der meisten Politiker gehört, wahlweise mehr Geld für Bildung und Bahn zu versprechen oder zu fordern, gehört es zu den Standardergebnissen von Haushaltsverhandlungen, dass leider nicht genug Geld für die beiden Bereiche da ist. Zu sagen, dass für zwei wichtige gesellschaftliche Projekte kein Geld da ist, ist eigentlich widersinnig; Geld ist doch menschengemacht. Geld fehlt uns nicht, weil es keines gibt, so wie Wasser fehlt, wenn es zu wenig regnet. Geld fehlt, weil menschliche Entscheidungen dazu geführt haben, dass es nicht da ist. Wir treffen als Gesellschaft also inkohärente Entscheidungen. Wir wollen ein funktionierendes Bildungssystem und eine pünktliche Bahn, die hilft, den CO_2-Ausstoß zu reduzieren, erklären uns aber selbst, dass das nicht geht, weil kein Geld da ist. Woher kommt diese Schizophrenie? Um herauszufinden, wieso die Geldhand nicht tut, wie der politische Kopf es will, ist erst zu klären, ob das Bildungssystem und die Bahn tatsächlich mehr staatliches Geld brauchen. Vielleicht gibt es bei genauerer Betrachtung doch einfach keinen so guten Grund für größere staatliche Geldflüsse in Richtung Schulen und Schienen.

Die Reparaturbedürftigkeit des deutschen Schulsystems ist hinlänglich bekannt. Nicht nur schneiden deutsche Schüler regelmäßig in allen IGLU-, PISA- und IQB-Bildungsstudien schlecht ab. Besonders schlecht ist es in der Kategorie Chancengleichheit.[85] Das Leseverständnis hängt fast doppelt[86] so stark vom sozialen Hintergrund der Schüler ab wie in England – England das Land der Privatschulen, in dem der Akzent verrät, welche Schule jemand besucht hat. In den letzten Jahren ist die Herausforderung in Deutschland noch einmal größer geworden: Durch die Schulschließungen während Corona wuchsen die Lernrückstände. Der seit Jahren im internationalen Vergleich recht hohe Anteil an Schülern mit Migrationshintergrund, rund 40 Prozent, schätzt ein Mikrozensus,[87], stieg ab Februar 2022 durch zahlreiche neue Mitschüler aus der Ukraine nochmals an. Die Herausforderungen in Deutschland klingen ein bisschen nach dem Expertenlevel in einem Computerspiel, nur dass die Bildungspolitik schon beim Einsteigerlevel strauchelt.

Dabei wissen wir eigentlich, wie man die Chancengleichheit verbessert. Frühkindliche Bildung hilft, dass alle die Voraussetzungen inklusive deutscher Sprache mitbringen, um in der Schule bestehen zu können. Leider fehlen 400.000 Kindergartenplätze.[88] Am schwersten kommen die an einen Platz, die ihn am dringlichsten bräuchten. Sind beide Eltern arbeitslos, Nichtakademiker, armutsgefährdet und sprechen nicht überwiegend Deutsch, hat ihr Kind gerade mal eine fünfzigprozentige Chance auf einen Kindergartenplatz.[89] In der Schule hilft mehr individuelle Förderung, die dafür sorgt, dass schwache Schüler nicht auf die Nachhilfefinanzierung durch die Eltern angewiesen sind. Ein offensichtlicher Ort dafür könnten Ganztagsschulen sein, fehlten da nicht über 500.000 Plätze.[90]

Estland zeigt, welchen Unterschied gute frühkindliche Bildung und individuelle Förderung ausmachen können. Knapp ein Viertel der Bevölkerung definiert sich als ethnische Russen, die meisten von ihnen sprechen Russisch zu Hause.[91] Im Gegensatz zu Deutschland schneidet Estland in der PISA-Studie knapp hinter den asiatischen Spitzenreitern ab, Leistungsunterschiede aufgrund von Sprache und Elternhaus gibt es kaum; und das ohne spektakuläres Brimborium. Kinder werden weder geknechtet noch gechipt. Stattdessen gibt es ein verpflichtendes Schulvorbereitungsprogramm, das entweder von Kindergärten oder von Schulen durchgeführt wird,[92] Ganztag, wenn Eltern ihn anfragen, sowie Förderunterricht und regelmäßige Schulevaluationen. Ein solches Schulsystem kostet: Das nicht sehr wohlhabende Land – der Mindestlohn liegt bei 4,86 Euro pro Stunde[93] – gibt im Vergleich zu seiner Wirtschaftsleistung 60 Prozent mehr für die Grund- und Vorschule aus als Deutschland.[94] Würde Deutschland genauso viel aufwenden, würde der Bildungsetat um knapp 40 Milliarden Euro pro Jahr steigen.

Mehr Investitionen würden sich in mehrerlei Hinsicht bezahlt machen. Die unmittelbarste Konsequenz wäre eine höhere Frauenerwerbstätigkeit. Ein Drittel der Frauen arbeitet heute aufgrund familiärer Verpflichtungen Teilzeit.[95] Auch sie könnten dann in dem Maß erwerbstätig sein, wie sie das gerne möchten. Würden sie mehr verdienen, stiegen nicht nur die Einkommen, sondern auch die Steuereinnahmen. Dazu würden Frauen schneller bei der

Rente aufholen, aktuell bekommen sie in Deutschland 25 Prozent weniger als die Männer.[96] Das hilft nicht nur den Frauen, sondern auch der Staatskasse, die geringere Ausgaben für notwendige Unterstützung im Alter zu verbuchen hätte, zum Beispiel für die Grundrente oder die Grundsicherung im Alter.

Dazu gibt es für eine Regierung, die auf gute Löhne abzielt, kaum eine effektivere Investition als die in Bildung: Wie ein aufgerissenes Krokodilmaul klafft die Lohnentwicklung verschiedener Bildungsstände seit den Achtzigerjahren auseinander. In den letzten 40 Jahren sind in Deutschland die Akademikerlöhne um 70 Prozent gestiegen, die der Ungelernten um knapp zehn Prozent gefallen.[97] Der Akademiker sonnt sich auf der Nasenspitze des Krokodils, während der ohne Abschluss von den Zähnen herabbaumelnd ums Überleben kämpft. Die guten Löhne zukünftiger Generationen sind nicht nur an sich erstrebenswert, sie sorgen auch für dauerhaft höhere Steuereinkommen und geringere staatliche Sozialausgaben und Rentenzuschüsse.

Abbildung 3: Lohnkrokodil

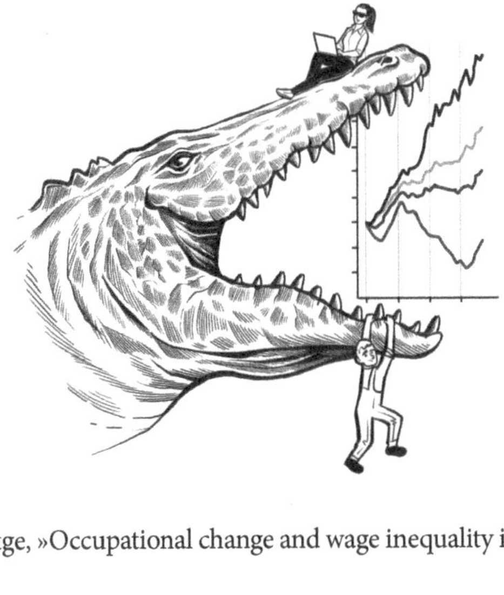

Chart: Lüttge, »Occupational change and wage inequality in Germany«

Tom Krebs, Wirtschaftsprofessor an der Universität Mannheim, hat die finanziellen Auswirkungen eines Investitionsprogramms in Kindergärten und Ganztagsschulen überschlagen. Er kommt auf eine zwölfprozentige Bildungsrendite.[98] Das ist hedgefonds-verdächtig, Aktien brachten seit den Fünfzigerjahren acht Prozent.[99] Nun könnte man sich noch fragen, ob denn wirklich der Staat für das Bildungssystem zahlen muss. Wenn die Rendite schon so hoch ist, könnten auch Eltern Kredite aufnehmen, um die Bildung ihrer Kinder zu finanzieren. Die Experten raten davon ab. Selbst Ökonomen, die nicht von einem rein staatlichen Schulsystem überzeugt sind, sprechen sich für staatliche Finanzierung aus, da die Bildungsergebnisse besser sind. So argumentiert Ludger Wößmann, Bildungsexperte am Münchner ifo Institut, dass ein gebührenfreies Schulsystem am effektivsten darin wäre, Wettbewerb zwischen Schulen herzustellen, weil somit alle Schüler, unabhängig vom finanziellen Hintergrund, die gleichen Wahlmöglichkeiten haben.[100] Der Business-Case für staatliche Bildungsausgaben steht.

Auch zur Bahn will das Geld nicht so recht fließen. Dabei gilt sie als zentraler Baustein für die Antwort auf eine der aktuell schwierigsten Fragen überhaupt: Wie es gelingen kann, dass Deutschland bis 2045 klimaneutral wird, ohne dass die Freiheit des Einzelnen darunter leidet. Mehr Bahn kann helfen, diese Frage zu beantworten. Entsprechend ambitioniert sind die Ziele der Bundesregierung für ihren Ausbau: Bis 2030 sollen sich der Passagierverkehr verdoppeln und ein Viertel des Güterverkehrs mit dem Zug transportiert werden.[101] Ein solcher Anstieg bei Bahnreisen wäre beispiellos. Menschen müssten von nun an jedes Jahr sieben Prozent mehr Bahn fahren. Das würde fast eine Verdreifachung des Wachstums zwischen 2010 bis 2019 bedeuten.[102] Dabei sind bereits die aktuellen Passagierzahlen eine Herausforderung für die Bahn: Schon heute fahren 20 Prozent mehr Züge über jeden Kilometer Bahngleis als vor 20 Jahren.[103] Das Schienennetz ist überlastet und überaltert, müsste dringend saniert, digitalisiert und ausgebaut werden. Um die selbstgesteckten Ziele zu erreichen, bräuchte es also große Investitionen in die Infrastruktur. Diese zu unterlassen, macht es nicht nur fast unmöglich, die von der Politik gesetzten Ziele zu erreichen, es macht den Kapazitätsausbau auch teurer als nötig: Wäre genug Geld vorhanden, um das Bahnnetz vollständig zu digitalisieren, könnten wesentlich mehr Züge auf dem bestehenden Netz fahren.[104] Und wäre die Finanzierung für die Investitionen langfristig sichergestellt, könnte die Bahn entsprechend planen und dafür sorgen, dass Auftragnehmer ihre Baukapazitäten vergrößern. Eine solche Verringerung der Kapazitätsengpässe führt tendenziell zu niedrigeren Preisen. Digitalisieren und planen spart also Geld. Beides ist aber nicht möglich, wenn es der Bahn ständig an Geld fehlt und die Regierung erst kurzfristig die Finanzierung zusagt. Dass die Bahn Geld braucht, wenn sie die vorgesehene Rolle in der Dekarbonisierung einnehmen soll, scheint also unstrittig.

Müssen es aber staatliche Kredite sein? Denn im Gegensatz zu staatlichen Bildungsinvestitionen, von denen alle Kinder profitieren können, kommen Bahninvestitionen denen zugute, die sich ein Bahnticket leisten können. Trotz großer staatlicher Subvention gehört das regelmäßige Bahnfahren aber weiterhin eher zu den Luxusgütern: Haushalte in Deutschland geben ungefähr 35 Euro pro Monat für Bus, Bahn und Taxi aus.[105] Ein Bahnticket zum Super-Sparpreis kostet 17,90 Euro.[106] Für viele Haushalte dürften Fernreisen mit dem Zug weiterhin die Ausnahme sein. Es braucht eine Bahn für den Klimaschutz, aber vielleicht keine staatliche.

Wollte der Bund nicht wie bisher den Ausbau der Schienen finanzieren, müsste die Aufgabe ein privates Unternehmen übernehmen. Das an sich ist selten. Wenn private Bahnunternehmen überhaupt Schienen besitzen, dann zumeist nur einzelne, profitable Hochgeschwindigkeitsstrecken. Eine Ausnahme ist Großbritannien in den Neunzigerjahren. Das dortige Schienennetz wurde 1994 vom Betrieb abgespalten und unter dem Namen Railtrack für knapp 1,7 Milliarden Pfund[107] an die Börse gebracht. Railtrack sollte keine staatlichen Subventionen bekommen, sondern sich allein über die Zahlungen der Bahnunternehmen finanzieren. Diese bestanden im Wesentlichen aus staatlich regulierten Gebühren für die Trassennutzung. Die Gebühren wurden so festgesetzt, dass jedes Jahr Effizienzgewinne, also Kostenreduktionen, von drei Prozent erwirtschaftet werden mussten.[108] Der Sinn der Privatisierung war schließlich die Kostensenkung. Besonders lang ging das Experiment nicht gut. Bald kam es zu zwei schweren Zugunglücken in London, die durch bessere Sicherheitssysteme hätten verhindert werden können. 2000 entgleiste schließlich ein Zug bei Hatfield, weil eine bekanntermaßen defekte Strecke nicht zur Reparatur gesperrt worden war.[109] Das hätte Geld gekostet. Aus den gleichen Gründen gab es auch kein Warnsystem, das über andere Züge auf der Strecke informierte. In welchem Zustand die Strecken insgesamt waren, konnte Railtrack nicht so genau sagen, da das Unternehmen zur Effizienzsteigerung mit Subunternehmen zusammengearbeitet hatte.[110] Trotz ungewisser Finanzierungsbedarfe und der hohen Folgekosten des Hatfield-Unfalls versuchte Railtrack weiter an der Börse zu überleben, brauchte wiederholt Unterstützung von der Regierung und meldete schließlich Insolvenz an. 2002 wurde das Schienennetz wieder vom Staat übernommen und mit 21 Milliarden Pfund auf Vordermann gebracht.[111] Die Kosten pro Bahnkilometer in Großbritannien gehörten nach Ende des Experiments zu den höchsten Europas.[112] Den Bahnverkehr zu privatisieren hatte die Kosten erhöht, anstatt sie zu senken.[113] Der Recherchedienst des englischen Parlaments hat versucht, die zentralen Gründe für die gescheiterte Privatisierung aufzuarbeiten. So sei ein defizitäres Unternehmen privatisiert worden, das ohne staatliche Subventionen nicht lebensfähig gewesen wäre. Railtrack die richtigen Anreize mitzugeben, die auf der einen Seite Effizienz sicherstellten, auf der anderen Seite für ausreichend Investitionen und Sicherheit sorgten, sei komplexer gewesen als angenommen. Da Railtracks Umsätze weitgehend durch staatliche Regulierung festgelegt waren, konnte das Unternehmen nur mit Kosteneinsparungen Gewinnsteigerungen für seine Aktionäre erreichen. Diese Einsparungen waren aber laut dem Recherchedienst oft nicht im Interesse der Gesellschaft gewesen.[114] So hatte sich der britische Staat mit der Privatisierung von Railtrack zwar eines Stücks Staatsbetriebs entledigt, aber weder der finanziellen Belastungen für den Staat noch der anderen organisatorischen Herausforderungen, die ein Schienennetz mit sich bringt. Das Problemkind war eine Armlänge weiter weggerückt und hatte sich neue Freunde am Finanzmarkt gesucht, verantwortlich war die Regierung aber weiterhin.

Japan wird oft als erfolgreiches Gegenbeispiel zu Großbritannien aufgeführt. Dort sausen seit Ende der Achtzigerjahre die privat betriebenen Shinkansen-Hochgeschwindigkeitszüge mit ihren extra langen Nasen durch die gebirgige Landschaft. Aber auch in Japan gehört das Schienennetz nicht den privaten Bahnunternehmen. Stattdessen finanziert und baut die Japan Railway Construction Transport and Technology Agency die Gleise und verpachtet sie an die Betreiber, die jeweils als integrierter Monopolist in ihrer Region agieren.[115] Dazu hübschen die Betreiber der Hochgeschwindigkeitslinien ihre Bilanzen durch Nebenverdienste mit Immobilien auf.[116] Nicht profitable, weniger befahrene Bahnlinien unterhält weiterhin der Staat. Als Beispiel für ein gut funktionierendes, privates Bahnsystem und insbesondere privates Schienennetz taugt auch Japan nicht. Staaten zahlen für Schienennetze und unterhalten öffentliche Bahnunternehmen, weil anders eine das ganze Land abdeckende Bahn nicht zu haben ist.

Das Argument für öffentliche Investitionen in die Bahn ist also ziemlich klar: Wir brauchen die Bahn für das Erreichen der Klimaziele, und ohne staatliche Gelder gibt es keine Bahn und erst recht kein wachsendes Schienennetz. Die Hypothese, dass öffentliche Bildungsausgaben und Bahninvestitionen magerer ausfallen als geplant, weil es am Ende doch kein so gutes Argument für sie gibt, hält nicht. Wie könnte der Staat es also schaffen, die benötigten Geldströme in Richtung Bildungssystem und Bahn zu lenken?

Eichhörnchen vs. Kapitalist

Zur Beantwortung der Frage braucht es eine ungefähre Größenordnung der Bedarfe. Mit Estland bei Bildungsausgaben gleichzuziehen würde bedeuten, jährlich 40 Milliarden Euro Mehrausgaben zu tätigen. Schon wesentlich weniger, ungefähr 24 Milliarden Euro, dürften ausreichen,[117] um genügend Personal für frühkindliche Bildung und Ganztagsschulen zu finanzieren und ein Schulinvestitionsprogramm aufzulegen, das alte Mängel beseitigt und die räumlichen Voraussetzungen für ganztägige Betreuung schafft.

Die Summe, die die Bahn zusätzlich benötigt, ist nicht ganz so groß. Im Frühjahr 2023 einigten sich Bundesregierung und Bahn auf einen zusätzlichen Investitionsbedarf von gut 45 Milliarden Euro von 2024 bis 2027. Nimmt man an, dass diese Mehrbedarfe jedes Jahr um die gleiche Summe ansteigen – die Baukapazitäten müssten schließlich schrittweise erweitert werden – und dass die Mehrbedarfe an die Inflation angepasst werden, kämen gut 100 Milliarden Euro bis 2030 zusammen oder 14 Milliarden Euro pro Jahr.[118] Wo kann der Staat solche Summen, wie sie für Bahn und Bildung benötigt werden, auftreiben?

Für die Bildung sollte man zuerst bei Ländern und Kommunen nachsehen, die für Schulen und Kindergärten zuständig sind. Die Kommunen sind notorisch klamm. Laut der KfW, der größten deutschen Förderbank und Vermesserin des kommunalen Investitionsrückstands, fehlen den Kommunen etwa 166 Milliarden Euro, um ihre lokale Infrastruktur auf Vordermann zu bringen, 60 Milliarden dafür für Schulen und Kindergärten. Die meisten Kommunen gehen davon aus, dass sie den Investitionsrückstand nicht aufholen können.[119] Die Kassen der Länder sind sehr unterschiedlich gefüllt. Steigende Beamtenpensionen und zu tilgende Corona-Schulden schränken in vielen Fällen die Spielräume ein.[120] Ein paar Ausnahmen gibt es, in Bayern, Hessen und Baden-Württemberg könnte es mehr Bildungstaler aus der gut bestückten Landeskasse regnen. Soll das Ziel aber ein in ganz Deutschland gut funktionierendes Bildungssystem sein, das allen eine Chance gibt, werden Landesmittel allein nicht die Antwort sein. Also bräuchte es zumindest Unterstützung durch die Bundesregierung. Bei der Bahn ist der Fall noch eindeutiger, ihre Finanzierung fällt in die Zuständigkeit des Bundes. Nimmt man an, dass der Bund die Hälfte der nötigen Bildungsausgaben übernimmt und aufhört, bei Bahninvestitionen zu sparen, müsste allein für diese beiden Ausgabenbereiche ungefähr ein ›Viertel Wumms‹ gefunden werden. Das mag angesichts eines Bundeshaushalts von 477 Milliarden Euro erstmal nicht unmöglich klingen, ist es aber: Das allermeiste Geld steckt in gesetzlichen Verpflichtungen fest. Ungefähr zehn Prozent des Bundeshaushalts werden vom Bundesrechnungshof als ›freie‹ Mittel bezeichnet, die nicht gesetzlich oder längerfristig gebunden sind oder für Personalausgaben benötigt werden. Das entspricht aktuell ungefähr 48 Milliarden Euro pro Jahr oder drei Milliarden Euro pro Ministerium.[121] Davon finanziert die Bundesregierung alles von Subventionen für tierwohlkonforme Schweineställe über die Absenkung der Biersteuer bis hin zur Unterstützung für die Ukraine. Seit dem Urteil des Bundesverfassungsgerichts 2023 zum Bundeshaushalt müssen die 48 Milliarden Euro auch für einen Großteil der Klimaschutzausgaben aufkommen. Laut verschiedener Schätzungen werden allein dafür 50 Milliarden Euro pro Jahr benötigt (wobei die Bahn hier meistens eingeschlossen ist).[122] Ab 2027 fehlen dazu mittlere zweistellige Milliardenbeträge im Verteidigungshaushalt.[123] Im Bundeshaushalt klafft eine große Lücke.

Also müsste man das Geld für Bildung und Bahn irgendwo anders abknapsen. So zu sparen, dass dabei mehr als 25 Milliarden Euro pro Jahr herausspringen, ist allerdings schwer. Eine erste Option wäre es, die staatlichen Geldflüsse präziser an den politischen Prioritäten auszurichten.

Die Bundesregierung könnte zum Beispiel bestimmte Subventionen abschaffen, die heute unsinnig erscheinen. Subventionsabbau klingt so gut, dass er in der Geschichte des Bundeshaushalts eigentlich immer genannt wurde, wenn Geld fehlte. In der Praxis wurden damit aber selten große Summen eingespart. Das Beispiel der Dienstwagenbesteuerung illustriert, wieso. Heute muss jeder Beschäftigte, der einen Dienstwagen privat nutzt, den sogenannten geldwerten Vorteil daraus als Einkommen versteuern. Meist zahlen die Dienstwagennutzer aber wesentlich weniger Steuern auf ihr Auto als auf ihren Lohn. Je mehr sie das Auto privat nutzen, desto größer fällt die Subvention aus. Da Dienstwagen überdurchschnittlich große Autos sind, die überdurchschnittlich häufig von Gutverdienern gefahren werden, kommt die Vergünstigung zudem vor allem Haushalten zugute, die sie eigentlich nicht benötigen.[124] Sowohl aus klima- als auch aus verteilungspolitischen Gründen erscheint das wenig sinnvoll. Die Politik könnte sich also vornehmen, die Subventionierung von Dienstwagen zu beenden. Die finanziellen Auswirkungen sind sehr schwer abzuschätzen, dürften aber bei maximal fünf Milliarden Euro liegen.[125] Das entspräche immerhin einem Sechstel der Finanzbedarfe von Bahn und Bildung.

Das Vorhaben hat gleich mehrere Haken: Ein großer Teil davon, 1,5 Milliarden Euro, fließt bereits in E-Autos,[126] die man aus klimapolitischen Gründen weiterhin wird unterstützen wollen. Je mehr Dienstwagen E-Autos sind, desto weniger Geld bliebe also für Bildung und Bahn übrig. Nun könnte man einwenden, dass auch elektrische Dienstwagen nicht steuerlich begünstigt werden müssten, wenn Verbrennerfahren generell teurer würde. Autos mit Verbrennermotor von heute auf morgen teurer zu machen beschränkt allerdings wiederum die Freiheit all derer, die nicht schnell auf ein E-Auto umsteigen können, etwa weil es bisher nur wenige günstige E-Klein- und Gebrauchtwagen gibt. Die Umstellung bräuchte also Zeit, bis ausreichend solcher günstigen E-Autos verfügbar sind.

Und wenn dann ganz Deutschland vor allem günstige E-Autos kaufen würde, weil große Dienstwagen nicht mehr mit einem Steuergeschenk im Kofferraum kommen, gäbe es ein weiteres Problem: Das bisherige Geschäftsmodell deutscher Autobauer wäre in Gefahr. Deren Spezialdisziplin sind große, hochpreisige Modelle.[127] Während der chinesische Autobauer BYD seinen neuen Elektrokleinstwagen Seagull für umgerechnet unter 9.000 Euro verkauft,[128] steigerte Mercedes den durchschnittlichen Verkaufspreis seiner Autos von 2019 bis 2023 um 46 Prozent auf 74.000 Euro.[129] Nun gehört es zu einem Markt dazu, dass Unternehmen schrumpfen, Wettbewerber, zum Beispiel die E-Auto-Produzenten aus China, wachsen und Geschäft übernehmen. Die deutsche Autoindustrie beschäftigt aber knapp 800.000 Menschen[130] und zahlt sehr gute Löhne. Sogar ein ungelernter Arbeiter verdiente im Automobilsektor 2021 schon einen Stundenlohn von über 20 Euro.[131] In einer Zeit, in der die Lohnentwicklung so stark von der Bildung abhängt wie heute, sind solche Jobs Gold wert. Ist das Geschäftsmodell der deutschen

Autobauer in Gefahr, bringt das potenziell nicht nur die Unternehmen, sondern auch den Staat, der allen gute Jobs ermöglichen möchte, in Schwierigkeiten. Er müsste also daran arbeiten, die Abhängigkeit Deutschlands von der Produktion großer Autos zu reduzieren. Aber das dauert.

Je genauer man sich die Dienstwagenbesteuerung ansieht, desto weiter weg rückt eine schnell realisierbare, große Mehreinnahme, mit der die Ausgaben für Bildung und Bahn finanziert werden könnten. Und das ist kein Einzelfall: In umfangreichen Regierungsdokumenten mag eine Subvention aussehen wie eine unscheinbare, zufällig auf die Seite geratene Zeile, die sich leicht ausradieren lässt; im ungünstigsten Fall ist sie aber eine der vielen Strippen, die unsere gegenwärtige Wirtschaft zusammen- und gute Arbeitsplätze erhält. Eine solche Strippe zu kappen dauert. Das macht den Subventionsabbau zu einer unwahrscheinlichen Quelle für schnelle, großvolumige finanzielle Beutezüge. Stattdessen wird er zu einem längerfristigen Ziel für eine Wirtschaftspolitik, die Zielkonflikte zwischen guter Arbeit, Klimaschutz und Verteilung adressiert.[132]

Wenn der Subventionsabbau das Geld schon nicht hergibt, dann vielleicht die Renten- oder Sozialpolitik. So lässt sich argumentieren, dass die ›Rente mit 63‹ (heute Rente mit 64), die gut ausgebildeten Facharbeitern mit mittlerem Einkommen[133] einen hohen Anreiz gibt, zwei Jahre früher in Rente zu gehen als regulär, für ein selbstbestimmtes Leben nicht so wichtig ist wie gute Bildung. Oder dass man jungen Eltern nur 12 anstatt 14 Monate Elterngeld zahlen könnte, insbesondere wenn das Geld stattdessen in frühkindliche Bildung flösse und das Kita-Angebot verbesserte. Abgesehen davon, ob man den Vorschlägen inhaltlich zustimmt, haben sie ein großes Problem: Sie reichen bei weitem nicht aus, um die benötigten Gelder aufzubringen. Die Elterngeldkürzung brächte eine Milliarde,[134] die Abschaffung der Rente mit 63 gar keine neuen Spielräume.[135] Sie würde lediglich dafür sorgen, dass die Bundesregierung die Rentenzahlungen nicht mehr und mehr unterstützen müsste.

Ebenso wenig trivial ist die Geldbeschaffung über höhere Steuern. Der Staat kann zwar mit einer Mehrwertsteuererhöhung viel zusätzliches Geld auftreiben: Eine Erhöhung um einen Prozentpunkt bringt etwa sieben Milliarden Euro zusätzliche Einnahmen pro Jahr für den Bundeshaushalt.[136] Doch da alle die gleiche Mehrwertsteuer zahlen, ganz unabhängig vom Einkommen, träfe die Steuererhöhung besonders die, die es sich am wenigsten leisten können.

Zielgerichteter wäre eine höhere Einkommenssteuer für alle, die mehr als genug haben. Die Anhebung des Einkommenssteuersatzes um einen Prozentpunkt für besonders hohe Einkommen ab knapp 278.000 Euro pro Jahr[137] brächte allerdings nur gut zwei Milliarden Euro jährliche Mehreinnahmen.[138] Um mit der Einkommenssteuer ausreichende Summen für die Bildungs- und Bahninvestitionen zu generieren, wären also wesentlich höhere Steuersätze nötig. Auch die neu eingeführte globale Mindeststeuer für Unternehmen ist nicht ergiebiger: Sie dürfte Deutschland maximal 3,4 Milliarden Euro pro Jahr bringen.[139]

Der Wirtschaft Geld zu entziehen ist also gar nicht so einfach und ob es gelingt, situationsabhängig. Es ist ein bisschen so wie als Eichhörnchen Nuss für Nuss den Wintervorrat zusammenzusuchen. Für das Überleben wird es reichen, aber mit dieser Taktik eine große Zivilisation aufzubauen, zu investieren, ist schwer. Das Eichhörnchen könnte noch auf eine andere Idee kommen: Anstatt mühsam einzelne Nüsse zusammenzutragen, könnte es versuchen, den Nusstresor des großen Eichkaters zu knacken. Große Geldspeicher gibt es einige in Deutschland. So besitzen die wohlhabendsten 0,1 Prozent der Bevölkerung 20 Prozent des gesamten Nettovermögens.[140] Oft sind die Vermögenden Anteilseigner von Unternehmen; Unternehmen, die von einem guten Bildungssystem und den daraus erwachsenen Fachkräften ganz besonders profitieren würden. Schenkungen dieser großen Vermögen werden heute in homöopathischem Ausmaß besteuert, 0,3 Prozent schätzt das Netzwerk Steuergerechtigkeit.[141] Würden sie besteuert wie die Vermögen profaner Halbreicher, könnte das genug Geld bringen, um die Lehrer für Ganztagsschulen zu finanzieren.[142] Auch das schreibt sich leichter, als es ist. Denn entzieht man den Beschenkten zu rabiat das Geld, fehlt am Ende womöglich das Kapital für Unternehmensinvestitionen, und schon wieder sind Jobs in Gefahr. Dieses Problem könnte der Staat umgehen, indem er, anstatt die Steuer einzuziehen, stiller Teilhaber am verschenkten Unternehmen wird. Wollen die Eigentümer den Staat loswerden, zahlen sie ihn aus, die Einnahme kommt in die Staatskasse. Das wäre aus der Perspektive der Steuer eine sehr sinnvolle Gestaltung, aber der Staat wüsste nicht, wann ihm das Geld zur Verfügung stünde. Das Bildungssystem und die Bahn, die beide verlässliche Gelder brauchen, lassen sich so kaum finanzieren. Auch ein sehr fleißiges Eichhörnchen hätte also allergrößte Schwierigkeiten, die Gelder für Bildung und Bahn aufzubringen.

Der Eichhörnchenmodus hat außerdem zwei fundamentale Probleme: Falsch sparen kostet, und warten kostet. Knapp 60 Prozent des deutschen Vermögens, so schätzt die Weltbank, besteht aus den zukünftigen Einkommen Erwerbstätiger.[143] Sich darum nicht zu kümmern ist fahrlässig. Jedes nicht ausgebildete Kind, jede Mutter, die heute aufgrund fehlender Kinderbetreuung weniger arbeiten kann, als sie gerne würde, reduziert die Wirtschaftsleistung und den Anteil des Gelds, der über gute Arbeit an Haushalte fließt. Auch die Bahn nicht zu sanieren und auszubauen kostet: Erstens, weil ihr Betrieb dadurch teurer ist als nötig. Zweitens, weil Deutschland, wenn es seine Emissionen nicht ausreichend reduziert, zukünftig von anderen Staaten CO_2-Zertifikate zukaufen muss. Aktuell projiziert das Umweltbundesamt, dass Deutschland 2030 ungefähr 50 Millionen Tonnen mehr CO_2 ausstoßen wird, als nach der europäischen Klimaschutzverordnung zulässig ist.[144] Läge der Preis der verfügbaren Zertifikate bei 150 Euro,[145] würde Deutschland das Verfehlen des Ziels im Jahr 2030 rund 7,5 Milliarden Euro kosten.[146] Das ist Geld, das man auch in die Bahn investieren könnte.

Während also die Kosten der unterbliebenen Bahn- und Bildungsinvestitionen steigen, sammelt das Staatseichhörnchen Nuss für Nuss beziehungsweise Euro für Euro und häuft Milliarden an, um irgendwann ausreichend in Humankapital und Klimaschutz investieren zu können. So wird der Eichhörnchenmodus nicht zu einem sparsamen, sondern exorbitant teuren Finanzierungsweg. Wenn es schlecht läuft, wird er im Fall der Bildung sogar zu einem Teufelsweg. Weniger gut ausgebildete Schüler schwächen die zukünftigen Staatseinnahmen, sodass die notwendigen Investitionen nie zusammenkommen.

Statt der eichhörnchenartigen Herangehensweise gäbe es auch noch den Kapitalistenmodus. Der Staat könnte Staatsanleihen ausgeben, also Kredite aufnehmen. Dazu hat er eine Bietergruppe von 32 Banken,[147] die Gewehr bei Fuß stehen, wenn die Finanzagentur des Bundes neue Bundesanleihen verkaufen möchte. Anstatt der Wirtschaft, den Bürgern oder einem anderen staatlichen Bereich etwas wegzunehmen, brächte der Staat neues Geld in die Welt.

Im Fall der Bildungsausgabe wäre es eine Investition in sein zukünftiges Steuereinkommen. Neun Millionen Schüler im Jahr, das ist ein gut diversifiziertes Portfolio an potenziellen Steuerzahlern. Und im Gegensatz zum Privatmann, dessen Kredit selten länger läuft als zehn Jahre, hat der Staat alle Zeit der Welt. Er kann warten, bis der Jurist im Alter von 30 Jahren endlich mit Arbeiten und Steuer zahlen beginnt. Die Staatsanleihe mit einer Laufzeit von 30 Jahren zur Finanzierung von dessen Ausbildung hätte ihn zum Höhepunkt der Zinsen im Herbst 2023 2,9 Prozent gekostet.[148] Das liegt weit unter Krebs' Bildungsrendite von zwölf Prozent. Konkret könnte der Bund zusammen mit den Ländern einen zehnjährigen Fonds auflegen, der das Bildungs- und Erziehungssystem generalsaniert, Schulen und Kitas baut, Personal ausbildet und wenn nötig anfänglich hilft, die höheren Gehaltskosten zu zahlen. Verbessert der Staat die Arbeitsbedingungen und reduziert vor allem die individuelle Belastung, werden sich dazu mehr Menschen finden, die im Bildungssektor arbeiten möchten.[149] Auch Lohnerhöhungen würden vermutlich gegen den Personalmangel helfen. Die Bezahlung für Beschäftigte in Erziehung und Unterricht wuchs in den letzten 20 Jahren nur ungefähr halb so schnell wie die in der Industrie.[150] Kommen die Bildungsausgaben erst einmal in Gang, wird aus dem Teufelskreis, gegen den das Eichhörnchen so eifrig, aber möglicherweise vergeblich anarbeitet, ein Perpetuum mobile. Die Geldflüsse, die dauerhaft mehr Bildung finanzieren, generieren sich selbst.

Abbildung 4: Eichhörnchen vs. Kapitalist

Die Bahn ist kein monetäres Perpetuum mobile und auch keine mit Bildung vergleichbare Grundvoraussetzung für die Freiheit des Einzelnen heute. Die Bahn ist eine Investition in den Klimaschutz und damit die Freiheit zukünftiger Generationen. Das sind aber keine Argumente gegen staatliche Bahnfinanzierung, sondern Argumente für eine Kreditfinanzierung der Bahn, die zukünftige Generationen an den Kosten beteiligt. Schließlich werden auch sie von den Investitionen profitieren: 75 Jahre hält ein Bahntunnel, immerhin 13 Jahre ein Gleis.[151] Wenn es eine Investition gibt, für die sich aufgrund ihrer langen Lebensdauer ein Kredit rechtfertigen lässt, dann für die in Eisenbahnen.

Kredite für die Bahn lassen sich aber nicht nur rechtfertigen; der Bahnausbau ohne Kredite wäre ein Novum, ein deutscher Sonderweg, der noch keinem anderen Staat gelungen ist. Historisch ist der Ausbau der Eisenbahn so verwoben mit der Geschichte der Kapitalmarktfinanzierung wie die Verkäufe von Autos mit Verbrennermotor mit der Ausbreitung von Tankstellen. Preußen konnte Anfang des 19. Jahrhunderts keine staatliche Eisenbahn bauen, weil es für die Ausgabe von Staatsanleihen einen Parlamentsbeschluss brauchte, der König aber kein Parlament wollte. Als die Eisenbahn aus wirtschaftlichen und militärischen Gründen wichtig genug wurde, führte der König den Vereinigten Landtag ein, um von diesem endlich die Erlaubnis zur Ausgabe von Staatsanleihen zu erhalten und so eine preußische Staatsbahn aufbauen zu können.[152] In den USA wurden die Eisenbahnen privat finanziert und begründeten den Markt für Unternehmensanleihen.[153] Als die heimischen Finanzmärkte nicht mehr genug hergaben, gingen die Eisenbahnunternehmen nach London, um dort neue Finanziers zu gewinnen.[154] Im Großbritannien des 19. Jahrhunderts war die Eisenbahn *das* Spekulationsobjekt mit allem, was dazugehört, einer geplatzten Aktienmarktblase, der Entwicklung komplexer Finanzprodukte und kreativer Buchhaltungspraktiken.[155]

Die heute nötigen Bahninvestitionen im Eichhörnchenmodus bewältigen zu wollen, von hier und da Ersparnisse zusammenzutragen und durch höhere Steuern ausreichend Geld einzunehmen, scheint ein naives Unterfangen. Das gelingt nicht einmal der Schweiz, die als Rückzugsort globalen Kapitals sehr gut verdient und entsprechende staatliche Ressourcen zur Verfügung hat. Ihr Bahninfrastrukturfonds speist sich zum Teil aus laufenden Einnahmen, zum Beispiel aus der Mehrwertsteuer und einer Kantonsabgabe. Ungefähr 50 Prozent des Fonds kommen trotzdem aus dem Bundeshaushalt.[156] Aus laufenden Einnahmen allein lassen sich Eisenbahninvestitionen schlicht nicht finanzieren.

Möchte man den Staatskredit für die Bahn aber um jeden Preis vermeiden, gibt es noch eine weitere Option aus dem von der Bundesregierung über Jahrzehnte kuratierten Handbuch der kreativen Staatsfinanzierung. So fehlte 1995 im Haushalt das Geld für die damals neu zu bauende Bahnstrecke von Nürnberg nach München. Also wurde die Bahn beauftragt, das Projekt über einen privaten Kredit vorzufinanzieren. Dessen Rückzahlung sollte doppelt so viel kosten wie das eigentliche Bauprojekt, 15,6 statt 7 Milliarden Deutsche Mark.[157] Es ist schon vermeidbar, die Staatsbilanz für öffentliche Investitionen zu nutzen. Nur wird das dann besonders teuer. Heute achtet die Regierung etwas mehr auf die Finanzierungskosten. Die Bahn leiht sich immerhin nicht mehr zu möglichst ungünstigen Konditionen Geld bei Banken, sondern gibt selbst Anleihen am Finanzmarkt aus. Leicht fragwürdig ist aber auch das: Die Bahn verschuldet sich zu wesentlich höheren Kosten als die Bundesregierung, die das Geld stattdessen zur Verfügung stellen könnte.[158] Krampfhaft zu vermeiden, dass der Bund Kredite aufnimmt, um die Bahn zu finanzieren, kostet Geld. So paradox es klingen mag: Der Staat sollte sich aus Sparsamkeit für die Bahn verschulden. Günstiger ist ein Schienennetz nicht zu haben.

Ausgangspunkt der Diskussion zu Bahn und Bildung war die Frage, wie es denn kommt, dass wir als Gesellschaft beides für wichtig erachten, das Geld aber nicht entsprechend fließt. Es liegt nicht daran, dass das Argument für staatliche Finanzierung bei genauerer Inspektion zerfällt. Im Gegenteil, sowohl für mehr staatliche Gelder für die Bahn als auch für das Bildungssystem gibt es gute Gründe. Bildung ist essenziell für die Freiheit heute, die Bahn für die Freiheit von morgen. Das Geld fließt deshalb nicht, weil es bisher an einem passenden und tatsächlich umsetzbaren Finanzierungskonzept für beide Bereiche mangelt. Deutschland hat aus historischen Gründen (dazu später mehr) die Eichhörnchenmethode zum einzig möglichen Ansatz erklärt, um Geld zu finden. Das führt de facto dazu, dass die Gelder nicht fließen, wie sie sollen, und treibt – über einen längeren Zeitraum betrachtet – die Kosten nach oben. Schlecht ausgebildete Arbeitskräfte schaden den Staatsfinanzen ebenso sehr wie Strafzahlungen an Brüssel. Schule und Schiene sind aber keine Einzelfälle, sondern heute besonders virulente Beispiele für Infrastrukturen, die der Staat direkt finanzieren sollte. Die Schule, weil sie wichtig für die Freiheit heute ist, die Schiene, weil jede andere Eigentümer- und Finanzierungsstruktur zusätzliche Probleme macht, anstatt welche zu lösen.

Soll sich der Staat dort engagieren können, wo und wann es sinnvoll ist, braucht er die gleichen Möglichkeiten wie ein Unternehmen, das zusätzliche Produktionsanlagen kauft, wenn es sie braucht: Er muss seine Bilanz ›verlängern‹ können. Eine Bilanz listet auf der linken Seite alle Vermögenswerte auf und auf der rechten Seite deren Finanzierung (siehe Abbildung 5). Will der Staat nun die linke Seite um zusätzliche Schienen und Schulgebäude erweitern, also verlängern, braucht er auf der rechten Seite zusätzliche Staatsanleihen, die diese Schienen und Schulgebäude finanzieren.

Abbildung 5: Verlängerung der Staatsbilanz

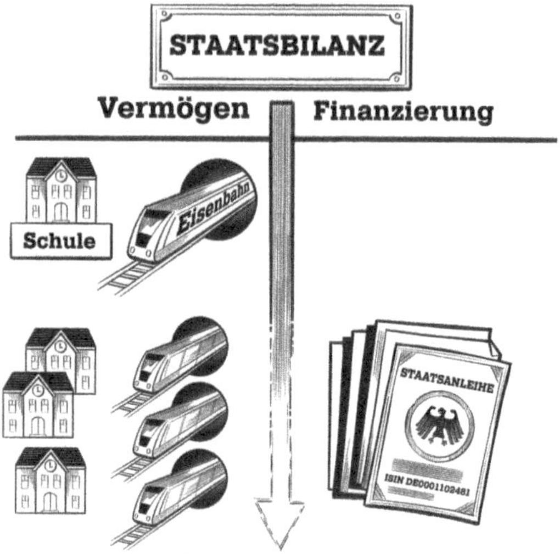

Bergführer

Heute geht es aber nicht nur um Schulen und Schienen. Deutschland hat sich vorgenommen, bis 2045 die Klimaneutralität zu erreichen. Ohne staatliche Unterstützung ist das unmöglich. Denn eine Veränderung der Wirtschaftsstruktur verläuft nie reibungslos, erst recht nicht, wenn sie so schnell vonstattengehen soll wie die Dekarbonisierung der deutschen Wirtschaft bis 2045: Wer genauer in Märkte hineinsieht, findet in der Praxis meist kein perfekt effizientes Gebilde vor, kein windstilles Meer, in dem jedes Wirtschaftspartikelchen, jede Maschine, jede Arbeitskraft an ihren optimalen Platz getrieben wird und sich reibungslos in den gesamtwirtschaftlichen Produktionsprozess einfügt. Stattdessen gibt es historisch gewachsene Produktionslandschaften, in denen Seen, die vor Arbeitskraft überlaufen, neben ausgetrockneten Reservoiren liegen; in denen Gebirge alte und neue Technologien trennen und tiefe Schluchten auch die innovativsten Unternehmer verschlucken können. Hinzu kommen Euphoriewellen, Zinsstürme, Unsicherheitsbeben und allerlei andere Stimmungslagen, die eine effiziente Bilderbuchwelt verhindern, in der die Produktivität automatisch wächst und jeden Tag gute Jobs hinzukommen.

Über diese Landschaft fegten seit dem Jahr 2020 die großen, strukturellen Schocks hinweg. Es kam Corona und der globale Lockdown. Während in Deutschland alles ruhte, werkelte China weiter, nutzte die Zeit, um Batterien zu entwickeln und äußerst günstige E-Autos in das Ausland zu exportieren. Als die Weltmärkte wieder öffneten, war China die globale E-Auto-Macht. Die deutsche Autoindustrie geriet in die schwierige, bereits angesprochene Lage, in der sie sich heute befindet. 2022 überfiel Putin dann die Ukraine. Gas war ab jetzt teuer, Strom auch. Eine profitable Produktion von Chemikalien, Papier oder Aluminium in Deutschland wurde schwieriger. Die deutsche Industrie wackelte und mit ihr die guten Jobs. Dabei geht es nicht allein um den Schweißer, den Mechatroniker oder Stahlarbeiter, sondern auch um die Autoverkäufer, IT-Fachleute, Hausmeister und all die anderen Dienstleister, die an der Industrie hängen. Sollten höhere Energiepreise dauerhaft zu wesentlich höheren Kosten für industrielle Vorprodukte in Deutschland führen, könnte das 1,3 bis 1,7 Millionen Jobs kosten.[159] Ein rein hypothetischer Gedanke ist das leider nicht mehr, seit Ende 2019 hat die energieintensive Industrie rund 20 Prozent an Produktionsvolumen verloren,[160] die deutschen Reallöhne sind zwischen Ende 2019 und Ende 2023 in Deutschland um sieben Prozent gefallen, so stark wie in fast keinem anderen G7-Land.[161]

Investitionen in zukunftsträchtige Geschäftsmodelle würden helfen. Neue Industrien bringen neue Jobs und im Zweifel gut bezahlte. Zu tun gäbe es genug, vom Aufbau der Batterieindustrie über die Ausstattung der Welt mit neuen Maschinen für dekarbonisierte Produktionsverfahren bis hin zur Entwicklung von Recyclingverfahren und Software. Lange benötigte die Welt nicht mehr so viel stoffliche Innovation wie heute. Eigentlich sollte es ein goldenes Zeitalter sein für Deutschland, das neben der Schweiz, Singapur und Korea zu dem sehr elitären Club der Länder gehört, deren Produktion zu mehr als 60 Prozent aus forschungsintensiven Industrien stammt.[162] Es gibt keinen Grund, wieso gute Jobs hierzulande weiterhin an den Bau großer Autos mit röhrenden Verbrennermotoren gekoppelt sein müssen. Während die Politik gern von einem Investitionsjahrzehnt spricht, zeichnet sich aber nichts dergleichen am Horizont ab. Investitionen sollen in den kommenden Jahren gerade mal um 0,7 Prozent jährlich wachsen, das wäre weniger als zwischen Finanz- und Corona-Krise.[163]

Investitionen in eine neue Wirtschaft, das sagt sich einfacher, als es ist. Die Gebirge auf dem Weg zu neuen grünen Märkten, von Batterien über Wasserstoff bis hin zu CO_2-freiem Stahl, sind oft alpenhoch, ihre Überquerung mühsam und risikoreich. Manch ein Unternehmer wird auf der Strecke bleiben. Der eine, weil seine Technologie falsch war, der andere, weil er zu früh investiert hat und in die Schlucht gefallen ist, bevor der Markt kam, der dritte, weil er zu spät war, den rechtzeitigen Aufbruch verpasst hat. Je größer der Zeitdruck, desto schwieriger wird die Reise. Unternehmen können dann nicht Schritt für Schritt lernen, was funktioniert, Wertschöpfungsketten haben Löcher, sodass im Zweifelsfall Abnehmer oder Zulieferer fehlen und Preise schwanken. Effizienz braucht Zeit. Zeit ist aber knapp. Weder die Klimaziele noch die großen Wettbewerber um grüne Technologien, USA und China, warten auf Deutschland. Der deutsche Staat könnte der Wirtschaft helfen, indem er temporär als Bergführer agiert, absichert, koordiniert, wo nötig, unter die

Arme greift, zum Beispiel mit Finanzierungs- und Abnahmegarantien, temporären Beteiligungen oder Co-Investitionen mit Unternehmen. Stattdessen ist er mit sich selbst beschäftigt. Förderungen hängen von der staatlichen Kassenlage ab, nicht von strategischem Rational. So wurde die staatliche Kaufprämie für E-Autos in der Corona-Zeit, als erhebliche Lieferprobleme herrschten, verdoppelt, nur um dann 2023, als die Nachfrage um 30 bis 50 Prozent zurückging, eingestellt zu werden.[164] Auch wäre es spätestens 2023 sinnvoll gewesen, als Bundesregierung zu entscheiden, wie man mit dauerhaft höheren Strompreisen umgeht. Würde man es wie Frankreich machen und jegliche Kosten in Kauf nehmen, um günstigen Strom für die Industrie sicherzustellen? EDF, der seit 2022 wieder komplett staatliche französische Energiekonzern, ist mit deutlich über 50 Milliarden Euro verschuldet.[165] Oder würde man die Marktkräfte über den Platz fegen lassen, weil höhere Preise langfristig unausweichlich scheinen? Die Bundesregierung entschied sich für den Ansatz ›Vielleicht mal schauen, wir tun ein bisschen was, aber nur so halb‹. So kündigte sie im November 2023 für das Jahr 2024 an, alte, in Frage gestellte Subventionen des Strompreises beizubehalten und den Anstieg der Netzentgelte, der Gebühren für die Stromleitungen, für das erste Halbjahr 2024 zu begrenzen.[166] Während Unternehmen Investitionsentscheidungen treffen sollten, die sie die nächsten 20 Jahre an einen Standort binden, schien der deutsche Staat lediglich bereit, sich für sechs Monate festzulegen. Es kam noch besser. Am 19. Dezember 2023 wurde ein neues Energiepreispaket verkündet, ganze zwölf Tage vor Beginn des neuen Jahres. Die Unterstützung für die Netzentgelte fiel nun weg.[167] Wie es mittelfristig mit den Energiepreisen weitergeht, vermag heute niemand zu sagen. Der deutsche Staat verhält sich nicht wie ein Bergführer, sondern eher wie der leichtsinnige Gipfeljäger, der unbedingt den Gipfelstempel haben möchte, auch wenn es andere in Gefahr bringt: Anstatt zu überlegen, was gesamtwirtschaftlich sinnvoll wäre, geht es dem Staat in allererster Linie darum, sein selbstgestecktes Haushaltsziel zu erreichen.

Ein historisches Beispiel zeigt, was alles möglich wäre: US-Präsident Roosevelt, geboren ein Jahr vor Keynes, hielt nicht viel von Staatsverschuldung. Ein ausgeglichener Haushalt war ihm viel wert, bis der Zweite Weltkrieg begann. Von da an testete Roosevelt aus, wie gestaltungsfähig ein Staat sein kann, wenn er muss.[168] Zuerst versuchte er es mit dem kleinen Besteck: Er erlaubte Unternehmen, ihre Investition in Kriegsanlagen schneller abzuschreiben und somit Steuern zu sparen. Als das nicht funktionierte, bot seine Regierung an, Unternehmen Investitionskosten zu erstatten. Leider bekamen die Unternehmen von den Banken keine Kredite, um überhaupt Investitionen zu tätigen. Da die nötigen Kreditsummen sehr groß waren und die Zahlungen der Regierung erst nach Fertigstellung der Anlagen begannen, schätzten die Banken das Risiko immer noch als zu groß ein. Also finanzierte und baute die staatliche Defense Plant Corporation schließlich selbst. Am Ende zahlte sie nicht weniger als ein Drittel der gesamten Kriegsausgaben für Fabriken und Ausrüstung.[169] In den meisten Fällen betrieben private Unternehmer die Fabriken. Eine Ausnahme war die Produktion von synthetischem Kautschuk. Den hatten die USA in Windeseile erfinden und in großem Stil produzieren müssen, nachdem die Lieferungen aus Südostasien ausgeblieben waren. Soldaten brauchten schließlich Schuhe und Autos Reifen. Die Wirtschaft konnte nicht schnell genug liefern, also löste der Staat das Problem.

Im Laufe des Zweiten Weltkriegs verzeichnete der amerikanische Staat ein massives Wachstum. 1929 entsprach sein Vermögen – inklusive Fabriken – noch 48 Prozent der Wirtschaftsleistung, 1939 waren es 82 Prozent.[170] Die Finanzierung dieses Vermögenszuwachses versuchte die US-Regierung weitgehend mit Steuererhöhungen und Einsparungen in anderen Bereichen zu bewältigen. Trotzdem lag 1943 das amerikanische Defizit, also das Haushaltsminus, bei heute unvorstellbaren 30 Prozent des BIPs.[171] Die Wirtschaft entwickelte sich durch die Staatskredite alles andere als behäbig. So verdoppelte sich nicht nur die für den Krieg notwendige Produktion, etwa die von Aluminium, auch die Produktivität nahm zu. Innerhalb von drei Jahren fiel die Zeit, die für den Zusammenbau eines Flugzeugrahmens benötigt wurde, fast um 90 Prozent.[172] All das erreichten die USA ohne massive Einschnitte im Lebensstandard.[173] Das industrielle Wachstum und die hohe Auslastung der Wirtschaft sorgten für große Produktionssteigerungen und Einkommenszuwächse. Viele Amerikaner, die vor dem Krieg kaum durchkamen, standen danach finanziell wesentlich besser da. Und auch der Staat blieb nicht dauerhaft groß: Nach Ende des Kriegs schrumpfte er rapide, teils weil privatisiert wurde, teils weil die Wirtschaft so schnell wuchs. Die für die Kriegswirtschaft aufgebauten Fabriken wurden an Unternehmer verkauft oder verpachtet und stellten auf zivile Produktion um. Mit einem temporären Engagement des Staats hatte es die US-Wirtschaft im Zweiten Weltkrieg in Windeseile geschafft, ihre industrielle Produktion umzubauen und auszuweiten.

Auch das Deutschland von heute macht Industriepolitik, und durchaus mit großem staatlichem Einsatz. Intel bekam 2023 für seine neue Halbleiterfabrik in Magdeburg zehn Milliarden Euro, rund eine Million pro Arbeitsplatz.[174] Dazu kamen Förderungen für TSMC aus Taiwan und Wolfspeed aus den USA.[175] Insgesamt hat Deutschland im Verhältnis zu seiner Wirtschaftsleistung bereits mehr für Chip-Subventionen ausgegeben, als unter dem amerikanischen *CHIPS and Science Act* überhaupt geplant sind. Eine zentrale Rolle aber nimmt der deutsche Staat momentan nicht ein: die des Koordinierers und Unsicherheitenreduzierers. Die Wirtschaftspolitik ist so volatil wie die Kassenlage des Bundes. Unsicherheit reduzieren kann aber nur der, der ein bestimmtes zukünftiges Ergebnis wahrscheinlicher macht, zum Beispiel, dass Deutschland Industrieland bleibt, indem man gnadenlos alle Hebel umlegt, um Strom so bezahlbar wie möglich zu halten oder auf E-Mobilität umzustellen. Gnadenloses Hebelumlegen fällt allerdings schwer, wenn man finanzpolitisch mit angezogener Handbremse fährt.

Es ginge so viel effektiver. Neidvoll schaut der eine oder andere auch heute wieder auf die USA. Dort soll der *Inflation Reduction Act* (IRA), das Sehnsuchtssymbol des europäischen linksgrünen Lagers, die USA dekarbonisieren und reindustrialisieren. Der IRA hat wesentliche Konstruktionsvorteile gegenüber dem Förderstückwerk der Bundesregierung. So sind seine Fördermittel nicht gedeckelt und möglicherweise morgen aufgebraucht. Stattdessen gibt es unbegrenzt Steuergutschriften für bestimmte wirtschaftliche Aktivitäten. Im Gegenzug garantieren die geförderten Unternehmen gute Arbeitsbedingungen, anständige Löhne, Ausbildung und kein China in der Wertschöpfungskette. Der IRA ist beeindruckend aus europäischer, insbesondere deutscher Perspektive. Es wirkt, als hätte das Weiße Haus ein gigantisches ›Open for green business‹-Schild vor die Tür gestellt, als hätte es zumindest mit Bleistift vorgezeichnet, wie es sich die neue amerikanische Produktionslandschaft vorstellt.

Wie sehr der IRA zum Sehnsuchtssymbol geworden ist, sagt mehr über die hiesige Unfähigkeit aus als über den IRA an sich. Denn auch dieses Gesetz nutzt bei weitem nicht alle Möglichkeiten des Staates, ist kein Roosevelt'sches Programm, mit dem sich der Staat in großem Stil an Unternehmen beteiligt, um die Produktionslandschaft umzubauen. Stattdessen gibt es großzügigste Subventionen, die die Kosten der Dekarbonisierung vorerst auf den Staat verlagern. So wird zum Beispiel der Preis von Wasserstoff von vier auf 0,9 US-Dollar pro Kilogramm gesenkt. In Europa kostet Wasserstoff rund vier Euro.[176] Mit diesen koordinierten Subventionen hofft die US-Regierung so schnell die Systemkosten zu reduzieren, dass die Produktion bald ohne staatliche Gelder leben kann. In einer Roosevelt'schen Welt würde der Staat sich zumindest temporär selbst an Unternehmen beteiligen. Der deutsche Staat hat das bereits in Krisenzeiten gemacht, in denen Schuldenmachen auch hierzulande als zulässig gilt. So übernahm die Bundesregierung in der Corona-Krise kurzfristig ein Fünftel der Lufthansa und verstaatlichte 2022 den Gashändler Uniper sowie die ehemalige Gazprom Germania. Deutschland weiß, wie es seine Bilanz nutzt, um Sicherheit zu schaffen. Die Politik möchte die staatliche Bilanz nur bisher nicht nutzen, um zu gestalten und für neue Jobs zu sorgen. Deutschland spart sich seine finanziellen Möglichkeiten auf, um Altes zu bewahren.

Geht es um die Zukunft, wirkt die Bundesregierung wie ein stotterndes Fax. Das wirft fortwährend endlose Seiten komplexer, kurzfristig angekündigter Förderprogramme und Einzelmaßnahmen aus, die die wenigsten verstehen und die morgen im Zweifel wieder eingestampft werden, weil das Geld aus ist. Da vom Geld rückwärts gedacht wird, kann der deutsche Staat nicht die Rolle der Koordination und Risikoreduktion einnehmen, die der Staat in den USA hat. Die Bundesregierung plant von Jahr zu Jahr, entscheidet ad hoc, ob Unternehmen nächstes Jahr noch Unterstützung bei Strompreisen bekommen, und wenn ja, wie viel. Damit weiß aber kein Unternehmer, wie hoch seine Kosten in fünf Jahren liegen könnten, und investiert im Zweifel nicht in eine neue Produktionsanlage, weil die Unsicherheit zu groß ist. So werden deutsche Subventionen für Unternehmen zum netten Ad-hoc-Geldregen, der kurzfristige Profite beflügelt. Sie helfen jedoch nicht, Erwartungen zu koordinieren und Unsicherheit zu reduzieren.

Anders handeln können wird die Bundesregierung nur mit einer anderen Finanzpolitik. Dabei geht es nicht darum, in kurzer Zeit möglichst viel Geld auszugeben – darin ist Deutschland schon recht gut. Es geht darum, nicht von einem festen Finanzrahmen aus rückwärtszurechnen, wie ein Privathaushalt, der keinen Zugang zu einem Bankkredit hat; sondern zumindest wie ein großes Unternehmen zu agieren, das sich jederzeit mit Geld an den Finanzmärkten versorgen kann und so investiert, wie es sinnvoll ist. Das mag in Situationen wie der heutigen bedeuten, die staatliche Bilanz temporär in die Länge zu ziehen und ein Defizit zu unterhalten, das manch einen mit den Ohren schlackern lässt.

Einen Industriestaat allein mit Ersparnissen zu finanzieren ist ungefähr so realistisch und sinnvoll, wie wenn ich versuchen würde, mittels Diät auf das Gewicht einer zierlichen Japanerin zu kommen. Das erreiche ich nur, wenn ich das zum einzigen Ziel erkläre und mich selbst dabei kaputtmache; am Ende wird niemandem gedient sein. Sinnvoll wäre, das richtige Gewicht in Relation zu meiner Größe und unter Berücksichtigung meiner persönlichen Ziele anzustreben. Eine Eistänzerin und eine Handballerin sehen ja auch nicht gleich aus. Das gilt auch für die Staatsbilanz. Meint die Politik es ernst mit dem Freiheitsrezept, folgt daraus die Länge der Bilanz. Heute gehören auf die Vermögensseite unter anderem zusätzliche Schienen, Schulen und kluge Investitionen in eine dekarbonisierte Wirtschaft, denen auf der Finanzierungsseite Schulden gegenüberstehen müssen.

Kapitel 4
Die Staatsbilanz

Das Nachdenken über Staatsbilanzen lässt einen schon wieder leicht in Amerika-Neid verfallen. Den hatte bereits meine Großmutter, weil es dort in den Nachkriegsjahren so tolle Baumwolle gab. Als ich 2013 nach Washington, D.C. zog, empfahl sie mir, unbedingt welche einzukaufen, so etwas hätte Europa nicht anzubieten. Die USA haben aber nicht nur tolle Baumwolle, ihre Staatsanleihen sind auch das beliebteste Finanzprodukt der Welt.[177] Entscheidet Präsident Biden, so viele Staatsanleihen wie nötig auszugeben, um damit den Aufbau grüner Industrien zu finanzieren, wird das eben gemacht. US-Staatsanleihen werden immer gekauft. Mit ihrer Bilanzkraft stellen die USA jeden Großkapitalisten in den Schatten. Ist ausreichend politischer Wille vorhanden, kann die US-Regierung Geldströme lenken wie niemand sonst auf der Welt. Tobt der Zweite Weltkrieg, sind auch 30 Prozent jährliches Defizit möglich und eine Verdopplung der Staatsbilanz.

Wie bei der Baumwolle ist der Neid auf die US-Staatsbilanz und die amerikanische Fähigkeit, sich an den Finanzmärkten nahezu beliebig große Summen zu leihen, aus der Zeit gefallen. Deutschland strotzt vor finanzieller Kraft. Auf seiner staatlichen Bilanz findet sich ein Vermögen von vier Billionen Euro: Straßen, Schulgebäude, Universitäten, Schienen etc.[178] Wenn SAP, das größte deutsche Unternehmen, ein Bilanzelefant ist, ist der deutsche Staat ein großer Blauwal. Außerdem verfügt er über ein endloses, sicheres Einkommen aus Steuern. Den sogenannten Gegenwartswert dessen (wie viel dieses zukünftige Einkommen heute wert ist) kann man berechnen. Dazu werden alle zukünftigen Steuereinnahmen mit einer kleinen Modifikation aufsummiert: Je weiter in der Zukunft eine zukünftige Steuereinnahme liegt, desto geringer ist ihr Wert, der in die Summe eingeht. Denn angenommen, der deutsche Staat würde zum Beispiel alle Einnahmen für Tom Krebs' Bildungsfonds mit zwölf Prozent Rendite nutzen, wäre Geld, das schon dieses Jahr in die Staatskasse kommt, zwölf Prozent mehr wert als die Einnahme des nächsten Jahres. Letztere könnte schließlich dieses Jahr noch nicht in den Bildungsfonds investiert werden. Irgendwann ist der Wert der zukünftigen Steuereinnahme, der in die Summe eingeht, so klein, dass er bei näherungsweise null liegt. Bei zwölf Prozent Wertverlust jedes Jahr würden die deutschen Steuereinnahmen 66 Jahre in der Zukunft mit gerundet null Euro in die Summe eingehen. Üblicherweise nimmt man zur Aufsummierung zukünftiger Zahlungsströme weniger als zwölf Prozent Wertverlust an, eher etwa ein bis drei Prozent (die sogenannte Abzinsung). Bei einer Abzinsung von drei Prozent sind die künftigen deutschen Steuereinnahmen heute knapp 30 Billionen Euro wert, bei einer Abzinsung von einem Prozent sogar gut 80 Billionen Euro.[179] Ein Staat, der ein so hohes, sicheres zukünftiges Einkommen hat, hat logischerweise keine große Schwierigkeit, sich Geld zu leihen.

Trotz der Größe kann man fragen, was das nun für die Belastbarkeit der deutschen Bilanz bedeutet, welcher finanzielle Spielraum sich daraus ergibt. Summiert man die heutigen staatlichen Investitionsbedarfe auf, dürften mehrere 100 Milliarden Euro zusammenkommen.[180] Ein Investmentbanker wüsste vermutlich gern, wie sich Deutschlands Schulden zu seinem Vermögen oder zukünftigen Einkommen verhalten, um zu sehen, wie viel mehr Kreditaufnahme zur Finanzierung von Investitionen möglich ist. Das kann man zu berechnen versuchen, am Ende bringt es einen jedoch kaum weiter. Das große Vermögen des Staats sind schließlich zukünftige Steuereinnahmen. Deren heutiger Wert hängt aber vor allem von der gewählten Abzinsung ab, wie man oben sehen konnte. Die Stärke der staatlichen Bilanz auf Basis des staatlichen Vermögens zu beziffern ist daher schwer.

Daher wird heute bei der Bewertung der finanziellen Stärke eines Staats meist die linke Seite der Bilanz, auf der das Vermögen notiert wird (siehe Abbildung 5), ignoriert. Stattdessen versucht man zu beschreiben, unter welchen Umständen die Schulden eines Staats auf absehbare Zeit kein Problem darstellen, sie also ›nachhaltig‹ sind. Der IWF, globaler Schuldenhüter und DIN-Norm-Setzer für internationale Schuldenstandards, hält Staatsschulden für nachhaltig, wenn zwei Bedingungen erfüllt sind: Erstens sollte die Schuldenquote so niedrig sein, dass ein Staat keine Schwierigkeiten hat, seine Anleihen zu verkaufen, also sich zu refinanzieren. Kann ein Staat keine Anleihen mehr verkaufen, hat er kein Geld mehr und ist zahlungsunfähig. Zweitens sollte die Schuldenquote so niedrig sein, dass die Regierung ihre Zinsen bezahlen kann, ohne radikal sparen oder weitere Schulden dafür aufnehmen zu müssen.[181]

Dieses Kapitel beschäftigt sich mit der Frage, unter welchen Umständen Deutschland in die Gefahr geraten könnte, die beiden IWF-Bedingungen nicht mehr zu erfüllen. Der deutsche Finanzminister Christian Lindner scheint bereits in Sorge zu sein. So warnte er 2022 in einem Interview mit der *WirtschaftsWoche*, dass eine zusätzliche Schuldenaufnahme Deutschlands AAA-Rating in Gefahr brächte.[182] Ein ›AAA-Rating‹ ist die von Rating-Agenturen vergebene Bestnote für Kreditnehmer mit besonders hoher Kreditwürdigkeit. Hat Lindner recht, wäre nachvollziehbar, dass die Bundesregierung besonders vorsichtig mit ihrer Bilanz umgeht und nicht leichterdings für zusätzliche Schulen und Schienen weitere Schulden aufnimmt.

Stranger Things

Ab wann sind Deutschlands Schulden so hoch, dass es fraglich ist, ob die Bundesrepublik ihre Staatsanleihen am Finanzmarkt verkaufen kann? Schon in dieser Fragestellung steckt ein Problem: Das Risiko, die eigenen Anleihen nicht mehr am Finanzmarkt verkaufen zu können, steht nur sehr bedingt in Zusammenhang mit der Höhe der Staatsschuld. Es hängt primär davon ab, ob sich ein Staat in eigener Währung verschuldet. Denn solange die eigene Zentralbank die Staatsanleihen aufkaufen kann, wird eine Regierung nie Schwierigkeiten haben, sich zu finanzieren. Japan zum Beispiel hat eine Schuldenquote von 255 Prozent.[183] Trotzdem haben die japanischen Staatsanleihen kein Ausfallrisiko. Im Zweifel kauft die Bank of Japan. »Halt, stopp«, wird an dieser Stelle garantiert jemand einwerfen, Deutschland und Japan könne man doch nicht vergleichen. Denn im Gegensatz zu Japan habe Deutschland längst keine eigene Währung mehr. Das stimmt, Deutschland ist Teil der Eurozone. Die Europäische Zentralbank (EZB) könnte zwar genau wie die Bank of Japan im Zweifel immer sämtliche Staatsanleihen der Eurozonen-Staaten aufkaufen. Inwieweit sie das in bestimmten Situationen darf, ist aber nicht ganz klar. Trotzdem hängt die deutsche Verschuldung nicht am seidenen Faden, selbst wenn die Schuldenquote die 66 Prozent von 2022 übersteigt. Bundesanleihen müssen nicht jeden Tag um das Interesse der Investoren buhlen, wie Joghurts im Kühlregal um Ihre oder meine Aufmerksamkeit. Finanzmärkte sind keine Supermärkte.

Um zu verstehen, nach welchen Regeln Staatsanleihen gekauft werden, lohnt sich ein Blick in die Finanzmärkte. Die Wirtschaftsprofessorin Daniela Gabor von der University of the West of England vergleicht die Finanzmärkte mit der Schattenwelt in der Fernsehserie *Stranger Things*.[184] Diese Schattenwelt sieht aus wie die Welt, die wir kennen, unterliegt aber anderen Gesetzen.

So haben die Gründe, aus denen Investoren Bundesanleihen kaufen, in den wenigsten Fällen mit der deutschen Finanzpolitik oder Schuldenquoten zu tun. Zum Beispiel erwarb die Schweizer Nationalbank in der Vergangenheit Bundesanleihen, um eine Aufwertung des Schweizer Frankens zu verhindern. Mit dem Kauf der Bundesanleihen brachte sie mehr Franken in Umlauf und drückte so den Wechselkurs.[185] Ein allzu hoher Wechselkurs ist schlecht, weil Schweizer Produkte für das Ausland dann sehr teuer werden. Die Anleihekäufe der Schweizer Nationalbank hatten also nichts mit der deutschen Finanzpolitik zu tun. Das ist aber nur ein Beispiel.

Es gibt eine lange Liste möglicher Gründe für Staatsanleihenkäufe, die der Schattenwelt-Logik entspringen. Um nur ein paar zu nennen: Staatsanleihen sind unabdinglich für das Tagesgeschäft der EZB und Geschäftsbanken. Geschäftsbanken brauchen Staatsanleihen, um sie bei der EZB als Sicherheit für Zentralbankgeld hinterlegen zu können. Zentralbankgeld benötigen Geschäftsbanken, um Gelder von Konten auszuzahlen, zum Beispiel, wenn Sie oder ich an den Geldautomaten gehen oder eine Überweisung auf ein Konto bei einer anderen Bank tätigen. Staatsanleihen sind also nicht nur Schuldtitel, die Regierungen versuchen loszuwerden, um sich finanzieren zu können. Sie sind das Öl, das das wichtigste Scharnier unseres Geldsystems schmiert, das zwischen Zentralbanken und Geschäftsbanken. Aber auch darüber hinaus haben sie mehr Funktionen als ein Schweizer Taschenmesser. Banken kaufen Staatsanleihen, um regulatorische Vorschriften einzuhalten. Investmentfonds nutzen sie als Kontoersatz. Würden sie Summen über 50 Millionen Euro auf ein Konto bei einer großen Geschäftsbank legen, bestünde die Gefahr, dass sie das Geld bei einer Insolvenz der Bank verlieren.[186] Wer einen kurzfristigen, besicherten Kredit am Finanzmarkt aufnehmen will, hinterlegt in der Regel eine Staatsanleihe. Solche besicherten

Kredite werden Repurchase Operations genannt, kurz Repos. In unsicheren Zeiten werden für diese Repos gerne deutsche Bundesanleihen genutzt, da sie als sehr sicher gelten.[187] Und wollen asiatische Zentralbanken Währungsreserven in Euro aufbauen, kaufen sie – Sie werden es ahnen – am liebsten Bundesanleihen.[188] Neben all diesen Funktionen hat die Bundesanleihe noch eine ganz besondere Rolle in der Eurozone, die allein ihr vorbehalten ist: Sie gilt als die *eine* risikofreie Vermögensanlage. Will man wissen, wie viel mehr Gewinn Investoren für das Risiko verlangen, eine bestimmte in Euro ausgegebene Anleihe zu halten, sieht man sich die Differenz zwischen der Rendite der Bundesanleihe und der betroffenen Anleihe an, den sogenannten Risikoaufschlag (englisch auch ›spread‹ genannt).[189] Frankreichs Risikoaufschlag zur Bundesanleihe liegt meist zwischen 0,2 und 0,6 Prozentpunkten, Italiens zwischen 1,0 und 2,5 Prozentpunkten.[190]

Eine Bundesanleihe ist also das Gegenteil des Joghurts, der sich ohne Werbung nicht verkauft, weil ihn niemand unbedingt braucht und es mindestens fünf ähnliche Produkte gibt. Sie erfüllt eine Reihe wichtiger Funktionen in der Schattenwelt des Finanzsystems und gilt dazu noch als die sicherste aller sicheren Vermögensanlagen, an der sich alle anderen messen lassen müssen. Diese Sonderrolle ermöglicht es Deutschland, sich besonders günstig zu verschulden. Die oben genannten Risikoaufschläge französischer und italienischer Staatsanleihen mögen erst einmal klein erscheinen. Sie haben aber große Auswirkungen. Zahlt der italienische Staat seinen Investoren zwei Prozentpunkte mehr auf die Staatsverschuldung als Deutschland, entspricht das 57 Milliarden Euro zusätzlichen staatlichen Zinszahlungen pro Jahr.[191] Da Bundesanleihen alle die genannten Sonderfunktionen erfüllen, sind sie auf den Finanzmärkten sehr begehrt und gehören fast ausschließlich großen, professionellen Investoren. Unternehmen und Haushalte in Deutschland besitzen zusammen weniger als ein Prozent der deutschen Staatsschuld.[192]

Wie kam es aber dazu, dass die deutsche Staatsschuld zu *der* sicheren Finanzanlage in Europa wurde, zu Finanzmarktgold? Selbst wenn in der Schattenwelt Finanzmarkt Schuldenstände nicht alles sind, würde man doch vermuten, dass dieser besondere Status viel mit Vertrauen in die deutsche Finanzpolitik zu tun hat.

Die Benchmark-Anleihe

Lange war nicht offensichtlich, dass Bundesanleihen einmal als Finanzmarktgold gelten würden, das sich nur große Investoren mit besonderen Sicherheitsansprüchen leisten: Bis zur Gründung der Bundesrepublik 1949 machten Kriege die Investition in deutsche Staatsanleihen zur Hochrisikoanlage. Der Erste Weltkrieg wurde über Kriegsanleihen finanziert, Reparationszahlungen über eine Zwangsanleihe für Vermögende. Die Hyperinflation und ein Schuldenschnitt 1925 entwerteten beide Schuldentitel weitgehend. Anleger vom Kleinsparer bis zu Familienstiftung verloren ihr Geld.[193] Auch im Ausland begebene Anleihen zur Finanzierung der Reparationszahlungen waren nicht sicher. Die nationalsozialistische Regierung stellte bereits 1934 die Zinszahlungen an ausländische Gläubiger ein.[194] Ob Anleger jemals ihr Geld wiedersehen würden, war unklar, vor allem da nach dem Zweiten Weltkrieg Schulden aus dem Wiederaufbau dazukamen. Erst 1953 regelte das Londoner Schuldenabkommen die deutschen Auslandsschulden. Das Abkommen halbierte die ausstehende Schuld, koppelte den Schuldendienst an die deutschen Exporte und streckte die Rückzahlungsfristen.[195] Von da an bediente Deutschland zuverlässig seine Schulden.

Dank Wirtschafts- und Exportwachstum stellte der Schuldendienst keine besonders große Herausforderung dar.

In den Siebzigerjahren sorgte noch eine andere Entwicklung dafür, dass alle Welt deutsche Anleihen kaufte: Das Abdanken des US-Dollars als alleiniger Dreh- und Angelpunkt einer globalen Währungsordnung mit fixen Wechselkursen. Im Rahmen des nach dem Zweiten Weltkrieg in Kraft getretenen Bretton-Woods-Systems hatten sich alle teilnehmenden Staaten verpflichtet, den eigenen Wechselkurs zum Dollar nur minimal schwanken zu lassen. Das funktionierte aber eher schlecht als recht: Der Dollar drohte ständig abzuwerten, die Bundesbank und andere Zentralbanken mussten wiederholt Dollar kaufen, um die Wechselkurse stabil zu halten.[196] Ab 1971 floss viel Geld aus Dollar-Anlagen in Finanzanlagen, die in D-Mark ausgegeben waren. 1973 war das fixe Wechselkurssystem Geschichte, und die Welt suchte nach einer Reservewährung, die nicht an Wert verlor.

Die D-Mark mag die offensichtliche Kandidatin gewesen sein, die Bundesbank tat aber alles, um das zu verhindern. In ihrem Geschäftsbericht von 1972 beschreibt sie detailliert die teils recht drakonischen Maßnahmen zur Abwehr der Springflut von Devisen: Wer sich im Ausland Geld lieh (und damit einem Ausländer zu einer Geldanlage in D-Mark verhalf), musste erst 40, später 50 Prozent des Kreditwerts auf ein unverzinstes Konto bei der Bundesbank legen. Ausländer durften Anleihen nur mit Genehmigung erwerben und zahlten die sogenannte Kuponsteuer auf ihre Zinsgewinne. Allein deutsche Banken sollten im Ausland in D-Mark denominierte Anleihen ausgeben dürfen. Die D-Mark war eine »Reservewährung wider Willen«.[197] In den Achtzigerjahren änderte sich das zwar, ein Vorreiter in finanzieller Innovation war der deutsche Staat jedoch weiterhin nicht. Die Bundesbank blockierte bis 1996 die Ausgabe von Staatsanleihen mit kurzer Laufzeit,[198] und auch Futures waren in den Achtzigern noch verboten. Einen Future auf eine Staatsanleihe zu kaufen ist ein bisschen, wie eine Konzertkarte im Internet zu bestellen, die man dann an der Abendkasse bezahlt (wobei man verpflichtet ist, sie zu bezahlen). Nur bekommt man am Tag x kein Konzert von Bruce Springsteen, sondern eine Staatsanleihe geliefert. Der Vorteil des Futures ist, dass man nur eine Sicherheit hinterlegen muss und ihn jederzeit weiterverkaufen kann. Das erlaubt Investoren, auf den Preis von Staatsanleihen zu wetten, ohne viel Geld einsetzen zu müssen. Deutsche Staatsanleihen waren also lange Zeit kein besonders herausragendes Produkt. Mit der widerwilligen Reservewährung D-Mark und einer nicht besonders nützlichen Staatsanleihe war nicht ausgemacht, dass sich Investoren zukünftig einmal nach Bunds sehnen würden.

Als die Europäische Währungsunion begann konkret zu werden, stand viel auf dem Spiel: Es stellte sich die Frage, ob die deutschen oder die französischen Staatsanleihen zu *der* risikofreien Benchmark-Anleihe in der Eurozone werden würden, an der sich alle anderen messen lassen müssen. Das Land, das zukünftig die Benchmark-Anleihe ausgeben würde, würde mit großer Wahrscheinlichkeit auch dauerhaft die niedrigsten Finanzierungskosten haben. Deutschlands Ausgangsposition für den Wettstreit mit Frankreich um den Benchmark-Status hätte besser sein können. Londoner Finanzmagier eilten zu Hilfe. Sie wollten irgendwann nicht länger zuschauen, wie Deutschland nichts aus seinen Staatsanleihen machte. Der London International Financial Futures and Options Exchange legte 1988 einen Bund-Future auf.[199] Nun war es also einfacher, auf die Preisentwicklung von Bundesanleihen zu spekulieren. Der Bund-Future erfreute sich von Anfang an großer Beliebtheit, stand aber im Wettbewerb mit dem französischen Future, dem Contrat Notionnel. Noch 1995 wurde der Contrat Notionnel mehr gehandelt als der Bund-Future.[200] Frankreich lag gut im Rennen um die europäische Benchmark-Anleihe.

In den Neunzigern kam dann einiges zusammen: Deutschland nahm aufgrund der Wiedervereinigung viele Schulden auf.

Mehr Schulden vergrößerten den Markt für deutsche Staatsanleihen und damit die Nachfrage nach Bund-Futures. Und die Aktivitäten in London entfachten den Wettkampfgeist in Frankfurt. Deutsche Banken sahen es ungern, dass die Engländer das Geschäft mit dem deutschen Bund-Future machten. Sie gründeten die Deutsche Terminbörse und fingen ebenfalls an, Bund-Futures zu verkaufen. Sechs Jahre kämpften sie mit allem, was sie hatten, senkten Kosten, ermöglichten elektronischen Handel und lobbyierten erfolgreich für Änderungen der Regulierung, sodass nun Europäer wie Amerikaner digital, von überall und zu erweiterten Öffnungszeiten Bund-Futures handeln konnten.[201] Auch die Bundesregierung setzte nun alles daran, das Wettrennen um die Benchmark zu gewinnen. Sie vergrößerte die Anleiheausgaben, führte Auktionen ein und hörte auf, Bundesanleihen unter verschiedenen Namen auszugeben.[202] Am Ende stand der Bund als Sieger da, »während«, so die Bundesbank, ohne die Franzosen beim Namen zu nennen, »sich andere Terminkontrakte auf nationale Staatsanleihen im Euro-Raum nicht durchsetzen konnten«.[203] 1999 wurden Bund-Futures mehr gehandelt als US-Futures,[204] den Contrat Notionnel stellten die Franzosen ein. Die Schlacht um die Benchmark war gewonnen. Deutschland hatte seitdem immer niedrigere Finanzierungskosten als Frankreich. Knallt es gerade mal wieder richtig in der Weltgeschichte, flüchten sich Investoren in Bundesanleihen. Je schwärzer der Himmel, desto günstiger kommt Deutschland an Geld.

Aber waren nicht Deutschlands niedrige Schuldenstände eine Voraussetzung dafür, dass es so kommen konnte? Die Statistik sagt etwas anderes. Wenig überraschend sind französische Staatsanleihen zwar weiterhin wichtig. Sie liegen auf Platz zwei der am häufigst genutzten Sicherheiten für Repos, die kurzfristigen besicherten Kreditgeschäfte. Doch der dritte Platz in der Repo-Rangliste passt so gar nicht zu der These von niedrigen

Schuldenquoten als Voraussetzung für beliebte Staatsanleihen: Nur knapp hinter Frankreich liegt das Hochschuldenland Italien.[205] Alle anderen europäischen Staatsanleihen spielen kaum eine Rolle für Repos. Sie werden viel weniger gehandelt und als Sicherheiten genutzt als die großen drei, Deutschland, Frankreich und Italien. Italienische Anleihen mögen zwar nicht ganz so sicher sein wie deutsche, dafür bekommt man sie aber immer. Das ist wichtig für Investoren, die genau dann kaufen beziehungsweise verkaufen wollen, wenn sie es für optimal halten. Deutsche Anleihen laufen manchmal Gefahr, so sehr zur Nadel im Heuhaufen zu mutieren, dass Investoren lieber andere kaufen. Damit das nicht passiert, verleiht die Bundesrepublik sogar Anleihen, die sie aktuell nicht ausgeben will.

Deutschlands Privileg, die Benchmark-Anleihe der Eurozone stellen zu dürfen, ist etwas zufälliger zustande gekommen, als es heute wirkt. Es war definitiv keine vorweggenommene Schlussfolgerung des deutschen Sparkurses. Ganz im Gegenteil: Die hohen Schulden der Neunzigerjahre halfen dabei, den Handel in deutschen Staatsanleihen groß zu machen. Denn wenn viele Schuldtitel gehandelt werden, können Investoren jederzeit kaufen und verkaufen. Wie wichtig gute Verfügbarkeit ist, zeigt das Beispiel von Italien. Der Status der deutschen Benchmark-Anleihe ist aber auch weniger wackelig, als manche heute meinen. Nicht die aktuelle Haushaltspolitik, sondern die gewachsene Struktur des Finanzsystems sorgt dafür, dass Deutschland eine breite Investorenbasis hat und mit einer starken Bilanz ausgestattet ist, die leicht mehr Schulen und Schienen finanzieren könnte.

Die erste Bedingung des IWF für nachhaltige Staatsfinanzen, eine Schuldenquote, die nicht so hoch ist, dass sie Refinanzierungsrisiken mit sich bringt, wird auf absehbare Zeit erfüllt sein. Wie aber sieht es mit bewältigbaren Zinskosten aus, der zweiten IWF-Bedingung?

Biblische Zinsplagen?

Es war Juli 2018 und schon morgens sehr, sehr heiß, als ich das erste Mal die U-Bahn zur Mohrenstraße nahm, um meine Arbeit im Bundesministerium der Finanzen, dem protzigen Nazibau und Görings Reichsluftfahrtministerium in der Wilhelmstraße 97, zu beginnen. Von außen sieht es aus wie ein sandsteinfarbenes Gefängnis, der Eingang fühlt sich dank tiefer Decken so an, als wolle er einen erdrücken. Dahinter beginnt eine wundersame Welt; hinauf in den dritten Stock mit dem Paternoster, einer Art durchgängig fahrender offener Aufzug, in den man mehr oder weniger gekonnt hinein- und wieder hinausspringt, den langen Gang mit seinem dunkelgrünen Boden entlang, links und rechts dunkelbraune Holztüren, hinter denen Menschen an Gesprächsvorbereitungen für G7-Treffen, dem nächsten Bundeshaushalt oder Reden zur Vorstellung von Postwertzeichen, so heißen Briefmarken offiziell, arbeiten. Dazwischen liegen Druckerräume, in denen Preislisten für Privatkopien hängen, Teeküchen, in denen kluge Menschen Rhabarberschorlenvorräte angelegt hatten, und das ein oder andere Eltern-Kind-Büro, aus dem eine kleine Gestalt in Batman-Pyjama den leeren Gang hinuntersaust.
Ich hatte das erste Mal in meinem Leben ein Einzelbüro, ein Sideboard, auf dem Sticker mit ›Posteingang‹ und ›Postausgang‹ klebten, und keine Ahnung, wie ich mit den von Boten gebrachten Papierakten verfahren sollte. Vor allem schienen mir die bunten Farb-Kriksel auf den mit Aktenzeichen und anderen Formalia dekorierten Vorlagen (so heißen die Papiere, die man für die Leitung des Ministeriums produziert) höchst sonderlich. Zum Glück gab es ein paar sehr geduldige Kolleginnen und Kollegen, die den Sommer mit mir im Garten des Ministeriums verbrachten und bei Florida-Eis die Maschinerie erklärten. Die Farb-Kriksel stammten, wie ich lernte, nicht von unbeaufsichtigten Kollegenkindern, sondern von den Chefs, die die Vorlage abgezeichnet hatten. Minister

schreiben in Grün, Staatssekretäre in Rot, Abteilungsleiter in Blau und die Unterabteilungsleiter – eine von den Nationalsozialisten eingeführte Hierarchiestufe – in Braun.

Ich wollte gerne wissen, wieso in der Wilhelmstraße 97 die Welt so anders aussah als in den USA, in Großbritannien oder beim IWF. Der hatte Deutschland im Frühjahr 2018 als erste Empfehlung mitgegeben, seinen »reichlich vorhandenen Spielraum innerhalb der Fiskalregeln [Schuldenregeln] zur Steigerung des Wachstumspotenzials der Wirtschaft zu nutzen«.[206] »Spielraum innerhalb der Fiskalregeln nutzen«, hieß übersetzt: Macht mehr Schulden! Und das vom IWF, dem globalen Schuldenhüter. Ich fragte mich, was eigentlich die langfristige Strategie hinter Deutschlands Ersparnissen war. Deutsche Unternehmen sparten, legten also ihr Geld am Finanzmarkt an, anstatt in ihre Produktion zu investieren. Der deutsche Staat schrumpfte konsequent seine Bilanz klein, indem er Staatsanleihen zurückzahlte, statt Geld in das eigene Land zu investieren. Die neuen Kollegen hatten einen vollkommen anderen Blick auf die Welt. Wo ich eine panzerschrankartige Bilanz sah, die darauf wartete, zum Brücken- und Schulbau eingesetzt zu werden, sahen sie die Zinsberge der Jahrtausendwende. 18 Prozent des Bundeshaushalts flossen zum Höhepunkt 1997 in Zinszahlungen.[207] Das wäre heute der zweitgrößte Ausgabenposten nach Arbeit und Soziales. In der Erzählung des Ministeriums lag ein langer, beschwerlicher Weg hinter uns, Jahre des Sparens, die die Zinsen verschwinden und den Haushalt wieder zu den Steuereinnahmen passen ließen. Das alles war nachvollziehbar.

Nur fragte ich mich eines: Wenn die Sorge vor den Zinskosten das zentrale Motiv für eine geringe Verschuldung war, wieso reagierte die Finanzpolitik dann nicht auf die seit der Finanzkrise andauernde Niedrigzinsphase? Investoren verloren mit deutschen Staatsanleihen Geld, da die Inflation die Zinsen überstieg. Der Bund verdiente an der Ausgabe seiner eigenen Schulden. Es war die Lizenz zum Gelddrucken. Teils wird die Bundesregierung am Ende der Laufzeit ihrer Staatsanleihen nur 80 Prozent der aufgenommenen Schuld zurückzahlen.[208] Die Jahre der niedrigen Zinsen wären eine gute Zeit gewesen, um Schulen zu renovieren und Gleise zu reparieren.[209] Sie wären sogar noch gut gewesen, wenn die Renditen auf Staatsanleihen nicht negativ gewesen wären, sondern nur unter dem jährlichen Wirtschaftswachstum gelegen hätten. Laut Olivier Blanchard, dem ehemaligen Chefvolkswirt des Internationalen Währungsfonds, ist das eher »die Regel als die Ausnahme«.[210] Solange das gilt, wachsen die Schulden langsamer als die Wirtschaft, die Schuldenquote, das Verhältnis von Schulden zum BIP, fällt automatisch. Laut der Wirtschaftsweisen gibt es in einer solchen Situation keine überzeugende Begründung für Verschuldungsgrenzen.[211]

Für Deutschland war das seit 1961 für knapp die Hälfte der Jahre der Fall, seit 2010 sogar fast ununterbrochen (mit Ausnahme von 2020, als die Wirtschaft wegen Corona schrumpfte). 2021 übertraf das Wachstum die um die Inflation bereinigten Renditen der deutschen Staatsanleihen um sechs Prozent, das ist historischer Rekord.[212] 2024 und 2025 ändert sich gemäß der Europäischen Kommission an dieser Situation zunächst nichts, weder für Deutschland noch für den Rest der EU. Selbst wenn Deutschland ein Defizit unterhält, also mehr ausgibt als einnimmt, fällt die Schuldenquote aufgrund von Wachstum und der weiterhin geringen Finanzierungskosten.

In der deutschen Öffentlichkeit scheint das Bild oftmals ein anderes zu sein. Die Angst vor den Zinsen ist weiterhin groß. Das verwundert aber auch nicht, schließlich spricht die Bundesregierung von einer Verzehnfachung der Zinskosten von 2021 bis 2023.[213] Das liegt allerdings an der altertümlichen Methodik, die die Bundesregierung nutzt, um ihre Finanzierungskosten zu verbuchen. In die hineinzuschauen ist sicher ein bisschen mühselig, dafür erklärt der folgende Absatz auch, wieso im Kontext von

Staatsanleihen von ›Renditen‹ und nicht von ›Zinsen‹ die Rede ist. Das Problem mit der Zinskostenrechnung wird klar, wenn man sich ansieht, wie die Kosten von Staatsanleihen bestimmt werden. Nicht nur der Zins spielt eine Rolle, sondern auch der Preis, zu dem eine Anleihe verkauft wird. So wird eine Anleihe, die einen Kredit über 100 Euro darstellt, tatsächlich beispielsweise für 90 oder 110 Euro verkauft, je nachdem, wie begehrt sie ist. 2023 stockte der Bund eine 30-jährige Anleihe mit dem eingängigen Namen DE0001102481 auf, die er 2020 mit einem Zins von null Prozent ausgegeben hatte. Man stockt auf, gibt also weitere Anleihen einer alten Anleihe aus, um dafür zu sorgen, dass diese genug gehandelt wird. Eine Anleihe mit null Prozent Zinsen wollte 2023 eigentlich kein Investor mehr, es gab ja nun auch welche mit zwei oder drei Prozent. Die Banken kauften dem Bund die Anleihe daher nur gegen einen großen Abschlag auf den Kreditwert ab. Diesen Abschlag nennt man Disagio (zahlt der Gläubiger mehr als den Nennwert, wird ein sogenannter Agio verbucht). Für DE0001102481 wollten die Investoren einen Disagio von 42 Euro und zahlten am Ende im Durchschnitt nur 58 Euro für einen Schuldtitel von 100 Euro.[214] Das ist so, als würden Sie einen Kredit über 100 Euro unterschreiben, bekämen aber von der Bank nur 58 Euro auf Ihr Konto überwiesen. Dafür wären dann die Zinsen besonders günstig. Der Bund geht nun wie folgt vor: Er tut in seiner Buchhaltung so, als hätte er im Ausgabejahr, in diesem Fall 2023, 42 Euro Zinsen auf den Kredit gezahlt. Dabei ersetzt der Abschlag auf den Kaufpreis von DE0001102481 ja höhere Zinskosten in zukünftigen Jahren. Der Bund hätte alternativ auch eine 30-jährige Anleihe mit einem Zins zwischen zwei oder drei Prozent ausgeben können, die die Banken dann abschlagsfrei gekauft hätten. Bei einer solchen Anleihe wären dann eben in den Folgejahren höhere Zinskosten angefallen (zwei oder drei Prozent statt null).

Da in den letzten Jahren der Niedrigzinsphase viele alte Anleihen mit hohen Zinsen aufgestockt wurden, kassierte die Bundesregierung regelmäßig mehr Geld, als die Anleihe wert war. Sie verbuchte die Agien als einmalige Einnahmen und zahlt dafür in der Zukunft womöglich höhere Finanzierungskosten als nötig. Durch den Zinsanstieg hat sich das ins Gegenteil verkehrt. Die Zinskosten der letzten Jahre wurden durch hohe Agien-Einnahmen also unterzeichnet, der Anstieg der Kosten seit 2022 wird jetzt überzeichnet.

Für ein akkurates Bild der Finanzierungskosten des Staats sollte das Finanzministerium die Mehr- oder Mindereinnahmen, die bei ihrer Ausgabe anfallen, über ihre gesamte Laufzeit, also zum Beispiel 30 Jahre, verteilen. So schlägt es die Bundesbank vor.[215] Das ergäbe einen wesentlich objektiveren Vergleichsmaßstab für die Kosten von Staatsschulden, da die neue Methode die Zinskosten und den Ausgabepreis in eine Zahl zusammenfassen würde. Hätte man die Agien und Disagien gleichmäßig auf alle Jahre verteilt, wären die Zinskosten von 2019 bis 2023 von gut 15[216] auf 20 Milliarden Euro gestiegen.[217]

Der offizielle Begriff für die Zahl, die Preis und Zins einer Staatsanleihe zusammenfasst, ist ›Rendite‹. Die Rendite besagt, wie viel Prozent der Investor verdient beziehungsweise der Bund zahlt. Daher schreibe ich von ›Renditen‹ auf Staatsanleihen, auch wenn umgangssprachlich meist vom ›Zins‹ die Rede ist. Aktuell hat die Bundesregierung kein Finanzierungskostenproblem, höchstens ein Problem mit ihrer Buchhaltung.

Sollten die Zinsen tatsächlich steigen, dauert es länger als gedacht, bis sich diese in höhere Finanzierungskosten für die Regierung übersetzen: Denn die gibt nicht jedes Jahr alle ihre Anleihen neu aus, sondern ersetzt nur die, die an das Ende ihrer Laufzeit gekommen sind, und finanziert gegebenenfalls die Neuverschuldung.[218] Nur ungefähr ein Siebtel der gesamten ausstehenden Schuld muss jedes Jahr ersetzt werden. Die Wirtschaftsweise Veronika Grimm hat sich 2022 zusammen mit Kollegen angesehen, wie sich die Zinsausgaben des Bundes bis 2035 entwickeln könnten. Im ungünstigsten Szenario steigen die Zinsausgaben des Bundes im Zeitraum von 2022 bis 2035, also über 13 Jahre hinweg, von ungefähr 0,4 auf 1,3 Prozent der Wirtschaftsleistung.[219] Es bliebe Zeit zu reagieren. Eine plötzliche Zinsplage wird es nicht geben.[220] Deutschland hat also weder heute ein Zinsproblem, noch steht es unmittelbar bevor. Die inflationsbereinigten Zinsen liegen weiter unter dem Wachstum als jemals zuvor. Es ist sehr schwer, aktuell ein konkretes Gefahrenszenario zu konstruieren, in dem die Bundesregierung die zwei Bedingungen des IWF für nachhaltige Staatsverschuldung, sichere Refinanzierungsmöglichkeiten und bezahlbare Zinsen, verletzt.

Aber Kredite betreffen auch kommende Generationen. Sollte die heutige Kreditaufnahme unsere Enkel der Gefahr von Zinsplagen aussetzen, müsste die Politik das berücksichtigen. Wehrlos werden die kommenden Generationen jedoch nicht sein. Das zeigt eine Paralleldiskussion, die so gar nicht zur These der Zinsplage als Naturereignis passt: die um die EZB und ihre Einflussnahme auf die Staatsfinanzierung. 2015 hatten deutsche Unternehmer gegen die Zentralbank geklagt. Sie habe mit den Staatsanleihekäufen ihr Mandat überschritten und verbotene Staatsfinanzierung betrieben.[221] Dass Zentralbanken die Kosten der Staatsverschuldung beeinflussen, ist allerdings nichts Ungewöhnliches oder Neues. Es kann in unserem heutigen Geldsystem gar nicht anders sein. Grob gesprochen haben Geschäftsbanken in der Eurozone nämlich die Wahl zwischen zwei sehr ähnlichen, sicheren Vermögensanlagen: Zentralbankgeld, auf das die EZB den Zentralbankzins zahlt,[222] oder als sicher geltende Staatsanleihen (die deutsche gilt immer als sicher), auf die das betreffende Finanzministerium Zinsen zahlt. Nun gibt es ein paar Gründe, wieso Geschäftsbanken Anleihen oder Zentralbankgeld halten müssen. So verpflichtet die

EZB Geschäftsbanken zum Beispiel dazu, Zentralbankgeld in Höhe von mindestens einem Prozent der Kontostände der Kunden vorzuhalten, damit sie nicht in Auszahlungsschwierigkeiten kommen.[223] Aber darüber hinaus kann sich die Bank entscheiden, wie sie ihr Geld am liebsten anlegt. So wie Sie überlegen, ob Sie in Tagesgeld oder Staatsanleihen investieren, kann sich die Bank überlegen, ob sie in Zentralbankgeld oder Staatsanleihen investiert. Zentralbankgeld und als sicher geltende Staatsanleihen wie die deutsche[224] sind sich zu ähnlich, als dass es dauerhaft große Renditeunterschiede zwischen ihnen geben kann (siehe Abbildung 6). Grob gesprochen bestimmt die Zentralbank die Kosten der Staatsverschuldung. Es gibt in unserem gegenwärtigen Geldsystem daher keinen von der Zentralbank gänzlich unabhängigen Marktpreis für Staatsanleihen.

Abbildung 6: Zentralbank-Zins vs. Staatsanleihen-Rendite

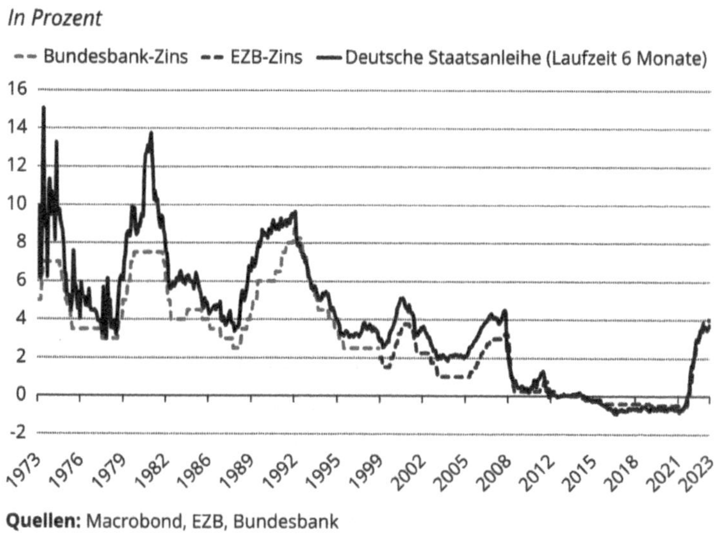

Quellen: Macrobond, EZB, Bundesbank

Die EZB hat neben dem Zentralbankzins noch einen ganzen Instrumentenkasten, um Zinsen auf verschiedene Art zu beeinflussen. Will sie zum Beispiel die langfristigen Zinsen senken, kauft sie direkt langfristige Staatsanleihen auf, zum Beispiel zehnjährige Bundesanleihen. In der Corona-Krise erwarb die EZB Staatsanleihen im Wert von über 1,7 Billionen Euro, was über zehn Prozent der Wirtschaftsleistung der Eurozone entsprach.[225] Sie sorgte so dafür, dass die Eurostaaten ihre Krisenmaßnahmen günstig finanzieren konnten. Wenn die Zentralbank nicht will, dass die staatlichen Finanzierungskosten steigen, passiert das auch nicht.

Es gibt keine vom Himmel kommenden Zinsplagen, nur bewusste Entscheidungen über Zinserhöhungen in den Konferenzräumen der Zentralbanken. Über ihren Einfluss auf staatliche Finanzierungskosten sprechen Zentralbanker normalerweise nicht so gern, da es den eigenen Job tendenziell komplizierter macht.[226] Die Bundesbank beherrschte es sprachlich meisterlich, die eigene Rolle bei der Bestimmung staatlicher Finanzierungskosten und sogar Finanzmarktzinsen als passiv zu beschreiben. Sie ›erhöhte‹ nicht die Zinsen, sondern »ließ […] eine weitere Versteifung der Geldmarktsätze zu«[227]. Sie ›senkte‹ auch nicht die Zinsen, sondern stellte fest, »dass die Zinssätze von dem Anfang der neunziger Jahre […] erreichten hohen Niveau aus zurückgingen«[228]. Die französische Zeitung *Le Monde* nahm es persönlicher und schrieb über die Bundesbank, die 1992 endlich die Zinsen senkte: »Das Monster von Frankfurt ist weniger kalt, als man annahm.«[229]

Selbst wenn Zentralbanken die staatlichen Finanzierungskosten bestimmen können, ist ihre Aufgabe heute eine andere. Sie sollen mittels Zinspolitik die Inflation auf Zielkurs halten. Steigen die Preise schneller als erwünscht, erhöht die Zentralbank die Zinsen. Kredite werden teurer, es wird weniger konsumiert und investiert (in Deutschland sind die Auswirkungen der Geldpolitik am deutlichsten im Bausektor sichtbar), die Nachfrage fällt. Unternehmen halten sich mit Preissteigerungen zurück, um ihre Produkte loszuwerden, Beschäftigte mit ihren Lohnforderungen, um ihren Arbeitsplatz zu behalten. Die Inflation fällt. Zinserhöhungen fungieren als Antimachtpumpe.

Will die Regierung vermeiden, dass die Zentralbank die Zinsen und damit auch die staatlichen Finanzierungskosten erhöht, sollte sie ihr den Grund dafür entziehen. Seit die Bundesbank die Zinsen nach der Inflation richten kann (vor 1973 musste sie die Zinsen nutzen, um den international vereinbarten Wechselkurs einzuhalten), hatten alle ansteigenden Zinstreppen in Deutschland und später der Eurozone den gleichen Auslöser: steigende Energiepreise.[230] Auf Energiepreise mit Zinserhöhungen zu reagieren ist ein recht archaischer Therapieansatz. Zinserhöhungen senken nicht den Öl- oder Gaspreis, sie sorgen lediglich dafür, dass Unternehmen und Beschäftigte sich mit Preiserhöhungen und Lohnforderungen zurückhalten, sodass die Lohn-Preis-Spirale, oder richtiger, die Preis-Lohn-Spirale, nicht in Gang kommt. Für Regierungen der Eurozonen war es bisher schwierig, Energiepreisanstiege zu vermeiden. Das Ölförder-Kartell OPEC oder Putin lassen sich ungern reinreden. Das Zins- und damit Finanzierungskostenrisiko konnte die klügste Politik nicht kontrollieren. Dekarbonisiert sich Europa aber wie geplant, hängen die Energiekosten nicht mehr von Öl, sondern von Wind und Sonne ab. Nicht Autokraten bestimmen dann die Energiepreise, sondern unser Stromsystem.[231] Energiepreisschocks, die in der Geschichte der westlichen Nachkriegswirtschaften bisher die Rolle des hässlichen, unvorhersehbar auftauchenden Tiefseemonsters spielten, könnten damit bald der Vergangenheit angehören. Denn die Kosten des Stromsystems werden vor allem von staatlicher Regulierung und den Kosten von Inputs wie Solarpaneelen, Permanentmagneten für Windmühlen oder Batterien beeinflusst. Momentan dominiert

China die Lieferketten für die meisten erneuerbaren Technologien.[232] Das müsste aber nicht so sein. Im Gegensatz zu Ölquellen wäre die Beschaffung der nötigen Inputs durchaus diversifizierbar. Deutschland und die gesamte Eurozone könnten Lieferketten mit weiteren Partnern aufbauen, Vorräte besonders wichtiger Teile anlegen und langfristige Verträge abschließen. Einfach ist das nicht, weil es eine Zusammenarbeit zwischen Staat und Unternehmen erfordert und es sicher um viel Geld gehen wird. Die Befreiung von Energiepreisschocks dürfte aber Motivation genug sein.

Sollte der Zentralbanker bis hierhin gelesen haben, will er keine weiteren Vorträge zur Energiepolitik. Er will endlich wissen, wieso die vollausgelastete Wirtschaft, die dieses Buch propagiert, kein massives Inflationsrisiko darstellt, auf das er bereits präventiv den Zinshammer herabrauschen lassen sollte. Schließlich argumentiere ich in Kapitel 2 ja ganz explizit, dass der Staat mit der Nachfragepumpe für ausreichend Jobs sorgen solle. Denn hat jeder die Chance auf einen Job, gibt es keine arbeitslose Reservearmee, die die Löhne niedrig hält. Das klinge zwar menschlich, mag sich der Zentralbanker denken, es fehle aber die Drohkulisse, das menschliche Schutzschild gegen die Inflation. Der Euro, Nachfolger der D-Mark, habe schließlich stabil zu sein, und Stabilität vertrage sich nicht mit Vollbeschäftigung für alle.[233] Eine Zinserhöhung – allein als Vorsichtsmaßnahme – scheint ihm unausweichlich, sonst landet man womöglich gleich in den Siebzigerjahren; in der Zeit, in der Beschäftigte so mächtig waren, dass sie in Reaktion auf den steigenden Ölpreis massive Lohnsteigerungen durchsetzen konnten. Wobei es in Deutschland Lohnsteigerungen wie zum Beispiel im Vereinigten Königreich nie gegeben hat. Dort konnten die Gewerkschaften über Jahre zweistellige Erhöhungen aushandeln.[234] In Deutschland drehte sich die Lohn-Preis-Spirale lediglich einmal bedenklich, und zwar für ganze sechs Quartale von Ende 1969 bis Anfang 1971.[235]

Ob in Großbritannien oder in Deutschland, Gewerkschaften haben jedenfalls gegenwärtig bei weitem nicht den Einfluss von damals. 75 Prozent der Erwerbstätigen arbeiten heute in Dienstleistungen,[236] die nur zu geringem Teil gewerkschaftlich organisiert sind. Laut einer IWF-Studie erhöhte ein Ölpreisanstieg von einem Prozent zwischen 2000 und 2019 die Löhne in Industrieländern gerade mal einmal um 0,01 Prozent.[237] Nicht einmal als Bidens Hochdruckpolitik nach der Corona-Krise die Nachfrage in den USA stark befeuerte, trieben die Lohnsteigerungen die Inflation weiter an.[238]

Für einen Großteil der Beschäftigten ist der Einzige, der aktuell Lohndruck erzeugen kann, der Staat mit seiner Finanzpolitik. Solange sich EZB und Regierungen einig sind, welche Auslastung der Wirtschaft tolerabel ist, gibt es daher keinen Grund für präventive oder überraschende Zinserhöhungen. Einen Punkt sollten Regierungen und Zentralbank aber ausdiskutieren: Was sind eigentlich übermäßig steigende Löhne? In der Gas-Krise definierte die EZB Lohnsteigerungen, die oberhalb von drei Prozent lagen, als übermäßig.[239] Die sich daraus ergebenden Reallohnverluste für die Beschäftigten waren groß. Das ist weder zur Inflationsbekämpfung nötig noch zielführend für eine Politik, die dafür sorgen möchte, dass alle von ihrem Gehalt leben können.

Eine realere Gefahr als eskalierende Löhne sind eskalierende Preise für Wärmepumpen, Transformatoren und den Hochbau. Ein Staat, der gleichzeitig seine Schulen saniert, Schienen verlegt, den Bau von Wärme-, Strom- und Glasfasernetzen forciert, wird so gut wie garantiert Preissteigerungen in einzelnen Sektoren in Gang setzen und damit die Inflation befeuern. Früher hatte die Bundesregierung Sensoren dafür: Für jeden Gesetzentwurf untersuchte das zuständige Ministerium die Auswirkungen auf die Preise, selbst strengere Umweltschutzvorgaben für Antarktisreisen entkamen der Analyse nicht (aufgrund der geringen Anzahl von Antarktisreisen befand man keine Gefahr für das Preisniveau).[240] Die Geschäftsordnung der Bundesregierung schreibt diese Analyse eigentlich weiterhin vor,[241] sie wird nur in der Praxis nicht mehr durchgeführt. Selbst zur Mindestlohnerhöhung auf zwölf Euro bemerkte die Bundesregierung lediglich, eine Quantifizierung des Preiseffekts sei nicht möglich.[242] Die Bundesbank hatte ihn allerdings zwei Monate vorher überschlagen.[243] Ein Anfang wäre, diese Preisanalyse wieder durchzuführen, um keine unbeabsichtigten Preissteigerungen und die damit einhergehenden Zinssteigerungen zu verursachen.[244]

Hätte der Staat ein gutes Verständnis des Preisdrucks, der in einzelnen Wirtschaftsbereichen herrscht, könnte er heute eine ganze Instrumentenklaviatur einsetzen, um die Auslastung der Wirtschaft zu moderieren und ungewollte Zinsanstiege zu vermeiden. Im Zweiten Weltkrieg verbot Roosevelt schlicht den Bau von zivilen Gebäuden. Heute ist das Instrumentarium differenzierter. Schon lange gibt es nicht mehr nur den Zinshammer oder Notverordnungen von Regierungen. Die Bundesanstalt für Finanzdienstleistungsaufsicht, kurz BaFin, könnte zum Beispiel für Immobilienkäufe das Verhältnis der Kreditsumme zum Immobilienwert begrenzen oder Vorgaben zu Rückzahlungszeiträumen machen. Solche Regulierungen ließen sich noch weiter ausdifferenzieren, um sicherzustellen, dass sie zu unseren gesellschaftlichen Zielen passen. In China dürfen Erstkäufer von Häusern und Wohnungen in ländlichen Regionen wesentlich höhere Kredite im Verhältnis zum Immobilienwert aufnehmen als Immobilienkonzerne in Peking und Shenzhen.[245] Selbst das wäre wesentlich weniger invasiv als die Forderung der Bundesbank 1973, das Kreditvolumen einzelner Banken begrenzen zu dürfen.[246]

Übrig bleibt ein externes Risiko für Zinserhöhungen, das die Politik nicht kontrollieren kann: aus den USA importierte

Inflation. Sogar die zinspolitische Extremsportlerin unter den großen Zentralbanken, die Bank of Japan, konnte sich dessen nicht erwehren. Die Bank of Japan hält die Zinsen seit langem sehr niedrig, um die schwache Konjunktur zu stärken. Renditen zehnjähriger Staatsanleihen waren bis Ende 2023 bei einem Prozent gedeckelt, um günstige Konditionen für langfristige Kredite zu sichern. Spätestens als die US-Renditen vier Prozentpunkte über den japanischen lagen, verkauften die Investoren ihre japanischen Anleihen und investierten in den USA. Der Yen war nicht mehr gefragt und verlor an Wert. Die Importpreise stiegen und damit die Inflation in Japan. Die Bank of Japan gab ihren Renditedeckel auf. Kein Staat mit offenem Kapitalverkehr wird es lange aushalten, die Renditen weit unter amerikanischem Niveau zu halten. Deutschland braucht für tolerable staatliche Finanzierungskosten aber kein Zinsniveau weit unter dem amerikanischen. Die heutigen zwei Prozentpunkte Unterschied zwischen Bunds und US-Treasuries dürften reichen – vor allem weil es höchst unwahrscheinlich ist, dass der Rekordschuldner USA die Zentralbankzinsen auf ein inflationsbereinigt hohes Niveau hebt.

Wir brauchen uns nicht vor Zinsplagen zu fürchten, weil es die genauso wenig gibt wie den Krampus, der früher angeblich vor unserer Haustür wartete, falls der Nikolaus bei uns Kindern schlechtes Benehmen feststellte. Es gibt nur die EZB, die Zinspolitik betreibt, um die Inflation auf Zielkurs zu halten. Weder für die unmittelbar bevorstehenden Jahre noch für die fernere Zukunft lassen sich heute Szenarien konstruieren, die suggerieren, dass Zinsschocks die große Gefahr für die Finanzpolitik darstellen – selbst wenn die Regierung eine Vollauslastungspolitik verfolgt. Viel offensichtlicher sind die finanziellen Risiken, die mit fehlendem Wachstum, verschwenderischem Umgang mit Ressourcen und einer nachlässigen Energiepolitik einhergehen. Moritz Kraemer, langjähriger Chefanalyst der Ratingagentur S&P, sieht diese Risiken als so groß an, dass sie Deutschland irgendwann sein AAA-Rating kosten werden.[247]

Risikoabwägung

Auf gewisse Art ist dies ein sehr deutscher Text geworden. Er beginnt mit normativen Offensichtlichkeiten, zu denen der Konsens bei uns so breit sein dürfte, dass es teils schwerfällt, an der Plattitüde vorbeizuschreiben: Dass jede und jeder selbstbestimmt leben können sollte, ohne unter der Kontrolle eines anderen zu stehen, ist kaum schlagzeilenträchtig. Ebenso wenig kontrovers ist die Aussage, dass dazu jede und jeder sich bestimmte Grundbedürfnisse erfüllen können soll, einen guten Job braucht, der nicht von der Gnade eines anderen abhängt, und es einen Verteilungsmodus braucht, der weder Bill Gatese noch Bettler hervorbringt.

Dann komme ich zu dem Schluss, dass wir theoretisch alle Möglichkeiten haben sollten, Freiheit als Nichtbeherrschung zu verwirklichen. Es ist die keynesianische Nachfragepumpe, die Machtverhältnisse bestimmt, und es sind die Geldströme, die Ressourcen zuteilen. Gefallen uns die Machtverhältnisse nicht, sollten wir die Pumpe anders bedienen, dafür sorgen, dass die Wirtschaft so ausgelastet ist, dass Beschäftigte und Arbeitgeber auf Augenhöhe verhandeln. Marx' Reservearmee ist nicht gottgegeben, sondern menschengemacht. Fließen die Geldströme nicht so, wie sie sollen, hat der Staat mit seiner Bilanz das mächtigste Instrument, um das zu ändern. Mit ihr kann er neue Geldströme schaffen, um Wachstum und Wohlstand zu ermöglichen, er kann die Bilanz verlängern oder schrumpfen, um geänderten Anforderungen gerecht zu werden, um fundamentale Unsicherheit im Übergang von der alten zur neuen Welt zu reduzieren oder um Risiken zu übernehmen. Die Politik kann das groß denken oder zumindest das Allernötigste tun: Für Kitas und Schulen, Bahn und die Wirtschaft ginge es, sehr grob geschätzt, um eine Größenordnung von gut 40 Milliarden Euro pro Jahr, knapp ein Prozent des BIPs. Nun sind das natürlich nur Beispiele für die dringlichen Finanzbedarfe der Bundesregierung. Darüber hinaus fehlen unter anderem Gelder für Straßen und Verteidigung. Aber selbst wenn sich die Kreditaufnahme auf jährlich 80 Milliarden Euro beliefe, entspräche das nur knapp zwei Prozent des BIPs. Ein solches Haushaltsdefizit wurde Mitte der Neunzigerjahre vom Sachverständigenrat noch als normal und unbedenklich eingestuft. Damals galten 1,5 bis zwei Prozent als »dauerhaft tolerabel«[248].

Die Investitionen würden auch nicht an der Finanzierung scheitern. Im Gegenteil, Deutschland besitzt eine der mächtigsten Staatsbilanzen der Welt. Bundesanleihen sind die euro-denominierte, sichere Wertanlage, das liquide handelbare Standardprodukt, das ein globaler Kapitalismus braucht, um funktionieren zu können: Sie sind nicht weniger als Finanzmarktgold; Finanzmarktgold, das Investoren unbedingt haben wollen und das dem Staat daher zu günstigsten Konditionen abgenommen wird. Je genauer man hinsieht, desto weniger Gründe gibt es, die finanzielle Nachfragepumpe nicht zu bedienen und die Bilanzgröße nicht nach gesellschaftlichen Zielen auszurichten.

Eigentlich wäre spätestens an dieser Stelle im Text die Zeit für eine große Politikvision gewesen. Stattdessen diskutiere ich hypothetische Zinsrisiken, die frühestens dann relevant werden, wenn uns auch radikal Rechte in der Regierung, eine neue Eiszeit oder der direkte Angriff eines Autokraten drohen könnten – lauter Risiken, die weitaus bedrohlicher sind als der vom Zentralbanker regulierte Zins. Angesichts der in Deutschland vorherrschenden Meinung war es mir wichtig, die Zinsfrage so ausführlich zu diskutieren. Das sollte Sie aber nicht mit einem falschen Eindruck zurücklassen. Nicht der Zins ist unser Problem. Unser Problem sind fehlende Kitas, mangelnde gute Jobs, Autokraten und die Erderwärmung. Sich von dem menschengemachten Zins daran hindern zu lassen, das Richtige zu tun, stellt die Welt auf den Kopf. Geld ist für die Gesellschaft da, nicht umgekehrt.

Kapitel 5
Technopolitik

Die Schuldenbremse

Bei der Aufstellung des Bundeshaushalts ist das Geld weder für den normalen Menschen noch für sich selbst da. In diesem Moment dient es allein dem obersten Haushälter der Bundesregierung, dem Haushaltsstaatssekretär im Finanzministerium. Dessen wichtigste Vorgabe ist die Schuldenbremse. Die Schuldenbremse steht im Grundgesetz und begrenzt das jährliche Defizit.[249] Ihre Rolle muss man sich ungefähr wie folgt vorstellen: Der Staat pumpt mit seiner Nachfragepumpe Geld in den Geldkreislauf hinein (und entzieht ihm Geld über Steuern). Die Schuldenbremse ist das Ventil am Schlauch von der staatlichen Nachfragepumpe zum Geldkreislauf der Wirtschaft. Darf der Staat nach den Regeln der Schuldenbremse nicht mehr pumpen, schließt sich das Ventil. Die Bundesregierung hat versucht, dieses Ventil intelligent zu gestalten. Anstatt das jährliche Haushaltsdefizit auf eine starre Obergrenze zu beschränken, sollte es in Abhängigkeit von der Wirtschaftslage schwanken können. Das klingt so, als wäre die keynesianische Nachfragepumpe erlaubt, als könne die Regierung mit ihrer Finanzpolitik das Ziel Vollauslastung mit guten Jobs verfolgen. Läuft die Wirtschaft schlecht, darf das Ventil mehr Kreditgeld durchlassen, um die Konjunktur zu befeuern. Läuft die Wirtschaft so gut, dass Unternehmen händeringend nach Beschäftigten suchen und jedermann seinen Lohn nach oben verhandeln kann, muss das Ventil geschlossen werden, um Inflation zu verhindern. So weit, so sinnvoll. Die Frage ist aber, wie die Schuldenbremse eine solche schlecht beziehungsweise gut laufende Wirtschaft definiert; und wie sehr das Defizit in Abhängigkeit von der Wirtschaftslage schwanken darf.

Genau diese Fragen stellte ein ungewöhnliches Trio in einer Social-Media-Kampagne 2019. Der damalige Chefökonom des Institute of International Finance, einer globalen Lobbyorganisation der Finanzindustrie, Robin Brooks, der in New York lehrende Wirtschaftshistoriker Adam Tooze und der Wiener Makroökonom Philipp Heimberger starteten die *Campaign Against Nonsense Output Gaps*, kurz *CANOO*. Die Kampagne zielte auf die damaligen europäischen Schuldenregeln ab. Diese machten, wie die Schuldenbremse, das zulässige Defizit von der Wirtschaftslage abhängig. Einer der zentralen Bestimmungsfaktoren für die Wirtschaftslage ist die Arbeitslosigkeit. Die auf europäischer Ebene genutzte Methode war seit langem umstritten, weil sie zu offensichtlich unplausiblen Ergebnissen führte. So galt die spanische Wirtschaft 2019 bereits bei einer Arbeitslosenquote von 14 Prozent als vollausgelastet.[250] Wäre die Arbeitslosenquote daruntergefallen, hätte die spanische Regierung sparen müssen, um eine angebliche Überhitzung der Wirtschaft und Inflation zu verhindern. Das schien dem Trio wenig plausibel. Wir beim Dezernat Zukunft fragten uns, ob die Schuldenbremse auf einer ähnlichen Methode aufbaute.

Tief in die Berechnungen der Schuldenbremse einzusteigen war keine Freizeitaktivität mehr. Im Dezember 2020 verließ ich das Finanzministerium, und die Arbeit beim Dezernat Zukunft wurde zum Beruf. Nahezu gleichzeitig begann der zweite Corona-Lockdown, und unser neu angemietetes Büro vegetierte sechs Monate halb eingerichtet vor sich hin. Wir, ein kleines

Team aus bezahlten und ehrenamtlichen Dezernisten, saßen zu Hause an unseren Ess- und Küchentischen und werkelten vor uns hin. Alle waren sehr beschäftigt, aber ob die Papiere, die wir schrieben, irgendjemanden interessieren würden, oder die Organisation, die wir aufbauten, überlebensfähig war, wussten wir nicht. Es hätte in dieser Zeit sehr gutgetan, anstatt des Baumes vor meinem Wohnzimmerfenster ein voll belegtes Büro mit unserem Team zu sehen. Zum Glück gab es kaum Zeit zum Zweifeln. Max Krahé arbeitete weiterhin Vollzeit für die Belgische Akademie der Wissenschaften und musste seine Dezernatsaufgaben morgens oder abends erledigen. Auch sonst war Arbeitskraft immer knapp. Wir schrieben unser erstes größeres Papier zu einer neuen deutschen Finanzpolitik, stellten weitere Kollegen ein, und Ehrenamtler hielten die Vitalfunktionen am Laufen. Max Paleschke, Physikdoktorand, saß in Halle auf seinem Gaming-Schreibtischstuhl, der aussah wie aus einem Formel-1-Boliden entwendet, und kümmerte sich um unsere Finanzen. Nicolas Gassen, Berliner Jungstudent, organisierte ganze Webinar-Serien, und Nikolai Vitzthum, ein alter Freund aus München mit Händchen für Technik und Inszenierung, baute unsere erste Website. Die Zoomkacheln bei unseren allmorgendlichen Treffen wurden mehr und mehr.

Eine der neueren Kacheln gehörte Florian Schuster aus Köln. Florian Schuster hatte uns angerufen, er würde gerne beitragen. Wer eine ehrenamtliche Organisation leitet, kennt das. Menschen rufen enthusiastisch an, bieten Hilfe an, aber dann kommt das Leben dazwischen, und man hört nie wieder von ihnen. Max Krahé und ich erzählten Florian Schuster von der CANOO-Kampagne, unseren Vermutungen zur Schuldenbremse und dem Vorhaben, das Schuldenbremsenventil auseinanderzuschrauben. Wir wollten wissen, wie das maximal zulässige Defizit unter der Schuldenbremse konkret bestimmt wurde. Keine Woche später schickte Florian Schuster uns eine Erklärung des

Schuldenbremsenventils und eine Excel-Tabelle, in der die Berechnung fein säuberlich in ihre Einzelteile zerlegt war. Die Berechnungsmethodik der Schuldenbremse entsprach tatsächlich weitgehend der europäischen, die die CANOO-Kampagne so kritisiert hatte.

Unter der Schuldenbremse sollte die Regierung aufhören, die Wirtschaft mit Krediten zu befeuern, wenn Marx' Reservearmee zu klein zu werden drohte. Die Schuldenbremse war, zumindest laut der in ihr verbauten ökonomischen Theorie, eine Inflationsbremse. Die Regierung sollte aufhören, Nachfrage in die Wirtschaft zu pumpen, bevor Beschäftigte übermäßige Verhandlungsmacht in ihren Lohnverhandlungen erlangten. Ansonsten bestünde die Gefahr einer Lohn-Preis-Spirale (ja, das Phänomen, das uns seit 1958 ganze sechs Quartale von Ende 1969 bis Anfang 1971 heimgesucht hat): Beschäftigte würden die Löhne übermäßig nach oben verhandeln, die Unternehmen dann aufgrund der gestiegenen Arbeitskosten die Preise erhöhen und die Beschäftigten sodann als Reaktion auf die gestiegenen Lebenshaltungskosten wiederum ihre Löhne weiter nach oben verhandeln. So wie es aussah, sollte die Schuldenbremse dafür sorgen, dass Marx' pessimistische Version des Kapitalismus, in der Unternehmer Macht über Beschäftigte hatten, zu allen Zeiten Realität bleibt. Das Bestreben, eine Lohn-Preis-Spirale zu verhindern, teilen Finanz- und Geldpolitik. Nur gingen die deutschen Finanzpolitiker noch einen Schritt weiter als die Zentralbanker. Sie richteten die Finanzpolitik nicht nur nach der Inflationsvermeidung aus, sondern trauten den ökonomischen Formeln auch zu, ohne weiteren menschlichen Eingriff die richtige Obergrenze für die jährliche Kreditaufnahme zu definieren. Wir haben zwar weiterhin keine selbstfahrenden Autos, aber eine Finanzpolitik, die auf Autopilot Richtung Arbeitslosigkeit und Unterauslastung der Wirtschaft fährt.

Dabei stützt sich die Schuldenbremse auf ein Konzept, das auf eine weitaus positivere Perspektive zurückgeht. Es begann mit Ernst und Gertrude. Ernst und Gertrude Heller wanderten 1910 nach Buffalo im Bundesstaat New York aus. Ihr Sohn, Walter Wolfgang Heller, wurde 1961 von John F. Kennedy zum Vorsitzenden des Council of Economic Advisers (CEA) ernannt und schaffte es nicht nur gleich zweimal auf das Cover des *Time Magazins*, sondern redete auch wie ein Besessener von ›der Lücke‹ (›the gap‹).[251] Gemeint war die Lücke zwischen dem aktuellen und dem möglichen Produktions- und Beschäftigungsniveau der Wirtschaft. In der kurzen Frist sollte es darum gehen, die Lücke so weit irgendwie möglich zu verkleinern. Heller beauftragte Arthur Okun, einen jungen CEA-Ökonomen, das ungenutzte Potenzial zu beziffern. Er wollte der amerikanischen Öffentlichkeit das Ausmaß der Verschwendung zeigen. Das Ergebnis war das mittlerweile berühmte Okun'sche Gesetz. Es besagt, dass ein Prozent Arbeitslosigkeit mit drei Prozent Produktionsverlust einhergehen. Okun lieferte darüber hinaus die erste Quantifizierung der Produktionslücke.[252] Dafür nutzte er keine eigene Schätzung der niedrigstmöglichen Arbeitslosigkeit, sondern arbeitete mit der Annahme der Regierung, dass die Arbeitslosigkeit mit den richtigen Maßnahmen kurzfristig auf vier Prozent gesenkt werden könnte. Die vier Prozent waren explizit ein »temporäres Ziel«. Langfristig konnte das Ziel nur eine möglichst niedrige Arbeitslosigkeit sein. Kennedy beziehungsweise seine Ökonomen erklärten im *Ökonomischen Jahresbericht des Präsidenten* von 1962: »Unfreiwillige Arbeitslosigkeit ist das dramatischste Zeichen und die betrüblichste Folge von Unterauslastung produktiver Kapazität. Sie zeigt die menschliche Bedeutung einer anderweitig abstrakt erscheinenden Statistik. Wir können es uns nicht leisten, uns mit irgendeinem vorgeschriebenen Niveau an Arbeitslosigkeit zufriedenzugeben.«[253] Heller und Kennedy nutzten die Bezifferung der Produktionslücke, um für breit angelegte Steuersenkungen zu argumentieren, die in der kurzen Frist die Nachfrage befeuern sollten.

Für den damaligen politischen Kontext reichten Okuns Berechnungen zum Potenzial aus. Niemand hinterfragte die Annahme, dass die Arbeitslosenquote auf vier Prozent fallen könnte, ohne dass es zu Inflation kam. Das sollte sich ändern. In den Siebzigerjahren trieben gleich zwei massive Ölschocks sowohl Inflation als auch Arbeitslosigkeit in die Höhe. Ökonomen waren sich nicht mehr so sicher, ob sie tatsächlich wussten, wann die Wirtschaft ausgelastet war.[254] So lehnte es die Bundesbank Anfang der Achtzigerjahre sogar explizit ab, eine Höchstauslastung der Wirtschaft auf Dauer anzustreben, weil diese erfahrungsgemäß Probleme für die Geldwertstabilität bereite.[255] Zahlreiche technische Institutionen, inklusive besagter Bundesbank, des IWFs und der OECD, versuchten zu bestimmen, bei welchem Produktionsniveau und welcher Arbeitslosenquote die Wirtschaft im Gleichgewicht ist. Anstatt um Vollauslastung ging es nun um die Identifikation einer Arbeitslosenquote, bei der es nicht zu Inflation kam, die ›Stabilität‹ der Wirtschaft gesichert war.

Dazu brauchten sie ein Konzept für die Arbeitslosenquote im wirtschaftlichen Gleichgewicht. Das lieferte ein Zeitgenosse Hellers: Milton Friedman. Friedman ist heute bekannt für seine Ideen zur Geldmengensteuerung. Seiner Vorstellung nach sollte der Staat nicht versuchen, die Wirtschaft voll auszulasten oder gar das wirtschaftliche Potenzial zu erhöhen. Das sei nicht nötig, ja sogar schädlich, weil der Mensch nicht genug wissen könne, um Steuer- oder Ausgabenänderungen zielführend zur Stabilisierung der Wirtschaft einzusetzen.[256] Friedman hatte wenig Vertrauen in die Politik, dafür umso mehr in den Markt. So seien US-Regierungen mit den meisten ihrer Vorhaben gescheitert. Fortschritt und zunehmenden Wohlstand hätte die Nation allein der »Fruchtbarkeit des Marktes«[257] zu verdanken. Seiner Vorstellung nach pendelte sich die Wirtschaft bei einer ›natürlichen‹ Arbeitslosenquote ein, bei der die Löhne stabil bleiben.[258] Die Höhe der ›strukturellen‹ oder ›natürlichen‹ Arbeitslosenquote bestimmten Faktoren wie Gewerkschaftsdichte, die Höhe des Mindestlohns oder die Generosität der Arbeitslosenversicherung. Hellers und Okuns kurzfristiges Ziel einer Arbeitslosigkeit von vier Prozent mutierte in Friedmans Händen zu einer natürlichen, unausweichlichen Arbeitslosigkeit. Aus dem »Verschwendung und dem Elend von Arbeitslosigkeit«[259] wurde ein Ergebnis freier Entscheidungen. Für Friedman war der Markt für Arbeit anscheinend kein sehr anderer als der für Urlaubsreisen. Wer nicht arbeitete, hatte sich dagegen entschieden, weil ihm der angebotene Lohn nicht reichte. Eine niedrige Arbeitslosenquote soll daher laut Friedman auch nicht als politischer Erfolg gesehen werden. Schließlich bestehe die Gefahr, dass Arbeiter Freizeit für Güter opfern, die ihnen eigentlich weniger bedeuten.[260] Robert Lucas, Wirtschaftsprofessor an der Universität Chicago und wie Friedman Nobelpreisträger, ging noch weiter und verneinte die Existenz unfreiwilliger Arbeitslosigkeit: »Wenn wir arbeitslos sind, liegt das daran, dass wir glauben, ein besseres Angebot kriegen zu können.«[261]

Auf Basis von Friedmans abstraktem Konzept der natürlichen Arbeitslosenquote quantifizierten IWF-, OECD- und Bundesbank-Ökonomen die sogenannte Non-Accelerating Inflation Rate of Unemployment,[262] kurz NAIRU,[263] auf Deutsch: die Arbeitslosenquote, die die Inflation nicht beschleunigt. Da sich beschleunigende Inflation als schlecht erachtet wurde und wird, definiert die NAIRU die angeblich notwendige Arbeitslosenquote und damit die Größe des menschlichen Schutzschilds gegen die Inflation. Zusammen mit Schätzungen zu potenziellen Arbeitsstunden pro Person, Arbeitsmarktbeteiligung, Produktivität und einigen weiteren Zahlen speiste man die NAIRU in ein Uhrwerk aus ineinandergreifenden Formeln. So erhielt man Schätzungen der Produktionslücke.

Eine Denkfigur hatte sich zu einem glänzenden technopolitischen Apparat entwickelt, in dem die politischen Entscheidungen so gut versteckt waren, dass das Ergebnis als *die eine* objektive Wahrheit missverstanden werden konnte. Genau das ist die Funktionsweise des technopolitischen Apparats: Er beantwortet politische Fragen auf Basis scheinbar objektiver technischer Kriterien. Die politische Entscheidung wird im Inneren des Apparats zur mathematischen Formel, die eine einzige richtige Lösung hat.

Auch die Europäische Kommission stieg in die Formelschrauberei mit ein[264] und produzierte bücherlange Abhandlungen zu statistischen Filtertechniken, Formelvariationen und Faktorproduktivitäten, mittels deren die Produktionslücke vermessen werden sollte. Auf Basis der Produktionslücke versuchten die Ökonomen zu erkennen, ob die Nachfragepumpe von Regierungen richtig eingestellt war. War die Wirtschaft tatsächlich weit weg von der NAIRU, durfte die betreffende Regierung ein Defizit machen, um die Wirtschaft zu stabilisieren. Hatte die Wirtschaft bereits die NAIRU überschritten, musste gespart werden, um wieder mehr Menschen arbeitslos zu machen und damit Überhitzung zu vermeiden.[265]

Die deutsche Schuldenbremse baut auf der von der Europäischen Kommission entwickelten Methodik auf. Ihre Formeln berechnen die maximal zulässige Kreditaufnahme in Abhängigkeit von der Produktionslücke, also in Abhängigkeit davon, wie sehr die Wirtschaft ausgelastet ist. Für jeden Euro Produktionslücke darf sich die Bundesregierung um 20 Cent mehr verschulden. Wieso 20 Cent? Die Europäische Kommission schätzt, dass sich das deutsche Defizit mit jedem Euro Unterauslastung der Wirtschaft um 20 Cent verschlechtert. Arbeiten weniger Menschen, fließen schließlich weniger Steuereinnahmen in die Staatskasse. Dafür erhöhen sich die Ausgaben der Sozialversicherungen, etwa für die Zahlungen von Arbeitslosengeld. Die Schätzung dieser sogenannten Budgetsemielastizität steht auf wackligen statistischen Beinen, wie Heimberger dokumentiert.[266] Es gibt eigentlich zu wenige Datenpunkte für ein statistisch valides Ergebnis. Aber was berechnet werden muss, wird berechnet. Multipliziert man die Produktionslücke mit den 20 Cent, ergibt das die Konjunkturkomponente, also die Höhe der zulässigen Kreditaufnahme, die mit der Wirtschaftslage schwankt.

Neben der Konjunkturkomponente enthält die Schuldenbremse noch eine Strukturkomponente. Im Rahmen derer darf sich die Bundesregierung jedes Jahr in Höhe von 0,35 Prozent des BIPs des Vorjahres verschulden. Wieso 0,35? Dazu später mehr. Die Summe aus Konjunkturkomponente und Strukturkomponente ergibt die unter der Schuldenbremse zulässige Nettokreditaufnahme (siehe Abbildung 7).

Abbildung 7: Berechnung Schuldenbremse[267]

$$\underbrace{(\text{BIP} - \text{Produktionspotenzial}) \times \text{Budgetsemielastizität}}_{\text{Konjunkturkomponente}} + \underbrace{0{,}35\ \text{Prozent} \times \text{BIP}}_{\text{Strukturkomponente}} = \text{Zulässige Nettokreditaufnahme}$$

In ihren Berechnungen sind die Fachleute der Bundesregierung erstaunlich präzise: Auf die Million genau prognostizieren sie die Unter- oder Überauslastung der Wirtschaft. Man traut sich aber nicht nur zu, das Potenzial von heute millimetergenau vermessen zu können; man hält es auch für eine vertretbare Annahme, dass sich die Wirtschaft – unabhängig von der aktuellen Situation – innerhalb von vier Jahren bei der natürlichen, niedrigstmöglichen Arbeitslosenquote eingependelt haben wird. Im Januar 2024 projizierte die Bundesregierung also zum Beispiel, dass die Wirtschaft im Jahr 2028 ihr Potenzial erreicht haben und die Produktionslücke bei null liegen wird. Friedman hätte das Vertrauen seiner Nachwelt in ihre Formeln und Prognosefähigkeiten erstaunt. Er selbst hielt die natürliche Arbeitslosenquote für nicht quantifizierbar und lehnte daher auch Geldpolitik (sein primäres Betätigungsfeld), die sich danach richtete, ab. Seiner Meinung nach sollte die Zentralbank sich strikt darauf begrenzen, ein stabiles Wachstum der Geldmenge sicherzustellen.[268] Alles andere würde »große diskretionäre Macht an eine Gruppe von Technikern geben, die in einer ›unabhängigen‹ Zentralbank oder einem anderen technokratischen Gremium zusammenkommen.«[269] Eine solche Gruppe von Technikern bestimmt heute in Deutschland die verfassungsrechtliche Obergrenze der Kreditaufnahme des Bundes.

Marx' pessimistische Version des Kapitalismus, in der der Unternehmer Macht über den Beschäftigten haben muss, scheint in die Formeln der Schuldenbremse eingebacken. Je höher die Gewerkschaftsdichte, je höher der Mindestlohn und je auskömmlicher die Arbeitslosenversicherung, desto größer muss die Reservearmee laut Friedmans Ansatz sein. Angesichts dessen kann man sich fragen, ob Marx nicht doch recht hatte. Falls dem so ist, wären Kapitalismus und Freiheit wohl tatsächlich inkompatibel. Die Ohnmacht und damit Unfreiheit eines Teils der Gesellschaft wäre notwendig, um für die Stabilität der Wirtschaftsordnung zu sorgen.

Der bereits erwähnte Philipp Heimberger hat sich zusammen mit Jakob Kapeller von der Universität Duisburg-Essen ausführlich mit der Frage beschäftigt, ob die NAIRU tatsächlich von strukturellen Faktoren wie Gewerkschaftsdichte oder der Generosität der Arbeitslosenversicherung bestimmt wird. Ihre Ergebnisse verneinen das. Gewerkschaftsdichte, Höhe der Abgaben oder des Arbeitslosengelds haben keinen wesentlichen Einfluss auf die notwendige Arbeitslosigkeit. Dafür spielen konjunkturelle Faktoren wie Immobilienpreise eine große Rolle.[270]

Das ist auch gar nicht so verwunderlich, wenn man sich ansieht, wie die Europäische Kommission die NAIRU tatsächlich berechnet. Dahinter stecken nämlich keine ausgebufften Algorithmen, die auf wundersame Weise aus den aktuellen Arbeitslosenzahlen die strukturellen Faktoren herausrechnen können;

zum Beispiel welcher Anteil der aktuellen Arbeitslosigkeit auf die Höhe des Arbeitslosengeldes zurückgeht. Die Rechnung ist trivialer: Es wird – etwas vereinfacht gesprochen – angenommen, dass die NAIRU der durchschnittlichen Arbeitslosigkeit der Vergangenheit entspricht.[271] Diese Methode mag nicht besonders raffiniert, aber auch nicht allzu schädlich klingen. Wenn jedoch zum Beispiel eine Wirtschafts- oder Finanzkrise die Arbeitslosigkeit in die Höhe schnellen lässt und damit die zukünftige notwendige NAIRU erhöht, zementiert diese Methode dauerhafte Krisenschäden. Genau das war der Fall in Spanien, eines der Länder im Zentrum der erwähnten CANOO-Kampagne. Spanien hatte eine große Immobilienkrise, die zu hoher Arbeitslosigkeit im Bausektor führte und die NAIRU bis auf 16 Prozent trieb.[272] Laut Europäischer Kommission durften 2011 bis 2015 also nicht weniger als 16 Prozent der Spanier arbeitslos sein, weil sonst Inflationsgefahr bestanden hätte.

Die meisten anderen Inputs zur Schätzung des Arbeitspotenzials werden genau wie die NAIRU berechnet. Die Durchschnittswerte der Vergangenheit bestimmen die Zukunft. Beteiligten sich früher weit weniger Frauen am Arbeitsmarkt, weil Frauen an den Herd gehörten, geht die Bundesregierung in ihren Berechnungen der Konjunkturkomponente der Schuldenbremse davon aus, dass das auch in Zukunft so sein wird – selbst, wenn sie eigentlich eine gänzlich andere Gesellschafts- und Arbeitsmarktpolitik vertritt. Genauso vertritt auch keine Partei offiziell, dass es Arbeitslosigkeit geben muss. Union und SPD geben in ihren Wahlprogrammen regelmäßig Vollbeschäftigung als politisches Ziel an.[273]

Spätestens an diesem Punkt ist jeder, der das Schuldenbremsenventil das erste Mal auseinanderschraubt, sehr verwirrt: Die Politik will Vollbeschäftigung erreichen. Die Schuldenbremse soll laut ökonomischer Theorie die Wirtschaft erst dann abbremsen, wenn die mindestens notwendige Arbeitslosenquote erreicht ist.

Tatsächlich aber bremst die Schuldenbremse die Wirtschaft schon dann ab, wenn die Arbeitslosenquote unter der durchschnittlichen Arbeitslosenquote der Vergangenheit liegt. Es wirkt heute wie ein doppeltes ›Lost in Translation‹ zwischen Politik und ökonomischer Theorie sowie ökonomischer Theorie und Statistik: Die Politik möchte Vollbeschäftigung, die ökonomische Theorie geht von einer notwendigen Arbeitslosigkeit aus, und die Statistik macht aus der notwendigen Arbeitslosigkeit die durchschnittliche Arbeitslosigkeit der Vergangenheit.[274] Heraus kommt eine Politik, die zwar in ihr Wahlprogramm ›Vollbeschäftigung‹ schreibt, aber ohne offensichtlichen Grund die Wirtschaft immer dann bremst, wenn ihre Auslastung über dem Durchschnitt der Vergangenheit liegt. Die Politik, nicht Marx' Kapitalist, sorgt unter der Schuldenbremse für die Reservearmee und damit für eine dauerhafte Machtasymmetrie zwischen Arbeitgebern und Beschäftigten.

Wie auch immer es dazu kam, dass die durchschnittliche Arbeitslosenquote der Vergangenheit zur notwendigen Arbeitslosigkeit erklärt wurde: Die Schuldenbremse macht so die Missstände der Vergangenheit zur zukünftigen Notwendigkeit. Hätten wir das Berechnungsverfahren für die NAIRU Mitte der Zweitausenderjahre für Deutschland genutzt, wäre eine Arbeitslosenquote von mindestens 8,4 Prozent für notwendig erklärt worden. 2023 lag die deutsche NAIRU bei 2,8 Prozent.[275] Technopolitische Apparaturen wie die Potenzialschätzung und die darin enthaltende NAIRU sehen gut aus, aber nur, solange man den normativ gesetzten technischen Denksalat dahinter nicht allzu genau inspiziert.

Das Produktionspotenzial zementiert nicht nur die Vergangenheit, es baut auch auf ein paar weiteren gewagten Rechenoperationen auf. Die in das Potenzial einfließende Berechnung der Produktivität ist eine solche. Sie wird auf der Basis vergangener, unerklärbarer Vorgänge geschätzt: Jegliches Wirtschaftswachstum, das nicht durch Zuwächse des Arbeitspotenzials oder durch Investitionen erklärbar ist, wird Produktivitätssteigerungen zugeschlagen. Deswegen wird das Maß für Produktivität[276] heute auch ›Maß unserer Unwissenheit‹ genannt.[277] Für die Schätzungen des zukünftigen Produktionspotenzials wird dann dieses Maß unserer Unwissenheit in die Zukunft projiziert. Das ist in etwa so, als würde man annehmen, dass alle Münchner, die nicht auf die Wiesn gehen, krank sein müssen, und würde dann auf der Basis dieser Zahl den Krankenstand Münchens für den Rest des Jahres projizieren.

Eines spielt für die Berechnung des Produktionspotenzials keine Rolle: die tatsächliche Politik. Ganz gleich ob die Politik das Rentenalter absenkt oder Kindergärten bauen lässt, das Potenzial ist das Gleiche. Dabei belegen Umfragen,[278] dass viele Mütter gerne mehr arbeiten würden, aber ihnen Kinderbetreuung oder Pflegepersonal für ihre Eltern fehlt. Es gibt also jeden Grund zur Annahme, dass mehr Kinderbetreuung und ein verbessertes Pflegeangebot das Potenzial signifikant erhöhen würden.

Auch die Bedienung der Nachfragepumpe hat eine Auswirkung auf das Potenzial. Vergisst die Politik, sie in Schwächephasen anzuwerfen, findet die Wirtschaft nicht notwendigerweise auf ihr Vorkrisenniveau zurück. Die Arbeitslosigkeit bleibt langfristig erhöht. Menschen, die ein paar Jahre arbeitslos waren, treten nicht einfach wieder in ein Beschäftigungsverhältnis ein.[279] Umgekehrt wächst in einer vollausgelasteten Wirtschaft das Potenzial. Sorgt die Nachfragepumpe für Hochdruck, werden Unternehmen alles daransetzen, Beschäftigte zu finden und ihre Produktivität zu erhöhen. Okun erforschte diese Produktivitätseffekte bereits 1973 und kam zu dem Schluss, dass »[d]ie zusätzlichen Arbeitsplätze, die in einer Hochdruckwirtschaft verfügbar sind, [dazu] neigen, gut bezahlte, produktive und potenziell stabile Arbeitsplätze zu sein. Diese positiven Effekte sollten in einer demokratischen, kapitalistischen Gesellschaft geschätzt und gehegt werden. Die Aufopferung sozialer Mobilität trägt zu den hohen Kosten bei, die

Arbeitslosigkeit als Versicherung gegen Inflation hat. Ihre Kosten müssen sorgfältig kalkuliert werden.«[280]

Es hat eine besonders zweifelhafte Nebenwirkung, aktuelle Politik nicht in der Potenzialschätzung zu berücksichtigen: Eine Regierung, die wirtschaftspolitisch zu erfolgreich ist, läuft Gefahr, ein BIP zu produzieren, das über dem Potenzial liegt. Die Regierung müsste also sparen, um wieder mehr Menschen arbeitslos zu machen und das BIP wieder unter das Potenzial zu drücken.

Bidens Hochdruckpolitik in den USA zeigt, wie erfolgreich Finanzpolitik sein kann. Im Gegensatz zu Deutschland sind die USA, die ihre Wirtschaft zuletzt mit großen Defiziten befeuerten, zurück auf ihrem Wachstumspfad von vor Corona, ja liegen mittlerweile sogar über dem alten Trend. Den Unterschied zwischen Hochdruck und Nichthochdruck zeigt Abbildung 8.

Abbildung 8: Reales Pro-Kopf-Einkommen

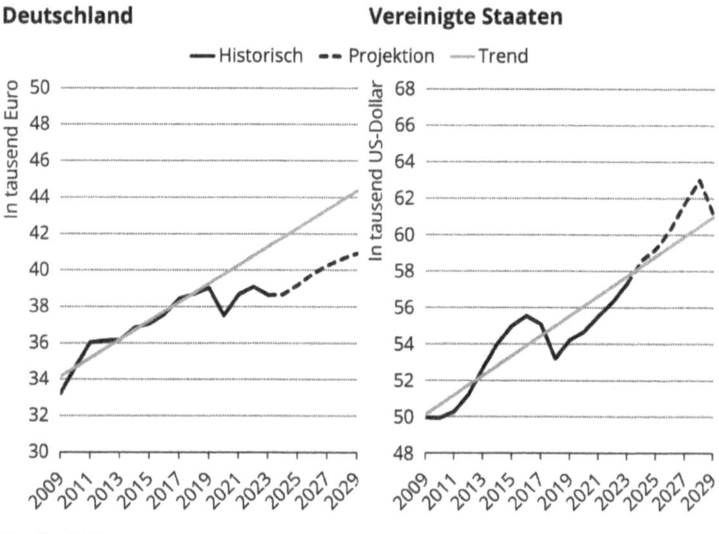

Quelle: IWF

Das eigene wirtschaftliche Potenzial nicht auszuschöpfen ist nicht nur schwierig mit Blick auf gesellschaftliche Ziele wie Wohlstand und Selbstbestimmung, es kostet auch. Höhere Sozialausgaben für Arbeitslose, geringere Steuereinnahmen durch weniger Einkommensteuerzahler und höhere staatliche Rentenzuschüsse, die die fehlenden Beiträge kompensieren müssen, belasten den Haushalt dauerhaft. So betrachtet ist es rätselhaft, wieso sich die deutsche Politik zwar eine Schuldenregel gegeben hat, die Nachfragepolitik erlaubt, sie dann aber so ausgestaltet hat, dass sie das Potenzial kleinhält.

Hochdruckpolitik kann es mit der Schuldenbremse nach einer Krise nicht geben. Schließlich orientiert sich das Potenzial an der Vergangenheit, und wenn die Vergangenheit Krise war, dann wird die in das zukünftige Potenzial einbetoniert. Das Potenzial der deutschen Wirtschaft ist laut der Berechnungen der Bundesregierung von 2019 bis 2024 um gut 100 Milliarden geschrumpft.[281] Entsprechend fällt die zulässige Kreditaufnahme trotz schwacher Wirtschaft verhältnismäßig gering aus. 2024 darf sich die Bundesregierung mit maximal 22 Milliarden Euro verschulden. Das entspricht gerade einmal 0,5 Prozent des BIPs.[282] Zum Vergleich: Das Defizit der US-Regierung wird für 2024 auf 5,6 Prozent geschätzt.[283]

Größere Kreditsummen gibt es unter der Schuldenbremse nur in Ausnahmesituationen: »Im Falle von Naturkatastrophen oder außergewöhnlichen Notsituationen, die sich der Kontrolle des Staates entziehen und die staatliche Finanzlage erheblich beeinträchtigen«[284] darf der Bundestag mit einfacher Mehrheit entscheiden, zusätzliche Kredite aufzunehmen. Unter welchen Bedingungen das verfassungskonform ist, hat das Bundesverfassungsgericht in seinem Urteil vom 15. November 2023 zum Haushalt 2021 angedeutet. Selbst indirekte Folgen von Wirtschaftskrisen dürften mit Notlagekrediten adressiert werden.[285]

Nur eines darf man nicht: vorausschauend handeln. So würde die Regierung eine erhebliche rechtliche Unsicherheit eingehen, wenn sie eine Klimanotlage erklären würde, und über die nächsten 15 Jahre Kredite aufnähme, um für die Dekarbonisierung und den Schutz vor Sturmfluten und Sommerhitze zu zahlen. Wenn das Haus im Ahrtal erst einmal weggeschwommen ist, könnte der Bund aber rechtssicher einen Kredit aufnehmen. Vorausschauend investieren geht also nicht. Dafür lohnen sich Krisen, weil es endlich all das Geld gibt, das so dringend benötigt wird.

Für Ausnahmesituationen darf der Bund zwar mehr Kredit aufnehmen als im Normalfall, er muss die Schulden aber über Zeit zurückzahlen. Noch privilegierter als die Ausnahmesituation ist die Finanzmarktinvestition, die sogenannte finanzielle Transaktion: Will die Bundesregierung Aktien kaufen, darf sie dafür Kredite aufnehmen, die nicht auf die Schuldenbremse angerechnet werden. Dahinter steckt folgender Gedanke: Verwendet der Staat Kredite, um Vermögenswerte zu kaufen, könnte er diese Vermögenswerte jederzeit wieder verkaufen und die Schulden zurückzahlen. Eine solche Regel in die Schuldenbremse einzubauen ist wichtig, denn im Umkehrschluss gilt auch, dass ein Verkauf von Vermögenswerten, zum Beispiel eines Staatsunternehmens, nicht dazu genutzt werden kann, die Schuldenbremse einzuhalten. Denn wie ein Aktienkauf würde auch der Verkauf des Unternehmens nicht auf die Schuldenbremse angerechnet. Finanzielle Transaktionen von der Kreditobergrenze auszunehmen scheint sinnvoll. Es stellt sich nur eine Frage: Wieso privilegiert die Schuldenbremse Aktieninvestitionen über Krebs' Bildungsfonds aus Kapitel 3? Letzterer bringt ziemlich sicher eine höhere Rendite. Und im Gegensatz zu Aktienkäufen gehört Bildung zu den zentralen Staatsaufgaben. Betrachtet man die Schuldenbremse und ihre Einzelteile (siehe Abbildung 9) genauer, kommt sie einem recht wunderlich vor. Hinter dem einfach anmutenden Begriff ›Schuldenbremse‹ versteckt sich ein komplexer, technopolitischer Apparat.

Abbildung 9: Schuldenbremsenapparat

Die von diesem Apparat produzierten Ergebnisse zu begründen fällt schwer. Auf den ersten Blick sieht die Schuldenbremse aus wie die finanzpolitische Formalisierung der Marx'schen Reservearmee. So als solle sie sicherstellen, dass der Bund nicht aus Versehen mit der Nachfragepumpe die Arbeitslosigkeit zu weit senkt und die deutsche Stabilitätspolitik gefährdet. Bei genauerer Betrachtung leisten die Formeln der Schuldenbremse etwas anderes: Sie sorgen dafür, dass das Potenzial der Wirtschaft immer ungefähr dem Durchschnitt der vergangenen Wirtschaftsleistung entspricht. Das ist weder stabilitäts- noch haushaltspolitisch ein besonders nachvollziehbares Ziel. Ein größeres wirtschaftliches Potenzial würde schließlich mehr nichtinflationäres Wachstum erlauben und den Haushalt besser aussehen lassen.

Das Potenzial der Wirtschaft mit der durchschnittlichen Wirtschaftsleistung der Vergangenheit gleichzusetzen ergibt nur aus einem Grund Sinn: um dauerhafte Verschuldung auszuschließen. Denn die tatsächliche Wirtschaftsleistung kann nicht dauerhaft unter ihrem eigenen vergangenen Durchschnitt liegen. Fällt die Wirtschaftsleistung, fällt ihr Durchschnitt. Steigt die Wirtschaftsleistung, steigt ihr Durchschnitt. Die Formeln der Schuldenbremse erfassen zwar weder das tatsächliche Potenzial noch die Inflationsgefahr besonders gut, dafür verriegeln sie den Weg in die dauerhafte Verschuldung: Bei einem Defizit von 0,35 Prozent inklusive Zinsen wird die deutsche Schuldenquote in den allermeisten Jahren fallen, da die Schulden höchstwahrscheinlich weniger wachsen als das BIP, das bereits durch die Inflation normalerweise mehr ansteigt als um 0,35 Prozent.

Die deutsche Schuldenbremse ist ein beeindruckendes Stück Technopolitik, das kaum einer versteht. Tief verborgen in ihren Formelwindungen sind Werturteile, die man herauspulen muss wie die Essensreste aus dem verstopften Abflussrohr unter der Spüle. Die notwendige Arbeitslosenquote lässt sich schnell herausziehen. Die Benachteiligung von Frauen herauszukratzen benötigt schon etwas Ausdauer. Aber um den wirklichen Zweck der Schuldenbremse freizulegen, muss man den Formelapparat schon auseinandernehmen, so wie das Abflussrohr. Ganz unten im U-Bogen des Rohrs versteckt sich die absolute Priorität des Schuldenabbaus über nahezu alle anderen gesellschaftlichen Vorhaben. Mehr als 0,35 Prozent Verschuldung, aktuell rund 15 Milliarden Euro pro Jahr, darf es mittelfristig schlicht nicht geben. Christian Bayer, Wirtschaftsprofessor an der Universität

Bonn, fasst es so zusammen: »[Die Schuldenbremse] atmet den Geist der Planwirtschaft. Sie kennt keine Preise, sie kennt keine Zinsen, sie kennt keine Nachfrage nach Staatsanleihen.«[286]

Die Schuldenquote

Ja, das muss halt so sein, wird der Haushälter sagen, und ganz unrecht hat er nicht. Denn die deutsche Finanzpolitik unterliegt seit 1992 den europäischen Schuldenregeln. Dazu gehört eine Schuldenquote, die 60 Prozent der Wirtschaftsleistung nicht überschreitet oder, sollte sie aktuell darüberliegen, zumindest in Richtung 60 Prozent fällt. Nach der Corona-Pandemie und der Energiekrise liegt die deutsche Schuldenquote bei 65 Prozent,[287] wobei das niemand so ganz genau sagen kann, da die Bundesregierung bis heute keine vollständige staatliche Bilanz erstellt.[288] Die Schuldenquote nach europäischer Definition bezieht sich auf den Gesamtstaat, also auf Bund, Länder und Kommunen, und ist eine Bruttoschuldenquote. Das heißt, sie bezieht alle Schulden mit ein, ganz gleich, ob der Staat sich die Einnahmen aus einem Kredit auf das Konto legt (damit ließ sich zeitweise viel Geld verdienen) oder über dem Meer abwirft. Die Schuldenquote begrenzt damit nicht nur die Schulden, sondern auch das staatliche Vermögen:[289] Große Vermögenswerte kauft niemand, inklusive der Staat, aus den laufenden Einnahmen. Eichhörnchen, die erst Geld sammeln, bevor sie es ausgeben, mögen noch so fleißig sein. Zu beachtlichem Wohlstand gelangen sie selten. Der Staat wird von der Schuldenquote zum Eichhörnchen verdammt. Einfach so die eigene Bilanz verlängern kann er nicht mehr, unabhängig von den gegenwärtigen Bedarfen. Ganz gleich ob der Staat Investitionen in Schulen, Bahn oder Dekarbonisierung tätigt, vermehrte Aktivität in einem Bereich müsste zwangsweise mit reduzierter Staatsaktivität an anderer Stelle einhergehen. Tabelle 2 gibt einen Überblick über die Implikationen der Schuldenbremse und Schuldenquote.

Regel	**Ausgestaltung**	**Implikationen**
Schulden-bremse	Notwendige Arbeitslosenquote	• Vollbeschäftigung kann es nicht geben • ›Reservearmee‹ der Arbeitslosen als Inflationsschutz
	Vollauslastung des Arbeitsmarkts bestimmt auf Basis vergangener Auslastung	• Frauen sollen weniger arbeiten als Männer • Produktive Ausgaben (und andere, die Produktivität erhöhende Ausgaben) werden im Zweifel bestraft
	0,35 Prozent strukturelle Verschuldung	• Eine minimale Verschuldung hat immer Vorrang gegenüber Investitionsbedarfen
	Ausnahme Notlage	• Anreiz zu maximal kurzsichtiger Finanzpolitik; es dürfen erst Notfallmaßnahmen, nicht bereits die Vorsorge finanziert werden
Schuldenquote von maximal 60 Prozent		• Der Staatssektor darf nicht größer sein als in den 1990er Jahren (auch wenn das Bildung, Bahnausbau, Verteidigung, Dekarbonisierung etc. im Weg steht) • Anreiz zur Unterinvestition (die Investition ruiniert heute die Schuldenquote, käme zukünftigen Generationen zugute) • Anreiz zur privaten Vorfinanzierung • Anreiz zur Privatisierung • Private, nicht der Staat, sollen finanzielles Risiko tragen • Beggar-thy-Neighbour (Politik auf Kosten der Nachbarn)

Tabelle 2: Implikationen von Schuldenbremse und Schuldenquote

Die Einführung einer Schuldenquote befeuerte also genau das Verhalten, das sie eigentlich verhindern sollte: eine kurzfristig denkende Politik, die auf Kosten nachfolgender Generationen handelt. Denn wieso sollte man sich die Haushaltsspielräume von Investitionen nehmen lassen, die erst in zehn Jahren oder noch später ihren Mehrwert bringen? Der Anreiz, die Investition zu unterlassen oder sie möglichst bilanzschonend und im Zweifel sehr viel teurer zu finanzieren, ist hoch, wie der bereits erwähnte Bankkredit für die Bahnstrecke von Nürnberg nach München zeigte. Auch zahlreiche Autobahnen wurden in den letzten Jahren von Banken vorfinanziert.[290] Das kann teuer werden: Laut Bundesrechnungshof machen die Kapitalkosten bei solchen Öffentlich-Privaten-Partnerschaften teils weit über 30 Prozent der Projektkosten aus.[291]

Im Gegensatz zur Schuldenbremse, die Unternehmensverkäufe ignoriert, lässt sich die Schuldenquote mit Veräußerungen aufpolieren. Nun müssen nicht alle staatlichen Verkäufe schlecht sein, aber kurzfristige Geldbedarfe sind eine sehr schlechte Begründung für teils sehr weitreichende Entscheidungen. Privatpersonen verkaufen Goldmünzen, der Staat Logistikinfrastruktur, Wohnungen oder Pflegeheime. Damit büßt er Souveränität ein und erhöht im Zweifel den Kostendruck, da private Investoren eine höhere Rendite benötigen als der Staat.[292]

Ein Staat, der das Ziel hat, eine bestimmte Schuldenquote nicht zu überschreiten, wird versuchen, bloß keine wirtschaftlichen Risiken zu übernehmen, zum Beispiel den Kredit eines Unternehmens zu garantieren. Diese Garantie kostet den Staat zwar nichts, aber sollte der Staat die Kreditrückzahlungen tatsächlich übernehmen müssen, wird er dafür Schulden machen müssen. Seine Schuldenquote erhöht sich. Also hat der Staat alle Anreize, Risiken so weit möglich bei den Unternehmen zu belassen. Das kann sinnvoll sein, wenn es Effizienz steigert. In vielen Situationen dürfte die Übernahme von Risiken aber den günstigsten Weg für den Bund darstellen, die Dekarbonisierung zu unterstützen. Eine Garantie zu vergeben kostet die Bundesregierung an sich nichts. Braucht sie Geld, um die Garantie zu bedienen, beschafft sie es sich spontan am Kapitalmarkt. Es gibt einen Grund, wieso der Bund generell keine Versicherungen abschließt.[293] Er braucht sie nicht, weil er selbst äußerst tiefe Taschen hat. Die hat er sich nur leider mit der Begrenzung der Schuldenquote weitgehend zugenäht.

Nun ließe sich argumentieren, dass all das sicher problematisch sei, aber jede Kennzahl eben ihre Nebenwirkungen habe. Zu einem fairen Assessment der Schuldenquote gehöre auch, sich die Erfolgsfälle anzusehen, also europäische Staaten, die es bisher geschafft haben, ihre Schuldenquote unter 60 Prozent zu halten. Womöglich haben sie doch Rezepte gefunden, mittels deren man die Bilanzlänge beschränken kann, ohne sich die Schulen und Bahngleise vom Mund abzusparen?

Der U60-Club besteht aus drei Gruppen. Zum einen sind da die Osteuropäer, die aufgrund ihrer Geschichte Anfang der Neunzigerjahre noch sehr niedrige Schuldenquoten hatten. Die einen, weil sie Nachfolgestaaten der Sowjetunion waren, deren Schulden Russland übernommen hatte, die anderen, weil ihre Schulden umstrukturiert worden waren.[294] In ihrem Fall haben Schuldenquoten von unter 60 Prozent wenig mit einem besonders disziplinierten ökonomischen Rezept und viel mit ihrer Geschichte zu tun. Von ihnen lernen können wir also nicht.

Die zweite Gruppe im U60-Club besteht aus Staaten, die die EZB sehr höflich ›Finanzzentren‹ nennt.[295] Es geht um Luxemburg, Irland, Malta und die Niederlande. Diese vier Staaten erhöhen ihr BIP (und reduzieren damit das Verhältnis von Schulden zum BIP, also die Schuldenquote), indem sie besonders günstige steuerliche Konditionen für bestimmte Geschäfte anbieten. Unternehmen legen sich einen Sitz in dem jeweiligen Staat zu, um dann dort bestimmte, niedrig besteuerte Geschäftsaktivitäten verbuchen zu können. Das bekannteste Beispiel ist Apple in Irland. Obwohl weniger als vier Prozent aller Apple-Mitarbeiter in Irland angestellt sind, erwirtschaftet der dortige Ableger angeblich einen Großteil des weltweiten Unternehmensprofits.[296] Möglich wird das durch einen einfachen Trick: Apple gibt seiner irischen Tochtergesellschaft die Rechte an seinen Erfindungen, dem geistigen Eigentum der Firma. Jede andere Tochtergesellschaft, die dieses geistige Eigentum benutzen will, muss Apple in Irland eine Gebühr zahlen. Die Gebühr reduziert den Gewinn der Tochtergesellschaft, die somit auch weniger Steuern zahlen muss. Apple Irland aber verbucht einen großen Gewinn, versteuert ihn zu sehr vorteilhaften Konditionen und schüttet den Rest als Dividenden an die eigene Muttergesellschaft in den USA aus. Diese Art von Buchungen von Apple und anderen großen Unternehmen lassen das irische BIP wesentlich größer aussehen, als es eigentlich ist. Brad Setser von der amerikanischen Denkfabrik Council on Foreign Relations hält die Auswirkungen der steuerlich bedingten Buchungen in Irland sogar für so groß, dass »die BIP-Daten der Eurozone […] uns zunehmend mehr über die Steuerstrategien großer US-Konzerne erzählen als über die wirtschaftliche Aktivität in der Eurozone«.[297] Das BIP des kleinen Inselstaats wird durch die Gewinnverbuchungen von Apple und anderen so stark verzerrt, dass man es in den Wirtschaftsdaten für die *gesamte* Eurozone sieht. Das irische Finanzministerium hält das BIP daher auch für keine besonders aussagekräftige Zahl und publiziert einen modifizierten Indikator für die Wirtschaftsleistung, der durchreisende Profite ausschließt. Nutzt man diesen modifizierten Indikator für die Berechnung der Schuldenquote, liegt Irland nicht mehr bei 43,[298] sondern bei 76 Prozent.[299] Luxemburg, die Niederlande und Malta spielen alle Variationen des gleichen Themas. Luxemburg ist das europäische Zuhause für Investmentfonds, die Niederlande beheimaten die Finanzierungsgesellschaften großer Unternehmen, und Malta bietet all die Geschäfte an, von denen andere lieber die Finger lassen – von Online-Gambling über Finanzvehikel, in denen sich Geld verbergen lässt, bis hin zu Versicherungsgesellschaften, die nur gegründet werden, um Steuern zu sparen.[300] Für 750.000 Euro Investment gibt es nach zwölf Monaten Aufenthalt im Land einen maltesischen Pass.[301] So kommt auch Malta zu einem erstaunlich hohen BIP, das pro Kopf zum Beispiel weit über dem von Italien liegt. Beschäftigte in Malta haben nicht viel davon, sie verdienen ein Viertel weniger als in Italien.[302] Auch der zweite Weg, eine Schuldenquote von unter 60 Prozent zu halten, hat also wenig mit Disziplin und besonders nachhaltiger Finanzpolitik zu tun. Im Gegenteil: Die Strategie von Staaten wie Malta, Luxemburg, Irland oder den Niederlanden funktioniert nur, solange sie andere nicht kopieren. Senkten alle EU-Länder ihre Steuern, um mehr ausländisches Geschäft anzuziehen, hätte kein Land mehr einen Wettbewerbsvorteil. Der Effekt wäre ein sinkendes Steueraufkommen für alle. Das wiederum würde tendenziell in höheren, nicht niedrigeren Schuldenquoten resultieren.

Die dritte Gruppe im U60-Club sind die Dänen und Schweden. Beide haben sehr niedrige staatliche, aber dafür sehr hohe private Schuldenquoten. In beiden Staaten sind es vor allem Haushalte, die sich verschulden, um trotz knappem Angebot und entsprechend hohen Preisen an eine Wohnung zu kommen. Schon 2018, also während der Niedrigzinsphase, hatte ein Viertel der schwedischen Haushalte Schulden, die 400 Prozent des verfügbaren Haushaltseinkommens überstiegen[303] (zum Vergleich: Im Vereinigten Königreich hatten nur 3,5 Prozent der Haushalte so hohe Schulden). Der Staat befördert hohe Privatverschuldung mit lockerer Bankenregulierung. Die hohe Privatverschuldung hält die Nachfrage hoch und unterstützt so das Wachstum. Wachstum reduziert wiederum die staatliche

Schuldenquote, die ja Schulden im Verhältnis zum BIP setzt. Möchte eine Regierung die Schuldenquote niedrig halten, ist die Strategie, private Kreditaufnahme zu befeuern, eine zielführende. Nur für die Freiheit des Einzelnen ist sie nicht besonders zuträglich. Jeder, der in ständiger Angst lebt, dass das eigene Einkommen nicht zur Finanzierung des Dachs über dem Kopf und den Lebensunterhalt reicht, wird die Chance auf Selbstbestimmung für illusionäres Gerede aus einer anderen Welt halten. Auch die skandinavischen Staaten haben also kein wirklich erstrebenswertes Rezept gefunden, um die Schuldenquote unter 60 Prozent zu halten.

Deutschlands Strategie ist noch einmal eine andere als die oben beschriebenen. Die Bundesregierung versucht, mit Sparen die Schuldenquote von 60 Prozent einzuhalten. Aus nationaler Perspektive ist das nachvollziehbar. Aus der europäischen Perspektive ist es ein großes Problem: Denn in Deutschland spart nicht nur der Staat, es sparen auch die Unternehmen und die Haushalte. Jedem Spar-Euro muss aber ein Verschuldungseuro gegenüberstehen. Jedes Unternehmen, jeder Haushalt kann nur dann mehr Geld aus der Wirtschaft einnehmen als ausgeben, wenn jemand anderes mehr Geld ausgibt, als er einnimmt. Ist niemand in Deutschland bereit, Schuldner zu sein, muss es das Ausland sein. Also exportiert Deutschland mehr, als es importiert, erzielt einen Exportüberschuss. Eine solche Politik ist auch bekannt als ›Beggar-thy-Neighbour‹, also ›mach deinen Nachbarn zum Bettler‹. Verfolgten alle europäischen Staaten diese Strategie, würde es an Nachfrage, Wachstum und Beschäftigung fehlen. Da dieses Problem bekannt ist, gibt es eigentlich ein Verfahren, dass die Beggar-thy-Neighbour-Strategie verhindern soll: Die Europäische Kommission prüft im Rahmen des sogenannten Macroeconomic Imbalance Procedures, ob Staaten übermäßige wirtschaftliche Ungleichgewichte aufweisen, zum Beispiel einen sehr hohen Exportüberschuss. Ist dem so, bekommt das betroffene Land von der Europäischen Kommission Hausaufgaben, die dabei helfen sollen, das Ungleichgewicht zu reduzieren. So fordert die Kommission seit Jahren von Deutschland die Erhöhung seiner öffentlichen Investitionen.[304]

Ob es nun das Modell Steueroase, privates Schuldenmekka oder Nachfrageklau ist, mit dem Staaten versuchen, die 60 Prozent Schuldenquote einzuhalten: Den Olymp der finanzpolitischen Tugendhaftigkeit hat man sich anders vorgestellt. Die Schuldenquote von 60 Prozent ist also nicht nur problematisch, weil sie einer Finanzpolitik im Weg steht, die Freiheit befördert. Sie ist auch in der Praxis kein guter Ausweis für besonders sinnvolle oder nachhaltige Wirtschafts- und Finanzpolitik. Schließlich schaffen nur Staaten, die wenig erstrebenswerte Rezepte benutzen, ihre Einhaltung.

Ohne eine hohe Privatverschuldung oder Nachfrageklau im Ausland ist es schwer, die Schuldenquote mit staatlichem Sparen zu senken. Entzieht der Staat der Wirtschaft mehr Geld, als er in sie hineinpumpt, fehlt Nachfrage. Das BIP wächst langsamer oder geht sogar zurück. Fällt das BIP, steigt aber die Schuldenquote, weil diese ja das Verhältnis von Schulden zur Wirtschaftsleistung abbildet. Die Regierung müsste es also schaffen, dass die Schulden schneller fallen als das BIP. Meist gelingt das nicht. Der IWF hat sich den Effekt von Sparpolitik auf die Schuldenquote seit Ende der Siebzigerjahre angesehen: In Industriestaaten führt ein Sparkurs mit 90-prozentiger Wahrscheinlichkeit zu einer *höheren* Schuldenquote. Regierungen haben es dann geschafft, die Schuldenquote mit Sparen zu reduzieren, wenn Inflation und Wachstum ihren Teil dazu beitrugen.[305]

Aber in Deutschland muss man sich für diese Erkenntnis nicht allein auf Statistik stützen. Die Bundesrepublik selbst hat in den Neunzigerjahren das Experiment durchgeführt und ausgetestet, ob es wirklich schädlich ist, in einer wirtschaftlich schwachen Situation gegen die steigende Schuldenquote anzusparen.

Ein ungewinnbares Spiel

In den Neunzigerjahren lag die Schuldenquote das erste Mal auf Kollisionskurs mit einer sinnvollen Wirtschafts- und Finanzpolitik. Hohe Zinsen und die Kosten der Einheit trieben die Verschuldung in die Höhe. Die Regierung sparte dagegen an.

1990 befand sich die deutsche Schuldenquote mit 44 Prozent noch weit weg von der 60-Prozent-Marke.[306] Es sah nicht so aus, als müsste sich der damalige Finanzminister Theo Waigel Sorgen um die Schuldenquote machen. Dann aber kam die deutsche Einheit und servierte kollabierende Industrieunternehmen anstelle blühender Landschaften. Weder das Eisenhüttenkombinat Ost, die Braunkohleförderung in der Lausitz noch die Strickereien von Apolda in Thüringen waren international wettbewerbsfähig. Schätzungsweise 80 Prozent der erwerbstätigen Bevölkerung der ehemaligen DDR verloren nach der Wiedervereinigung dauerhaft oder übergangsweise ihren Job.[307] Außer in der Bauwirtschaft blieb der Wirtschaftsaufschwung im Osten aus. Die Einheit brachte vorerst nicht das erhoffte Wachstum und die damit einhergehenden Steuereinnahmen. Stattdessen war spätestens 1992 klar, dass die Einheit sehr teuer würde, die *ZEIT* schrieb sogar von »apokalyptische[n] Zustände[n]« in der Finanzpolitik.[308] Ob Bahn, Autobahnen, Telefonnetze oder Faxanschlüsse, der Einkaufszettel des Ostens für nachzuholende Infrastrukturinvestitionen war lang.[309] Dazu kam die Übernahme der ostdeutschen Bevölkerung in die westdeutschen Sozialsysteme inklusive Renten-, Arbeitslosen- und Krankenversicherung – zu einem Zeitpunkt, an dem viele bereits arbeitslos waren. Schätzungen des Finanzministeriums gehen davon aus, dass pro Jahr etwa 100 bis 140 Milliarden D-Mark in den Osten flossen.[310] Das entspricht im Mittel ungefähr 100 Milliarden Euro heute, also einem Scholz'schen ›Wumms‹ *jedes Jahr.*

Als wären die Kosten der Einheit keine ausreichende Herausforderung, trieben steigende staatliche Finanzierungskosten die Staatsschulden weiter in die Höhe. Im Sommer 1992 lag der Zentralbankzins bei heute unvorstellbaren 8,75 Prozent,[311] die Rendite auf Staatsanleihen war entsprechend gestiegen. Zu hohen laufenden Kosten und hohen Zinszahlungen kam dann auch noch ein Sondereffekt hinzu: die Übernahme der Schulden von ehemaligen DDR-Betrieben. Die Schulden wuchsen schneller, als es Waigel lieb war. Schon 1995 lag die Schuldenquote bei 58 Prozent, noch zwei Prozentpunkte entfernt von den magischen 60 Prozent. Waigel versuchte alles, um das Geld für die zusätzlichen Ausgaben im Eichhörnchenmodus zusammenzubekommen und einen rapiden Anstieg der Schulden zu vermeiden. Das bedeutete Kürzungen, wo es kurzfristig möglich war: bei den Investitionen. Der Verteidigungshaushalt wurde zur Spardose umfunktioniert.[312] Wesentlich größer als die Einschnitte bei den Investitionen fielen aber die Abgabenerhöhungen aus. Der Soli wurde eingeführt, die Beitragssätze zur Arbeitslosenversicherung wurden erhöht und die Mineralöl-, Tabak- und Versicherungssteuer angehoben.[313] An allen möglichen Stellen versuchte die schwarz-gelbe Koalition Geld aus der Wirtschaft zu ziehen. Dazu kam 1993 eine Erhöhung der Mehrwertsteuer, die allerdings auf europäischen Vorgaben beruhte.[314] Von 1990 bis 2000 stiegen die Steuern und Sozialabgaben um 4,5 Prozent des BIPs.[315] Das entspräche heute etwa 190 Milliarden Euro *jährlicher* staatlicher Mehreinnahmen. Waigels Finanzpolitik zeigte ihre Wirkung. Zinskosten (über die der Finanzminister keine Kontrolle hat) und Einmaleffekte wie die Übernahme von Altschulden ausgenommen, erwirtschaftete Waigel in den meisten Jahren seiner Amtszeit einen Überschuss.[316] Das muss man sich einmal vorstellen: Obwohl er jedes Jahr mindestens eine Summe in Höhe eines großen Corona-Rettungspakets für die Wiedervereinigung ausgab, gelang es Waigel, mehr Geld aus der Wirtschaft herauszuziehen, als er hineinpumpte.

Die Waigel'sche Finanzpolitik hatte Nebenwirkungen: 1999 sollte der *Economist* Deutschland zum »kranken Mann Europas« ernennen und ein »aufgeblasenes Wohlfahrtssystem« und »exzessive Arbeitskosten« diagnostizieren.[317] Für ein Exportland wie Deutschland, das international wettbewerbsfähig sein wollte, war das ein großes Problem.[318] Die Arbeitslosigkeit lag bei 13 Prozent, im Osten hatte knapp jeder fünfte keinen Job.[319] Gleichwertige Lebensverhältnisse in Ost und West blieben vorerst ein hehres Ziel.[320] Die Regierung Kohl war zerrissen worden zwischen dem Wohlstandsversprechen und ihren eigenen finanzpolitischen Vorgaben. Bei der Wahl 1998 wurden der SPD mit Abstand die höchsten Kompetenzen bei der Sicherung und Schaffung von Arbeitsplätzen zugesprochen. Sie gewann die Wahl haushoch.

Die europäische Schuldenquote von 60 Prozent hielt Waigel trotz des Sparkurses nicht ein. Die Schuldenquote lag 1997 laut damaliger Statistik bei 61,3 Prozent, knapp über der Zielmarke.[321] Waigel ging als Schuldenminister in die Geschichte ein.[322] Dabei hatte er vermutlich einfach nur ein ungewinnbares Spiel gespielt. Jede Erhöhung der Abgaben zur Senkung der Kreditaufnahme belastete in der damaligen durchwachsenen wirtschaftlichen Lage das Wachstum. Das geringere Wachstum erhöhte die Schuldenquote. Hätte Waigel die Abgaben nicht erhöht, wären die Schulden gestiegen und hätten ebenfalls die Schuldenquote in die Höhe getrieben.

Waigels Makel ist heute getilgt. Laut der heutigen europäischen Finanzstatistik hat Waigel die Schuldenquote von 60 Prozent nie überschritten.[323] Änderungen in der Methodik, mit der die Staatsverschuldung in Europa gemessen wurde, reduzierten die Schuldenquote um 1,8 Prozent. Die wirtschaftlichen Unterschiede zwischen Ost und West bestehen dagegen fort. Nur etwas mehr als die Hälfte aller Kommunen im Osten können ihre

Schulen unterhalten.[324] 44 Prozent der Haushalte haben Zugang zu schnellem Internet, im Westen sind es 70 Prozent.[325] Verdient wird im Osten gut 20 Prozent weniger als im Westen.[326] Ganz gleich, nach welchem ökonomischen Indikator man eine Landkarte einfärbt, die Chance, dass er Deutschland in Ost und West teilt, ist groß. Vielleicht ändert sich das gerade ein wenig, viele der großen Industrieansiedlungen finden derzeit im Osten statt. Selbst wenn dem so ist: Die wirtschaftlichen und gesellschaftlichen Narben sind dick und hässlich.

Die Schuldenquote über eine sinnvolle Finanzpolitik zu stellen, kann in der falschen Situation größeren und irreparableren Schaden anrichten, als uns lieb ist. Anstatt sich um die realen Probleme und Aufgaben zu sorgen, starren auch heute, 2024, alle wieder auf die Schuldenquote von über 60 Prozent. Wir reden über ein angebliches Schuldenproblem, das uns heute nicht betrifft, das uns in den nächsten Jahren mit größter Wahrscheinlichkeit auch nicht betreffen wird und das auch ansonsten lösbar ist. Wie konnte es dazu kommen?

Kapitel 6
Die gefährlichste Idee, die nie einer hatte

Anfang der Achtzigerjahre hatte gerade die zweite Ölkrise die westlichen Marktwirtschaften geschockt. Das Wachstum war schwach, die Inflation hoch. Träge Staatsapparate galten als Problem. Ronald Reagan und Margaret Thatcher wollten Wachstum entfesseln und sagten dem großen Staat den Kampf an. Sie senkten Steuern und beschnitten die Macht von Gewerkschaften.

Auch in Deutschland war die Lage schwierig: Ende 1982 gab es erstmals mehr als zwei Millionen Menschen ohne Arbeit. Auf 32 Arbeitslose kam ein Stellenangebot.[327] Es fand sich keine Eiserne Lady, aber Otto Graf Lambsdorff, Wirtschaftsminister von der FDP, schrieb 1982 immerhin mit einem Thesenpapier gegen den großen Staat an. Damit sprengte die FDP nicht nur die sozialliberale Koalition, sondern machte auch die Einstellung zu Staatsschulden zur Gretchenfrage. »Niemand«, so das FDP-Präsidium im Vorwort zu Lambsdorffs Papier, würde daran vorbeikommen, die Frage zu beantworten, »ob er für oder gegen eine höhere Staatsverschuldung ist, als Lambsdorff es vorschlägt?«[328] Bundeskanzler Helmut Schmidt warf in Folge des Papiers hin. Im Herbst 1982 übernahm Helmut Kohl.

Finanzminister wurde Gerhard Stoltenberg, der bis dahin Schleswig-Holstein regiert hatte. Stoltenberg, der ›kühle Klare aus dem Norden‹, war so gemacht für die Rolle des seriösen Finanzlers, der das Geld zusammenhält, wie Jack Nicholson für die des axtschwingenden Psychopathen. Seine Botschaft konzentrierte sich von Anfang an auf eines: das Defizit zurückzufahren und die von der SPD hinterlassenen Schulden zu reduzieren. Im Gegensatz zu seinem Nachfolger Waigel gelang ihm das zumindest zum Teil, auch da die Umstände wesentlich günstiger waren. Es gab kein finanzielles Großprojekt wie die Wiedervereinigung. Die Wirtschaft befand sich im Aufschwung, und die Bundesbank, die Stoltenbergs finanzpolitischen Kurs unterstützte, senkte die Zinsen (nicht ohne zu drohen, dass eine Politikänderung zu Zinserhöhungen führen würde[329]). Sie schüttete sogar erstmals nahezu alle ihre Gewinne an die Regierung aus und half so, den Haushalt auszugleichen.[330] Ansonsten unterschied sich Stoltenbergs Rezept nicht allzu sehr von Waigels. Wie sein Nachfolger erhöhte er die Mehrwertsteuer sowie die Beiträge zur Renten- und Sozialversicherung und beschnitt staatliche Investitionen. 1987 hatte Stoltenberg das Defizit halbiert und war der beliebteste Unionspolitiker.

Stoltenberg sparte aber nicht, um die Staatsverschuldung zu beenden, sondern um Spielräume für eine große Steuerreform zu erarbeiten, die Kohl zum zentralen Projekt für die 1987 beginnende Legislaturperiode erkoren hatte. »Was immer im Bereich der Gesellschaftspolitik als wichtig und interessant erscheine, die Steuerreform müsse Priorität haben«,[331] erklärte der Bundeskanzler. Die Steuersenkung hatte nicht nur Priorität vor anderen politischen Anliegen, sondern auch vor der Reduktion der Staatsschulden. Als Stoltenberg vorgerechnet wurde, dass seine Reform bei Inkrafttreten 1990 den Staat jährlich 90 Milliarden D-Mark kosten würde, beeindruckte ihn das wenig.[332] Die Steuerreform kam, und die SPD adressierte Stoltenberg fortan als »Dr. Schuldenberg«[333] oder »Schuldenmajor«.[334] Trotz der oppositionellen Attacken und seines früheren Rufes als Schuldenbekämpfer dachte der Finanzminister nicht daran, den Schulden zu entsagen oder gar mit Regeln zukünftige Verschuldung zu verhindern. Es sah nicht so aus, als hätte der Koalitionssprenger

Lambsdorff einen dauerhaften Einfluss auf die deutsche Finanzpolitik gehabt: Schulden machen gehörte weiterhin zum Standardrepertoire, auch in Nichtkrisenzeiten.

Der Vertrag von Maastricht

Während Stoltenberg mit seiner Steuerreform Löchlein in den deutschen Haushalt schnitt, bastelten seine Beamten noch an einem ganz anderen Projekt, der Europäischen Währungsunion. Der Präsident der Europäischen Kommission, Jacques Delors, trieb das Projekt voran. Kohl wusste lange nicht, was er davon halten sollte. Im Sommer 1988 war seine Entscheidung gefallen. Auf der Pressekonferenz des Europäischen Gipfels von Hannover verkündete Kohl zusammen mit Delors die Einsetzung einer Arbeitsgruppe, die Vorschläge zur Umsetzung der Währungsunion erarbeiten sollte. Der Moment hatte so viel Feierliches wie die hinter Kohl hängende Europaflagge, die an eine überdimensionierte, ausgeklappte Serviette erinnerte. Das sollte aber nicht über Kohls große Entscheidung hinwegtäuschen. Er meinte es ernst. Der Zug habe »den Bahnhof verlassen, getrieben von einer Mordsschubkraft«.[335] Bis zum Jahr 2000 würde es mit 90-prozentiger Wahrscheinlichkeit eine Europäische Zentralbank geben,[336] so Kohl.

1991 hatte der Zug die nächste wichtige Haltestelle auf dem Weg zur Währungsunion erreicht. Die Verhandlungen für den Vertrag von Maastricht, den Gründungsvertrag der EU, wurden aufgenommen. Kohl überließ die Details weitgehend seinen Fachleuten. Die Bundesbank wurde vertreten von Hans Tietmeyer, dem ordoliberalen Vier-Sterne-General des deutschen Beamtentums und Ghostwriter von Lambsdorffs koalitionssprengender Spar-Philippika von 1982.[337] Tietmeyer hatte bereits seit den Siebzigerjahren dafür gesorgt, dass die Bundesregierung finanzielle Disziplin zur Voraussetzung für die Währungsunion machte, zuletzt als Staatssekretär im Finanzministerium. 1990 wechselte er zur Bundesbank. Sein Nachfolger im Finanzministerium und Chef-Unterhändler für die Währungsunion wurde der spätere Bundespräsident Horst Köhler. Wie Tietmeyer auch hatte Köhler zuvor für Lambsdorff gearbeitet. Tietmeyer und Köhler waren keine Fans einer baldigen Währungsunion; wenn sie schon kommen musste, dann nur mit deutscher Stabilitätspolitik und Haushaltsdisziplin. Ein Vertragstext, der eine Chance haben wollte, enthielt besser das vollständige ordnungspolitische Glaubensbekenntnis. Es wurde intensiv verhandelt. Köhler warf der Europäischen Kommission sogar vor, das Konzept einer Stabilitätsgemeinschaft nicht verstanden zu haben.[338] Über allem stand für ihn die Haushaltsdisziplin, die Deutschland mit objektiven Kriterien gemessen wissen wollte.[339]

So überrascht es kaum, dass Köhler von den Maastricht-Verhandlungen den Vorschlag einer auf 60 Prozent begrenzten Schuldenquote als Kriterium für nachhaltige Finanzen nach Hause brachte. Für die Regierung Kohl schien die 60-Prozent-Grenze kein Problem zu sein, Deutschlands Schuldenstand lag knapp über 40 Prozent. Dazu passte die Schuldenquote als Indikator für einen Ordoliberalen und dezidierten Opponenten übermäßiger staatlicher Aktivität wie Tietmeyer gut. Endlich war nachhaltige Finanzpolitik gleichgesetzt mit einer Begrenzung des Staates. Die Schuldenquote dürfte für das ordoliberale Projekt so hilfreich gewesen sein wie das BIP für Roosevelt, der damit in Zahlen fassen konnte, wie fabelhaft sich die US-Industrie unter seiner Präsidentschaft entwickelte. Nun werde kein Finanzminister mehr der Schuldenkontrolle entkommen, endlich gebe es eine klare Kennzahl, die alle einhalten mussten. Über Europa, so könnte man die Geschichte zu Ende spinnen, war den Ordoliberalen gelungen, woran sie in Deutschland bisher gescheitert waren: den ausufernden Staat für immer in die Schranken zu weisen.

Dass die Schuldenquote auf Drängen der Deutschen eingefügt wurde, ist auch deswegen plausibel, weil sie erst spät im Verhandlungsprozess diskutiert wurde. Die Schuldenquote könnte das finale Bonbon gewesen sein, das die Aufgabe der D-Mark verkraftbar machte. In dem Papier der von Kohl und Delors eingesetzten Arbeitsgruppe, dem sogenannten Delors-Bericht, kam sie noch nicht vor.[340] In dessen theoretischen Rahmen passte sie auch nicht so richtig hinein. Der Bericht begründete die Notwendigkeit für *Haushalts*-(nicht *Schulden*-)Regeln mit der Notwendigkeit, die Nachfragepumpe, also das Haushaltssaldo[341] der Währungsunion zu regulieren. Würden alle Regierungen die Wirtschaft nach Gutdünken befeuern, wäre die Geldpolitik überlastet und könnte die Inflation nicht mehr kontrollieren. Wie viele Schulden in der Vergangenheit aufgenommen wurden, ist dafür erst einmal sekundär. Eine Schuldenquote, die theoretisch aus dem Nichts kommt, dafür den Ordoliberalen einen begrenzten Staat serviert und so die Währungsunion perfekt macht: Es scheint alles zusammenzupassen.

Die Geschichte hat ein Problem: Sie stimmt nicht. Auch wenn das heute kaum einer glauben mag, spielte die Schuldenquote in Deutschland Ende der Achtziger- und Anfang der Neunzigerjahre keine Rolle. Die Wirtschaftsweisen vermaßen zwar schon in den Achtzigerjahren die deutschen Staatsfinanzen anhand von allerlei Indikatoren, unter anderem der Staatsquote, der Abgabenquote und der Steuerquote; die Schuldenquote aber tauchte erst viel später, 2006, in ihrer Beurteilung der deutschen Staatsfinanzen auf.[342] Wer heute finanzpolitische Diskussionen verfolgt, mag den Eindruck bekommen, als wäre die Schuldenquote in Deutschland der natürliche, seit jeher genutzte Temperaturmesser für die Staatsverschuldung. Das ist mitnichten der Fall.

Köhler wollte nicht die Schuldenquote, sondern die zu Hause geltende ›Goldene Regel‹ in Europa etablieren.[343] Gemäß einer ›Goldenen Regel‹ sind Schulden nur für Investitionen erlaubt.

Die Schuldenquote hielten die deutschen Verhandler für nicht besonders aussagekräftig. Sie bestach ihrer Ansicht nach vor allem damit, ein »unstrittig erfassbarer« und »hinreichend kontrollierbarer«[344] Indikator zu sein. Entsprechend hielt Köhler auch nichts davon, die 60 Prozent zu einer »mechanistische[n] Schwelle[]«[345] zu erklären. Staaten mit Schuldenquoten von über 60 Prozent sollten nicht automatisch zu finanziellen Sündenfällen erklärt werden. Für Deutschland war die Schuldenquote ein akzeptabler Indikator, aber kein besonders bedeutsamer. Weder Bundesbank noch Bundesregierung hatten sie vorgeschlagen.

Es geht aber noch weiter: Versucht man herauszufinden, wer die Schuldenquote vorgeschlagen hat, ist das gar nicht so einfach. In den Verhandlungsprotokollen von 1991 kommt sie kaum vor. Stattdessen stritten sich die Finanzminister um die zweite, damals eingeführte Schuldenregel, die Begrenzung des jährlichen Defizits auf drei Prozent. Die Zahl hatte sich 1981 ein Beamter im französischen Finanzministerium ausgedacht. Damals suchte der neu gewählte sozialistische Präsident François Mitterrand nach einer Begründung, wieso er nicht all seine viel zu teuren Wahlkampfversprechen einhalten konnte, und beauftragte seine Beamten damit, eine einfach verständliche Schuldenregel zu definieren, die »nach volkswirtschaftlicher Kompetenz [klang]«[346]. Da Frankreich gerade ein Defizit von 2,6 Prozent hatte, schlugen die Beamten drei Prozent als maximal zulässiges Defizit vor. Jean-Claude Trichet, der damalige Chef des französischen Schatzamts und spätere Präsident der EZB, brachte die Drei-Prozent-Regel in die Maastricht-Verhandlungen ein. Der britische Finanzminister Lamont hielt herzlich wenig davon.[347] Die konservative britische Regierung, die bis vor kurzem von der großen Schuldengegnerin Thatcher geführt worden war, lehnte die Schuldenregel der sozialistischen französischen Regierung ab: Die Schuldenregel war Thatchers Erben zu strikt. Manchmal bekommt man den Verdacht, dass es bei diesen Verhandlungen nicht allein um ökonomische Ansichten ging. Im Fall des Vereinigten Königreichs war absehbar, dass es die Drei-Prozent-Grenze nicht würde einhalten können.

Gegen die Schuldenquote gab es keinen ähnlich großen Protest. Das mag vor allem daran gelegen haben, dass die meisten wortführenden Staaten in den Verhandlungen kein Problem mit den 60 Prozent hatten. Nicht nur Deutschlands Schuldenquote, auch die von Frankreich und die des Vereinigten Königreichs lagen 1990 unter 50 Prozent. Einzig Italien würde das Kriterium nicht einhalten können, schon 1990 hatte es eine Schuldenquote von 99 Prozent.[348] Seine Verhandlungsposition war jedoch nicht besonders stark. Daher beschränkte sich der spätere EZB-Präsident und Premierminister Italiens, Mario Draghi, damals Chef des italienischen Schatzamts, darauf, mit möglichst wenig Aufhebens das Schuldenquoten-Kriterium so abzumildern, dass auch fallende Schulden ausreichten.[349] Im Nachhinein verwundert es, dass Deutschland nicht etwas vorsichtiger verhandelte. 1991 war die ostdeutsche Industrie bereits kollabiert, und es zeichnete sich ab, dass die Privatisierung von Ostbetrieben ein Verlustgeschäft für den deutschen Staat werden und die Schuldenquote erhöhen könnte.[350] Aber nach zehn Jahren mit sehr geringen Schuldenzuwächsen war man vermutlich überzeugt davon, Schulden tatsächlich mit ausreichend Disziplin kontrollieren zu können. Auch Deutschland legte daher kein Veto ein. So wurde die Metrik, die heute für die deutsche und europäische Finanzpolitik eine zentrale Rolle spielt, in den Verhandlungen zwischen den Finanzministern weniger diskutiert als die Frage, ob man den französischen Begriff ›Orientation‹ mit ›Orientierung‹ oder ›Richtlinie‹ übersetzen sollte.[351] In den hochrangigen politischen Verhandlungen spielte die Schuldenquote de facto keine Rolle.

Der Vorschlag für die Schuldenquote kam aus einem wesentlich obskureren Gremium als der großen Verhandlungsrunde der Finanzminister, dem Währungsausschuss. Im Währungsausschuss saßen Staatssekretäre, Zentralbanker und Kommissionsbeamte und beschäftigten sich mit Wechselkursproblemen und ähnlichen Krankheiten der wirtschaftlich eng verflochtenen Europäischen Gemeinschaft.[352] Dieser Ausschuss verfasste im Sommer 1990 ein Papier für die Maastricht-Verhandlungen, in dem er die Schuldenquote ins Spiel brachte und gleich erklärte, dass eine pauschale Obergrenze festzulegen, »äußerst schwierig« sei. Ob ein Staat sich übermäßig verschuldet hatte, müsse von Fall zu Fall beurteilt werden, auch weil Staaten in der EU ihrem öffentlichen Sektor unterschiedliche Funktionen zugewiesen hatten und das notwendigerweise eine Auswirkung auf die Schuldenquote habe.[353] Hält eine Regierung es für die Aufgabe des Staats, ein gut ausgebautes Eisenbahnnetz zu unterhalten, wird die Bilanz des Staats größer sein und seine Schuldenquote höher als in einem ohne. Der Währungsausschuss schien sich noch darüber im Klaren zu sein, dass die Höhe der Schuldenquote etwas mit der Gestaltung des Staats zu tun hat, also nicht allein eine technische Frage ist. Er hatte allerdings auch keine wirklich gute Idee, wie sich die richtige Schuldenquote für jeden einzelnen Staat identifizieren ließe.

Nach dem lauwarmen Vorschlag einer nicht weiter spezifizierten Schuldenquotenbegrenzung wand sich der Währungsausschuss sieben Monate, bis er konkreter wurde. Am 1. März 1991 treffen sich die Stellvertreter der Ausschussmitglieder, es riecht nicht nach einer weitreichenden Großentscheidung. Der dänische Vorsitzende Henrik Fugmann will aber die Diskussion voranbringen und endlich konkret werden. Einige Teilnehmer (Namen werden im Sitzungsprotokoll nicht genannt) sorgen sich noch, dass eine numerische Begrenzung »in Stein gemeißelt werden könnte«[354] und in späteren Jahren Probleme verursachen würde. Fugmann beruhigt sie, die Zahlen würden sicherlich noch einmal diskutiert werden. Das Unbehagen bleibt groß. Weder die durchschnittliche Verschuldung in der Europäischen Gemeinschaft noch eine andere Zahl finden großen Zuspruch. Die Diskussion zieht sich hin. Was dann passiert? Sieben von zwölf Staaten sprechen sich für eine Schuldenquote von 60 Prozent aus. Wieso? Unklar. Das Sitzungsprotokoll enthält keine Begründung, es vermerkt nur, dass man die 60 Prozent nicht gewählt habe, weil sie der damalige Durchschnitt in der Europäischen Gemeinschaft waren. Und eigentlich will man auch keine Brutto-, sondern eine Nettoschuldenquote. Bei der Nettoschuldenquote werden die Schulden abgezogen, denen Finanzvermögen gegenübersteht. Man einigt sich also auf einen Wert, für den es keine Begründung gibt, der nicht besonders viel Zustimmung hat, und will eigentlich lieber einen anderen Indikator.[355] Da es aber 1991 keine präzise Definition der Nettoschuld gibt und eine europäische Statistik zu Bruttoschuldenquoten bereits existiert,[356] bleibt es bei der Kennzahl.

Dass dem Währungsausschuss gute Argumente für die Schuldenquote fehlten, heißt noch nicht, dass Schuldenregeln für Währungsunionen eine abwegige Idee sind. Die Europäische Kommission brachte in ihrer großen Kosten-Nutzen-Analyse zur Währungsunion ein häufig genanntes Argument vor: Hochverschuldete Staaten haben tendenziell ein Problem mit der Finanzierung ihrer Zinskosten und könnten daher versuchen, die Zentralbank zu beeinflussen, damit sie den Zins möglichst niedrig hält. Das wäre ein Problem, da die Zentralbank den Zins dann nicht mehr zur Inflationsbekämpfung nutzen könnte. Das Argument ist theoretisch nachvollziehbar, das dazu angeführte Beispiel der Europäischen Kommission aber ein wenig zweifelhaft. So soll 1982 die amerikanische Zentralbank, die Fed, die Zinsen gesenkt haben, um zur Beendigung der lateinamerikanischen Schuldenkrise beizutragen.[357] Der Vergleich zwischen diesem Fall und dem einer Zentralbank, die von den Regierungen ihrer eigenen Währungsunion unter Druck gesetzt wird, ist keiner von Äpfeln und Birnen, sondern einer von Äpfeln und Apfelringen. Außer dass es um Zentralbanken geht, haben die beiden nichts miteinander zu tun. Die amerikanische Geschichte bietet aber zumindest ein Beispiel für eine Regierung, die die eigene Zentralbank unter Druck setzte, um die Zinsen niedrig zu halten. So versuchte Präsident Harry Truman 1950/51 alles, damit die Fed die Zinsen nicht anhob. Es ging ihm weniger um die Kosten der Staatsverschuldung, als darum, dass die alten, zu niedrigen Zinsen ausgegebenen Staatsanleihen aus dem Krieg, die sogenannten War Bonds, nicht ihren Wert verloren. Investoren sollten nicht dafür bestraft werden, die US-Regierung im Krieg unterstützt zu haben.[358] Truman verlor den Machtkampf, die Fed hob die Zinsen an. Der Fed-Präsident Thomas McCabe musste jedoch zurücktreten.[359] Viele Ökonomen dürften die Situation in den USA 1951 im Kopf haben, wenn sie die Sorge äußern, dass die Regierung die Zentralbank kontrollieren könne.

Die Konstellation in der Eurozone ist aber eine vollkommen andere. Der Zentralbank sitzt nicht eine allmächtige Regierung gegenüber. Stattdessen sitzen die 20 Regierungen der Eurozone und die EZB um einen Tisch. Ein Hochschuldenland, das die EZB zu niedrigen Zinsen drängen möchte, hätte gleich ein paar andere Finanzminister gegen sich und würde wahrscheinlich vergeblich nach dem Machthebel gegen die EZB suchen. Womit sollte ein Hochschuldenland heute die EZB-Präsidentin Christine Lagarde dazu bringen, die Zinsen zu senken oder niedrig zu halten?[360] 1951 musste immerhin der Fed-Präsident zurücktreten. Dass Lagarde zurücktreten muss, weil sie für bestimmte Staaten nicht die Zinsen senkt, ist heute kaum vorstellbar.

Und es gibt noch einen wesentlichen Unterschied zwischen der Eurozone und den USA. Die EZB hat ein viel mächtigeres Instrument als den Zins, um zu beeinflussen, wie sicher die Staatsverschuldung der einzelnen Eurostaaten ist: die Entscheidung darüber, welche Staatsanleihen sie kauft oder als Sicherheiten annimmt. Kauft die EZB die Anleihen eines hochverschuldeten Staats, kann das dessen Finanzierungskosten massiv reduzieren. Besteht auch nur das Risiko, dass die EZB die Anleihen eines hochverschuldeten Staats nicht mehr als Sicherheit annimmt, lässt das die Renditen in die Höhe schnellen, aus dem hochverschuldeten wird ein zahlungsunfähiger Staat. Wie groß der Machthebel Staatsanleihekäufe sein kann, zeigte sich 2011. Damals schrieben der gerade neu ernannte EZB-Präsident Mario Draghi und Jean-Claude Trichet, sein Vorgänger, einen streng vertraulichen Brief an den italienischen Premier Silvio Berlusconi, in dem sie darlegten, was die italienische Regierung zu tun habe, damit die EZB weiter italienische Staatsanleihen kaufen würde. So wurde Berlusconi zum Beispiel nahegelegt, Löhne im öffentlichen Sektor zu reduzieren oder Altersrenten schwerer zugänglich zu machen.[361] Wenig später trat Berlusconi zurück. Die EZB machte 2011 ganz offensichtlich Politik mit ihrer Entscheidungsgewalt über Staatsanleihekäufe. Als technokratische Institution ist das nicht ihre Aufgabe. Die Regierungen der Währungsunion sollten entscheiden, unter welchen Umständen sie einander das Privileg der souveränen Staatsverschuldung zukommen lassen. Dazu scheint es sinnvoll, sich Regeln oder andere Verfahren zu geben, die bestimmen, wann die EZB welche Staatsanleihen annimmt. Diese Regeln braucht es allerdings immer, nicht erst bei hohen Schuldenquoten. Es gibt also durchaus gute Gründe für Schuldenregeln.

Eine starre Obergrenze der Schuldenquote auf 60 Prozent lässt sich aber nicht begründen. Eine solche starre Obergrenze wurde 1992 allerdings auch nicht beschlossen. Im Maastricht-Vertrag steht kein Wort davon, dass eine Schuldenquote von über 60 Prozent schlecht ist. Artikel 126 des Vertrags schreibt lediglich vor, dass die Europäische Kommission die Einhaltung der Haushaltsdisziplin unter anderem auf Basis der Schuldenquote überprüft. Überprüft werden soll dann, wenn die Schuldenquote einen bestimmten Referenzwert überschreitet und nicht ausreichend schnell fällt.[362] Den Referenzwert schrieb man nicht in den Vertrag, sondern nur in das dem Vertrag angehängte Protokoll, damit der Europäische Rat (die Runde der Regierungschefs) ihn im Zweifel ändern konnte.[363] Trotzdem sollte eine maximal zulässige Schuldenquote von 60 Prozent dreißig Jahre später die Finanzpolitik dominieren. Sie sollte zur gefährlichsten Idee werden, die nie einer hatte.

Der Regelapparat

Staatsschulden wurden nicht erst mit dem Maastricht-Vertrag und der Einführung quantitativer Schuldenregeln zum Thema. Schon der erste sozialdemokratische Finanzminister der Bundesrepublik, Alex Möller, schrieb 1981 ein Buch mit dem Titel »Schuld durch Schulden?«. Der Christdemokrat Stoltenberg baute seine Beliebtheit auf der Unbeliebtheit der Staatsschuld auf. Aber über Kommunikation und Rechtskonformität hinaus hatte Stoltenberg keine Schäuble'schen Schuldenabtragevisionen. Sein Ziel war eine historische Steuerreform. Bis zum Maastricht-Vertrag hatten Finanzminister allen Anreiz, ihr Sparimage zu pflegen und sich selbst keine Regeln aufzuerlegen.

1989 forderte das Bundesverfassungsgericht die Bundesregierung auf, die damalige Schuldenregel im Grundgesetz zu präzisieren. Eine Schuldenregel enthielt das Grundgesetz nämlich schon seit 1949, diese wurde nur nicht in eine mathematische Formel übersetzt. Die erste Fassung beschränkte Schulden auf ›außerordentlichen Bedarf‹ und ›werbende Zwecke‹ und schrieb vor, dass das Parlament Verschuldung mit einem Gesetz legitimieren musste.[364] Die Verschuldung war damit an spezifische Ausgaben gebunden. 1969 wollte man die Schuldenregel mit ökonomischen Erkenntnissen unterfüttern[365] und gestattete nun Kredite zur Finanzierung von Investitionen und zur »Abwehr einer Störung des gesamtwirtschaftlichen Gleichgewichts«[366]. Die Regierung sollte die Möglichkeit haben, die Wirtschaft mittels Kreditaufnahme zu stabilisieren. Sowohl der Investitionsbegriff als auch die Formulierung ›Störung des gesamtwirtschaftlichen Gleichgewichts‹ waren dem Bundesverfassungsgericht zu ungenau.[367] Der Gesetzgeber sollte genauer beschreiben, was als Investition galt, wann eine ›Störung des gesamtwirtschaftlichen Gleichgewichts‹ beziehungsweise eine wirtschaftliche ›Normallage‹ vorlag und wie viele Schulden er zu dessen Beseitigung aufnehmen darf. Später sollte die Bundesregierung daraus die Konjunkturkomponente der Schuldenbremse machen. 1990 argumentierte sie aber noch, dass die Volkswirtschaftslehre keine eindeutigen und sicheren Festlegungen liefere, wie die Normallage zu bestimmen sei. Auch gäbe es keinen allgemein anerkannten Maßstab für die korrekte Kredithöhe.[368] Lediglich der Investitionsbegriff wurde infolge des Urteils genauer in der Bundeshaushaltsordnung spezifiziert: Von nun an galten Bauten, der Erwerb von ›Sachen‹, mit Ausnahme militärischer Beschaffungen und Finanzgeschäfte, als Investitionen.[369] Bis 1992 hielt die Bundesregierung offensichtlich wenig davon, sich selbst die Schulden zu verbieten.

Mit Maastricht ändert sich das. Es gibt nun zwei Regeln, die sich jeder gut merken kann: ein jährliches Defizit von maximal drei Prozent und eine Schuldenquote von 60 Prozent des BIPs. Waigel bekommt als Erster die politische und kommunikative Wucht der neuen Kennzahlen zu spüren. Er ist in der unglücklichen Situation, das Geld für die Finanzierung der Einheit finden zu müssen. Die SPD wirft ihm jedes erdenkliche Schulden-Kompositum an den Kopf – von »Schuldentürme[n]« und »Schuldenberge[n]«, über den »Schuldensumpf« und die »Schuldenlawine« bis hin zum »Schuldengipfel«.[370] Gerhard Schröder, damals Ministerpräsident von Niedersachsen, arbeitete mit allen Kräften daran, die drei und 60 Prozent zur Religion zu machen: Als sich abzeichnete, dass Waigel mit der Einhaltung beider Grenzwerte Probleme bekommen könnte, erklärte Schröder dem *Spiegel*, dass Deutschland bei Eintritt in die Währungsunion die drei und 60 Prozent auch nicht minimal überschreiten dürfe. »Wir haben«, so Schröder, »in Deutschland eine Stabilitätskultur, die geprägt ist durch die Wünsche, Erwartungen und auch die Ängste derjenigen, die uns wählen sollen und die auf uns vertrauen, die kleinen Sparer zum Beispiel.«[371] Schröder versuchte tatsächlich zu suggerieren, dass eine minimale Überschreitung der Referenzwerte zu einem Vertrauensverlust führen würde, der die Inflation befeuern könnte. Die Bundesbank trieb das Argument noch weiter: Sie behauptete, dass auch bei einer eingehaltenen Schuldenquote Inflationsgefahr drohe, und zwar wenn die Regierung die Schuldenquote nur aufgrund einer (notwendigen) Änderung der staatlichen Buchhaltungsregelungen einhielt.[372]

Abbildung 10: Vermessung der Schuldenquote

Waigel konnte den einheitsbedingten Schuldenzuwachs nicht stoppen. Aber er konnte eine neue Regel durchsetzen und damit seine finanzpolitische Tugendhaftigkeit beweisen. 1995 schlug Waigel einen ›Stabilitätspakt für Europa‹ vor. Künftig sollten Staaten in normalen Zeiten einen Sicherheitsabstand zu den drei Prozent aus dem Maastricht-Vertrag einhalten, damit sie den Wert möglichst nie überschreiten.[373] Das Konzept eines Stabilitätspakts war so populär, dass es der SPD-Parteivorsitzende Oskar Lafontaine gleich übernahm und auf dem Parteitag der SPD dafür warb.[374] 1997 wurde der *Stabilitäts- und Wachstumspakt* schließlich in Europa verabschiedet. Man einigte sich darauf, dass Haushalte mittelfristig mindestens ›nahezu ausgeglichen‹ sein sollten.[375]

Ab 1998 regierte Schröder, die SPD war nach 16 Jahren wieder an der Macht. Nachdem sein erster Finanzminister Oskar Lafontaine bereits im März 1999 zurückgetreten war, machte Hans Eichel da weiter, wo Waigel aufgehört hatte. Auch er tat sich schwer mit den eigenen Zielen und bekam dafür fast einen sogenannten Blauen Brief aus Brüssel, eine Frühwarnung wegen eines möglichen Regelverstoßes. Nachdem Waigel schon den europäischen Stabilitätspakt etabliert hatte, übersetzte ihn Eichel nun in deutsches Recht.[376] Trotz aller Sparrhetorik verstieß die Bundesregierung so deutlich gegen die europäische Drei-Prozent-Grenze, dass die Europäische Kommission eine Überprüfung der deutschen Finanzen einleitete. Plötzlich trat Deutschland nicht mehr als Zuchtmeister in Europa auf. Schröder kritisierte die »mechanistische Anwendung des Stabilitätspaktes« und argumentierte, dass Schulden für Investitionen in Bildung, Innovation und Forschung durchaus ihre Berechtigung hätten.[377] Die europäischen Schuldenregeln wurden unter dem Druck Deutschlands und Frankreichs, das auch seine Probleme mit der Drei-Prozent-Regel hatte, reformiert. Die Aufgabenstellung für die Reform war komplex: Die Regeln sollten flexibler werden, aber nicht laxer, schließlich sollten die Schuldenstände endlich ausreichend fallen. Die Antwort lag in der Einführung eines neuen mittelfristigen Haushaltsziels, das jeder Staat nach bestimmten Vorgaben für sich selbst berechnete und das sich nach der Entfernung zur 60-Prozent-Schuldenquote richtete.[378] Es war so, als würde jeder Staat seinen eigenen, individuell zugeschnittenen Diätplan zur Erreichung der 60 Prozent erstellen, nur dass es wenig Grund gab, das Zielgewicht für richtig zu halten. Laut den europäischen Vorgaben durfte die Diät an die wirtschaftliche Lage angepasst werden.[379] Diese Anpassung sollte sich jedoch nach dem in Kapitel 5 beschriebenen Prinzip richten, bei dem die Vermeidung von Neuverschuldung Vorrang vor der Nachfragepumpe hat. Was sich bei Waigel schon andeutete, wurde nun explizit gemacht: Das zulässige Defizit orientierte sich nicht mehr an der Auslastung der Wirtschaft. Das Ziel war nicht mehr, die Inflationsgefahr abzuwehren. Es ging nun um die Begrenzung der Staatsbilanz. Aus einer ungefähren Daumenregel zur Vermeidung von Inflation war eine komplexe Rechenformel zur Senkung der Schuldenquote auf unter 60 Prozent geworden. Das Wuchern der Technopolitik hatte begonnen. Aus dem technokratischen Schräubchen, das das mittelfristige Haushaltsziel zu sein schien, sollte später noch etwas ganz anderes werden, aber erst einmal kam es zum Regierungswechsel.

2005 stellte Schröder die Vertrauensfrage, verlor die anschließende Wahl, und Angela Merkel war plötzlich Kanzlerin in einer großen Koalition. Die neue Regierung wollte endlich Schulden abbauen. Finanzminister Peer Steinbrück von der SPD versuchte sich mit einer Finanzpolitik der »doppelten Tonlage«[380], wollte Sparen und Wachstum unter einen Hut bringen. In seinem Ministerium passierte etwas noch Entscheidenderes: Dort diskutierte man über die Einführung einer neuen Schuldenregel für Deutschland.[381] Dazu suchte die 2007 eingesetzte Föderalismuskommission II nach einer Alternative zu ihrem ursprünglichen Auftrag, die Bund-Länder-Finanzen neu zu ordnen. Sie fand die

Schuldenbremse. Von Beamten des Finanzministeriums aus der Schweiz importiert, sah sie nach genau dem neuen, glitzernden technopolitischen Apparat aus, der sich in Reden gut macht. Die Föderalismuskommission nahm sich des Projekts Schuldenbremse an, Bund und Länder sollten mit einer solchen Bremse versehen werden. Erst einmal plätscherte der Prozess aber vor sich hin, es gab wenig Fortschritt. Die Wirtschaftsweisen schrieben ein 200 Seiten langes Gutachten, das sich für eine andere Schuldenregel aussprach und noch dazu in Frage stellte, welche allgemeingültigen Aussagen man zu Schulden überhaupt treffen könne. So sei beispielsweise keineswegs von vornherein klar, ob eine Schuldenquote von 30 Prozent besser oder schlechter ist als eine von 70 Prozent.[382] Auch eine Anhörung mit Sachverständigen zur Föderalismuskommission brachte die Debatte nicht weiter. Die Schuldenbremse kam zwar in der Anhörung vor, war aber eher ein Mauerblümchen. Über das Problem der übermäßigen Verschuldung bestand große Einigkeit, Detailfragen zur Ausgestaltung der Bremse hatte kaum ein Politiker. Lediglich der Kanzleramtschef Thomas de Maizière wollte wissen, wie man denn die 1989 so kontrovers diskutierte Definition der wirtschaftlichen Normallage ausgestalten könnte. Leider richtete er die Frage zweimal an Sachverständige, die Juristen und keine Ökonomen waren.[383] Es hörte sich eher nicht danach an, als ob man gerade kurz davorstünde, eine neue Schuldenregel in das Grundgesetz zu schreiben. Aber allzu notwendig schien es auch nicht, Steinbrück sparte sowieso. 2011 sollte mit der »Schuldenspirale« Schluss sein, schrieb die linke *taz* über seine Finanzpolitik.[384] Im Sommer 2008 hatten sich die Diskussionen zur Schuldenbremse festgefahren. Gestritten wurde über Konsolidierungshilfen, Gelder, die finanzschwachen Ländern helfen sollten, ihre Defizite zu reduzieren. Die Details des neuen Regelapparats von der Höhe der Strukturkomponente bis zur Ausgestaltung der Konjunkturkomponente und der Definition der Notlage waren weiterhin ungeklärt. Das Projekt Schuldenbremse stand kurz vor dem Scheitern, weder politisch noch ökonomisch gab es eine gute Lösung.[385]

Kein Jahr später steht die Schuldenbremse im Grundgesetz. Der Bund darf sich um wenig nachvollziehbare 0,35 Prozent verschulden plus einer Konjunkturkomponente, die mit einem Verfahren von der Europäischen Kommission berechnet wird, das niemals für automatische Entscheidungsfindung gedacht war.[386] Die Länder dürfen sich strukturell gar nicht mehr verschulden. Was war passiert? Am 15. September 2008 hatte die amerikanische Investmentbank Lehman Brothers Insolvenz angemeldet. Im Oktober erklärten Merkel und Steinbrück die Konten der Sparer für sicher und retteten Banken. 500 Milliarden Euro, ein fünffacher ›Wumms‹, wurden in einer Nachtsitzung für die Bankenrettung bereitgestellt.[387] Es war das bis dato teuerste Gesetz in der Geschichte der Bundesrepublik. Dazu gab es ein Konjunkturpaketchen.[388] An Weihnachten wurde klar, dass es ein zweites, größeres Paket brauchte. Die Haushaltspolitiker der Union sahen ihre Chance. Sie machten die Einführung der Schuldenbremse zur Bedingung für ihre Zustimmung zu einem solchen zweiten Konjunkturpaket.[389] Am 5. Februar 2009 traf sich die Föderalismuskommission in der Julius-Leber-Kaserne in Berlin-Wedding, um zu einer Einigung zu kommen. Die Kaserne war früher von den französischen Alliiertentruppen genutzt worden und firmiert unter ›Quartier Napoléon‹. Einer spielte tatsächlich Napoleon an diesem Winterabend: Horst Seehofer, bayerischer Ministerpräsident. Seehofer war weder zu Konsolidierungshilfen bereit, noch wollte er irgendeine strukturelle Verschuldungsmöglichkeit in der Schuldenbremse der Länder zulassen. Der Bund hatte vorgeschlagen, 0,5 Prozent strukturelle Neuverschuldung zwischen Bund und Ländern aufzuteilen, und ging mit 0,35 Prozent für sich und 0,15 Prozent für die Länder in die Verhandlung, um am Ende sicher bei 0,25 Prozent zu landen. Seehofer wollte aber keinen Verschuldungsspielraum. Er bekam seinen Willen, die finanzschwachen Länder ihre Konsolidierungshilfen. Dem Bund blieben die 0,35 Prozent, mit denen er die Verhandlung eröffnet hatte.[390] Verhandelt wurde nicht aus ökonomischer Überzeugung heraus, sondern um Siege einzufahren. »Aus einer singulären Position Bayerns wurde eine Position aller«,[391] verkündete ein übernächtigter Seehofer am Morgen nach der Verhandlung. Sein Sieg sollte zukünftig die Finanzpolitik Deutschlands bestimmen.

Wobei das eigentlich nicht ganz richtig ist. Seehofers Sieg führte dazu, dass die zulässige Miniaturverschuldung des Bundes ein minikleines bisschen größer ausfiel als geplant und die für die Länder vorgesehene Miniaturverschuldung komplett verschwand. Wer aber entschied mit welcher Rechtfertigung, dass Bund und Länder sich insgesamt nur mit 0,5 Prozent verschulden dürfen sollten? In der Überlieferung heißt es, die 0,5 Prozent wären eine europäische Vorgabe gewesen.[392] Den Eindruck könnte man auch aus dem Gesetzentwurf zur Schuldenbremse gewinnen. In dem heißt es, dass die neue Regel nun im »Einklang« mit den europäischen Vorgaben stünde.[393] Das stimmt auch, nur war die Schuldenbremse eine wesentlich strengere Regel, als Europa sie erforderlich machte. Vielleicht erinnern Sie sich an das mittelfristige Haushaltsziel, das technokratische Schräubchen, das Schröder an den *Stabilitäts- und Wachstumspakt* schraubte, um dessen Vorgaben etwas flexibler zu gestalten. Laut europäischer Gesetzgebung durfte dieses mittelfristige Haushaltsziel bei einem Defizit von bis zu einem Prozent liegen. Auch musste das Ziel nicht sofort erreicht werden, es genügte, wenn Staaten ausreichend Fortschritt in Richtung Zielerfüllung machten. Spätestens alle vier Jahre konnte das Haushaltsziel überarbeitet werden.[394] Das deutsche Finanzministerium machte aus dieser Vorgabe eine dauerhafte, im Grundgesetz zu verankernde Defizitbegrenzung von 0,5 Prozent.[395] Das unscheinbare europäische Schräubchen sollte so verschweißt werden, dass es nie wieder gelöst werden konnte.

Europa wurde jetzt genutzt, um in Deutschland möglichst strenge Regeln durchzusetzen. Angesichts der Komplexität der europäischen Regeln und der Stimmung in Deutschland konnte man sich darauf verlassen, dass niemand nachfragen würde, ob Europa derartig strikte Regeln wirklich forderte. 2012 spielte Deutschland dann den Ball zurück auf die europäische Ebene: Auf Betreiben der Bundesregierung verpflichteten sich die meisten EU-Staaten in einem zwischenstaatlichen Fiskalvertrag zu einem konjunkturbereinigten Defizit von 0,5 Prozent, solange ihre Schuldenquote 60 Prozent überschritt.[396]

Die Konjunkturkomponente der deutschen Schuldenbremse wird auf Basis des in Europa genutzten Verfahrens berechnet.[397] Das hilft zwar, um Regeln in der Europäischen Union zu harmonisieren, ist aber ansonsten eine Lösung, die man nur mit geschlossenen Augen für gut befinden kann. Wie bereits in Kapitel 5 beschrieben, baut sie auf der Schätzung des Produktionspotenzials auf, die mit vielerlei Problemen behaftet und vor allem sehr politisch ist.

Wer immer über die Details der Berechnungsmethode entscheidet, trifft gleichzeitig Entscheidungen darüber, in welchem Maß Frauen, ältere Menschen oder Flüchtlinge erwerbstätig sein sollen (oder auch nicht). Das sind hochpolitische Fragen, die aber heute de facto von der ministerialen Technokratie im Wirtschafts- und im Finanzministerium entschieden werden. Selbst wenn die zuständigen Minister die Entscheidungen formal absegnen, ist es unwahrscheinlich, dass sie sich bei einem so technischen Thema der politischen Implikationen bewusst sind. In Europa besteht das gleiche Problem, auch hier sollte eigentlich die Politik, nicht die Fachebene über die Methodik der Potenzialschätzung entscheiden. Aber wenigstens nutzt die Europäische Kommission die Berechnungen zum Produktionspotenzial und zur Produktionslücke nur als *einen* Input für ihre *qualitative* Beurteilung der nationalen Haushalte. Deutschland dagegen baut auf diesen Berechnungen einen verfassungsrechtlichen Automatismus auf.

Inmitten der Finanzkrise stimmen zwei Drittel der Abgeordneten des Deutschen Bundestags ohne große Diskussion der Details für eine Schuldenregel, die geradeaus gegen demokratische Grundsätze verstößt, weil sie politische Entscheidungen der Technokratie übergibt und dazu eine dürftig begründete notwendige Arbeitslosigkeit in das Fundament der deutschen Haushaltspolitik einbetoniert. Gleichzeitig erklärt die Regierung, dass man sich nicht von dem Vollbeschäftigungsziel entfernen dürfe.[398] Politik und Technopolitik laufen nun offiziell in unterschiedliche Richtungen.

Es mag nach Maastricht nur eine Frage der Zeit gewesen sein, bis ein Unfall wie die Schuldenbremse passierte. Der damalige Vorsitzende der Fraktion der Partei die Linke im Bundestag, Gregor Gysi, machte in der Parlamentsdebatte zur Schuldenbremse die leider allzu prophetische Bemerkung: »Ich sehe schon jetzt den tapferen Sozialdemokraten vor mir, der hier in ein paar Jahren stehen und sagen wird: 2009 haben wir einen großen Fehler begangen. – Dieser tapfere Sozialdemokrat wird dann genauso viel Beifall bekommen wie heute der, der den Fehler begeht. Das ist das Übel daran. Noch schlimmer ist aber: Dann wird Ihnen die Union und damit die Zweidrittelmehrheit fehlen, das Ganze zu korrigieren. Dann leiden die Bürgerinnen und Bürger wirklich darunter.«[399]

Die Schuldenbremse verankert nicht nur einen technopolitischen Apparat in der Verfassung, sondern auch die Besessenheit mit der Schuldenquote in den Köpfen der Politik. Aus Schuldenregeln, die eigentlich einmal dazu gemacht waren, Inflation durch übermäßiges Befeuern der Nachfrage zu verhindern, ist der Imperativ des Schuldenabbaus geworden. Steinbrück legt dazu sogar Keynes neu aus. So würde ein vollständiges Befolgen von dessen Theorie besagen, dass man in guten Zeiten Schulden tilgen müsse.[400] Nun war Keynes in der Tat keiner, der Verschuldung als problemlos ansah. Bei keynesianischer Finanzpolitik geht es aber nicht darum, die Höhe des Schuldenstapels zu regulieren, sondern die Neuverschuldung an die jeweilige wirtschaftliche Lage anzupassen. Ist die Wirtschaft voll ausgelastet, soll der Staat sparen, aber nicht, um Schulden abzubauen, sondern um Inflation zu vermeiden.

Die Verselbstständigung

Der nächste Finanzminister war höchstens Krisenkeynesianer. Wolfgang Schäuble übernahm das Finanzressort im Jahr des größten Wirtschaftseinbruchs der Nachkriegszeit. Selbst er hätte nicht in eine solche Krise hineingespart. Seine erste, so wahrscheinlich nicht beabsichtigte, Lehrstunde für die Deutschen kam aus dem Ausland. Am 21. Oktober 2009, eine Woche vor Schäubles Ernennung zum Finanzminister, übermittelte die neu gewählte Regierung in Griechenland ihre Haushaltsdaten an die EU. Das Defizit für das laufende Haushaltsjahr wurde nun auf 13 Prozent des BIPs projiziert. Damit würde es mehr als dreimal so hoch liegen wie in der letzten Prognose. Im Januar 2010 veröffentlichte die Europäische Kommission einen Bericht, dem zufolge, etwas zugespitzt, die griechischen Zahlen das Papier nicht wert waren, auf das sie gedruckt worden waren.[401] Kurz vor Weihnachten stufte die Ratingagentur Fitch griechische Staatsanleihen auf BBB+ herab. Für Staatsanleihen sind Ratings eigentlich begrenzt relevant, denn es gibt nur den einen, bereits erwähnten, alles entscheidenden Faktor für ihre Sicherheit: die Bereitschaft der Zentralbank, die Staatsanleihe zu kaufen oder als Sicherheit zu akzeptieren. Ist dem so, besteht kein Ausfallrisiko. Ist dem nicht so, ist die Staatsanleihe weitgehend unverkäuflich am Finanzmarkt. Keine Bank kauft eine Staatsanleihe, die sie nicht bei der Zentralbank loswerden kann.

In der Eurozone haben Ratings seit 2005 dennoch einen großen Einfluss auf die Renditen von Staatsanleihen. Wieso ist das so? Die Erklärung findet sich bei der EZB, die 2005 entschied, unter anderem gegen die Meinung der Bundesbank, die Bewertung von Sicherheiten von Ratings abhängig zu machen.[402] Damit versuchte die EZB das Problem zu lösen, das nur in einer Währungsunion auftritt: Jemand muss Kriterien dafür aufstellen, welche Staatsanleihen die Zentralbank kaufen oder als Sicherheit annehmen darf. Bisher war das in der Eurozone nicht geregelt. Die Statuten der EZB geben lediglich vor, dass ›ausreichende‹ Sicherheiten zu stellen sind. Wie festzustellen ist, welche Staatsanleihe als ausreichend sicher gilt, beschreiben die Statuten nicht.[403] Es bestand, wie der holländische Zentralbankexperte Jens van 't Klooster es nennt, eine ›Autorisierungslücke‹.[404] Die Autorisierungslücke ist besonders heikel, weil der Maastricht-Vertrag so ausgelegt wurde, dass die EZB keine Staatsfinanzierung betreiben soll.[405] Für eine Institution, zu deren Kerngeschäft es gehört, Staatsanleihen zu kaufen und als Sicherheiten anzunehmen, ist das keine leicht erfüllbare Auflage. Also versuchte die EZB, die Autorisierungslücke selbst zu schließen, indem sie die (höchst politische) Entscheidung über die Zentralbankfähigkeit einzelner Staatsanleihen an private Ratingagenturen outsourcte. Ab 2005 mussten alle Staatsanleihen mindestens ein A-Rating haben, damit die EZB sie kaufen konnte. Im Oktober 2008 stufte die EZB das Mindestrating auf BBB- herunter und machte es für Banken so einfacher, in der Finanzkrise an Zentralbankgeld zu kommen (da sie nun auch schlechter bewertete Anleihen gegen Zentralbankgeld tauschen konnten).[406] Zwischen Griechenlands BBB+ ab Ende 2009 und Armageddon stand trotzdem nicht mehr viel. Griechische Staatsanleihen waren plötzlich nur noch etwas für Adrenalinjunkies. Die EZB handelte in dieser Situation nicht wie eine klassische Zentralbank, die im Zweifel die Staatsanleihen aufkauft und sicherstellt, dass der Staat sich finanzieren kann.[407] Damit wäre der Spuk an den Finanzmärkten sofort vorbei gewesen. Aus disziplinarischen Gründen blieb die EZB bei ihrem Kurs. Sie diskutierte sogar, ob Staatsanleihen mit schlechterem Rating als Sicherheit weniger wert sein sollten. Das hätte griechische Staatsanleihen noch unattraktiver gemacht, Investoren hätten noch schneller versucht, sie loszuwerden.[408] Das alles hatte Folgen: Die Renditen auf griechische Staatsanleihen und damit auch die Finanzierungskosten der griechischen Regierung stiegen immer weiter. Die Staatsschuld des Landes wuchs schneller denn je. Die höhere Verschuldung wiederum ließ die Renditen der Staatsanleihen weiter in die Höhe schnellen. Der Teufelskreis war in Gang gesetzt.

Auch von den Mitgliedsstaaten der Eurozone kam vorerst keine Absicherung. Die Bundesregierung verweigerte Griechenland im Februar 2010 finanzielle Unterstützung. Schließlich hatte man 1992 in Maastricht beschlossen, dass jeder Staat für seine eigenen Schulden verantwortlich sei. Im April 2010 verlor Griechenland den Marktzugang, konnte also keine Anleihen mehr am Finanzmarkt verkaufen. Nach langem Hin und Her und einem ausgiebigen Tanz auf dem Finanzmarktvulkan, der die Risikoaufschläge auf griechische Anleihen weiter in die Höhe und Ratings in den Keller schickte, verabschiedeten die Europäische Kommission, die Eurostaaten und der IWF ein Rettungspaket über 750 Milliarden Euro, deutlich mehr als das Zweifache des damaligen deutschen Bundeshaushalts.[409] Die griechische Tragödie begann.

Mit Griechenland wurde die Schuldenquote über die inneren Zirkel der Berliner Hauptstadtpolitik hinaus zum Begriff. 2008 gab es im *Spiegel* zwei Artikel zu dem Thema, 2010 waren es bereits 20.[410] Die einen handelten von Griechenland, das mit seiner Schuldenquote von über 130 Prozent ganz Europa in den Abgrund zu reißen drohte, die anderen von Deutschland, das mit einer Verschuldung von 73 Prozent zwar bereits auf die schiefe Bahn geraten wäre,[411] aber zum Glück die Schuldenbremse habe. Auch die Experten starrten nun auf Schuldenquoten wie das Reh auf die näher kommenden Scheinwerfer eines Autos. Der IWF hinterfragte, ob sich Industrieländer mit Schuldenquoten von über 100 Prozent langfristig sicher am Markt finanzieren könnten. Insbesondere die USA müssten schnell und glaubwürdig gegensteuern, erklärte der IWF.[412] Deren Schuldenquote liegt im Jahr 2023 gute 20 Prozentpunkte höher, Risikoaufschläge auf die Preise von US-Treasuries sind weiterhin nicht in Sicht. Mitten hinein in die Schuldenquoten-Obsession publizierten die Harvard-Ökonomen Carmen Reinhart und Kenneth Rogoff das Papier »Wachstum in Zeiten von Schulden« (»Growth in a Time of Debt«).[413] Das im Mai 2010 erschienene Papier fand Abnehmer wie eine neue Playstation in der Vorweihnachtszeit. Reinhart und Rogoff argumentierten auf ganzen sechs Seiten, dass ab einer Schuldenquote von 90 Prozent das Wirtschaftswachstum zurückgehe. Der deutsche Finanzminister Schäuble griff die Evidenz dankbar in seinen Reden auf. Deutschland, argumentierte er, habe vorgemacht, wie man die Schuldenquote senken und gleichzeitig das Wachstum befördern könne.[414]

Als Nichtexperte musste man aus der damaligen kommunikativen Gemengelage nahezu zu dem Schluss kommen, dass der primäre Zweck von Finanzpolitik das Vermeiden risikoreicher Schuldenquoten ist. Ein Detail ging in der aufgeregten Diskussion unter: Es war nicht die griechische Schuldenquote an sich, die das Ausfallrisiko für die Staatsanleihen kreierte. Die Schuldenquote war das Schwarzpulver. Aber ohne brennende Lunte passiert nichts. Griechische Anleihen hatten vormals als sicher gegolten. Sonst hätten französische Geschäftsbanken nicht rund 17 Prozent und deutsche Banken etwa zehn Prozent aller griechischen Staatsanleihen gekauft.[415] Schäuble wollte nun zeigen, dass die Währungsunion »nie als Bereicherungsmodell für Finanzspekulanten gedacht war«,[416] und zündete die Lunte an. 2012 entschieden Deutschland, Frankreich und die EZB, dass es zu einem der größten Schuldenschnitte der Geschichte kommen sollte. Die griechische Regierung änderte nachträglich die Verträge für unter nationalem Recht ausgegebene Staatsanleihen. Private Investoren verloren über 50 Prozent ihrer Wertanlage.[417] Während des Prozesses zahlte Griechenland teils 36 Prozent Rendite auf seine Anleihen. Selbst eine niedrige Schuldenquote würde bei diesen exorbitanten Finanzierungskosten in die Höhe schießen und zu Zahlungsschwierigkeiten führen. Die Entscheidung im Fall Griechenlands, dass die Staatsanleihen im Zweifel ausfallen konnten, führte dazu, dass sie tatsächlich ausfielen. Das heißt nicht, dass die griechischen Staatsfinanzen nur in Schwierigkeiten waren, weil Europa nicht einsprang. Griechenlands Schwierigkeiten begannen, weil klar wurde, dass das Land falsche Zahlen vorgelegt hatte. Das war nicht Europas Schuld. Aber Europas Entscheidung gegen die Absicherung griechischer Staatsschulden war die notwendige Voraussetzung für einen Ausfall der Staatsanleihen. Nur so konnte es zu einer selbsterfüllenden Prophezeiung kommen. Dass hohe Schuldenstände an sich nicht notwendigerweise dieses Ergebnis haben, zeigte sich in der Corona-Krise. Die EZB nahm in dieser Zeit das Ausfallrisiko für Staatsanleihen weitestgehend vom Tisch. Der Risikoaufschlag (also die Differenz zur Rendite von Bundesanleihen) belief sich, trotz einer griechischen Schuldenquote um die 200 Prozent, auf maximal drei Prozentpunkte.[418] Selbst für Griechenland sind hohe Schuldenquoten nur unter bestimmten, menschengemachten Umständen ein Problem.

Deutschland ist nicht Griechenland. Es ist der größte Staat der Währungsunion und hat das Privileg, *die* risikofreien Staatsanleihen der Eurozone auszugeben. Ohne die deutsche Wirtschaft und deutsche Staatsanleihen gibt es keinen Euro. Griechenlands gesamte Wirtschaftsleistung ist nicht einmal halb so groß wie der deutsche Bundeshaushalt. Seine Anleihen gehörten nie zur grundlegenden Infrastruktur der globalen Finanzmärkte, sondern eher in die Kategorie ›schnelle Mark‹ mit geringem Risiko (bis dato). Die europäische Politik hatte sich entschieden, dass griechische Anleihen ausfallen können, ohne das globale Finanzsystem mit in den Abgrund zu reißen. Der Unterschied zwischen Deutschland und Griechenland hätte größer nicht sein können. Das kümmerte Schäuble aber nicht weiter. Teil seiner Standardsprechpunkte war, zu erklären, dass Schuldenabbau in Deutschland wichtig sei, um das Vertrauen von Investoren und damit niedrige Verschuldungskosten zu erhalten.[419] Während Schäuble diese Geschichten erzählte, lag die Rendite deutscher Staatsanleihen unter dem risikofreien Interbankenzins, zu dem sich Banken über Nacht Geld leihen. Investoren zahlten also ein Premium für das Privileg, deutsche Staatsanleihen zu halten. Der Risikoaufschlag für deutsche Staatsanleihen ist heute nicht definierbar, weil der Risikoaufschlag in der Eurozone traditionell im Vergleich zur deutschen Staatsanleihe gemessen wird. Trotzdem galt Schuldenquote gleich Schuldenquote. Die Technopolitik hatte sich verselbstständigt und die Schuldenquote, eine stark kontextabhängige Kennzahl, so verallgemeinert, dass sie trotz unterschiedlicher Bedeutung immer die gleiche Medizin rechtfertigte: Schuldenabbau.

Im Koalitionsvertrag 2013 wurden nun sogar numerische Ziele zur Absenkung der Schuldenquote festgehalten. Bis 2017 wollte man von 81 auf unter 70 Prozent kommen, bis 2022 auf unter 60.[420] Dass in Reinhart und Rogoffs Studie mittlerweile ein Rechenfehler gefunden worden war und nach dessen Korrektur kein signifikanter negativer Effekt von Schuldenquoten über 90 Prozent auf das Wachstum nachgewiesen werden konnte,[421] hielt den Aufstieg der Schuldenquote nicht auf. Ab 2015 sollte sogar die ›schwarze Null‹ gelten, also ein ausgeglichener Haushalt.[422] Aus einer Defizitgrenze zur Senkung der Schuldenquote war eine generelle Ablehnung von Defiziten geworden, auch wenn es keinerlei inhaltliche Begründung dafür gibt – nicht einmal dann, wenn man eine fallende Schuldenquote anstrebt. Ob Schulden fallen, hängt ja von dem Verhältnis der Neuverschuldung zum Wachstum ab, nicht von dem Ersparten allein. Das änderte nichts an der Popularität von Schäubles Politik. Als die ›schwarze Null‹ 2014, und damit ein Jahr früher als geplant, erreicht wurde, feierte die CDU das als »historische[n] Erfolg«,[423] die *Tagesschau* berichtete darüber.[424] Bei Schäubles Verabschiedung stellten sich die Mitarbeiter des Finanzministeriums in einer ›schwarzen Null‹-Formation vor dem Finanzministerium auf und winkten fröhlich in die Kamera.[425]

Die Schuldenquote wurde unter Schäuble groß, sie und Staatsverschuldung allgemein sind für die breite Öffentlichkeit aber weiterhin ein zweitrangiges Thema. Der Frage, ob die Schuldenquote gesenkt werden sollte, stimmen zwar die meisten zu. Das gilt sowohl für Deutschland als auch für andere europäische Staaten und die USA.[426] Es gibt einen Grund, wieso Biden bei Reden zu seinem großen industriepolitischen Ausgabenprogramm, dem IRA, nie vergisst, dessen (projizierte) Defizitreduzierende Wirkung zu erwähnen.[427] Menschen mögen keine Staatsschulden. Aber sie interessieren sie auch nicht besonders. Das Institut für Makroökonomie und Konjunkturforschung wollte 2021 in einer Umfrage wissen, wie hoch die deutsche Schuldenquote ist. Bekamen die Befragten vorher keine Information zu historischen Schuldenquoten, lag die mittlere Schätzung bei 30 Prozent. Tatsächlich lag sie bei 69 Prozent.[428] War den Befragten vorher gesagt worden, dass die Schuldenquote 2009 bei 73 Prozent lag, schätzten sie die Schuldenquote für 2020 auf 75 Prozent.[429] Auch wollen Menschen nur so lange, dass die Regierung weniger Schulden macht, bis man sie auf verschiedene konkrete Optionen anspricht, wie das gelingen könnte. So unterstützen knapp 65 Prozent der Deutschen (wesentlich weniger als Italiener und Spanier) eine Konsolidierung des Haushalts. Geht die mit der Einsparung von Staatsausgaben einher, sinkt die Unterstützung auf gut 50 Prozent. Bedeutet die Konsolidierung eine generelle Anhebung der Einkommenssteuer, sind nur noch 30 Prozent dafür. Höhere Einkommenssteuern für Gutverdienende hingegen sind äußerst beliebt.[430]

Die Medien spiegeln das Nischendasein der Staatsverschuldung und der Schuldenquote wider: Bei Google kann man sich anzeigen lassen, wie oft Begriffe seit 2004 gesucht wurden. Selbst in der Schuldenkrise 2011 wurde der Begriff ›Staatsschulden‹ weniger gegoogelt als ›Soli‹.[431] Der Begriff ›Schuldenquote‹ wird ungefähr ähnlich häufig wie die ›Modernisierungsumlage‹ gesucht und gehört damit eher zum Expertenvokabular als zum Street Slang.[432]

Obwohl Verschuldung kein die öffentliche Debatte bestimmendes Thema ist und eine Abkehr vom Sparkurs kein offensichtliches politisches Harakiri darstellen würde, dominierte die ›schwarze Null‹ selbst dann noch die Finanzpolitik, als es inhaltlich gar nicht mehr nachvollziehbar war. 2018 bis 2021 zahlten Investoren dem deutschen Staat viel Geld für das Privileg, seine Staatsanleihen halten zu dürfen.[433] Anstatt Zinslasten brachten die Schulden Zinseinkommen.

Trotzdem brauchte der sozialdemokratische Nachfolger Schäubles, Olaf Scholz, nur 36 Sekunden, um in seiner ersten Haushaltspressekonferenz klarzumachen, dass es weitergehen sollte wie bisher: Man würde im kommenden Jahr keine neuen Schulden machen und habe sich auch vorgenommen, bis 2022 keine neuen Schulden zu machen. »[E]s entsteht eine neue Perspektive für unser Land, weil wir […] die Schuldenstandsquote in unserem Land reduzieren«, erklärte der Minister und verkündete, dass er schon im nächsten Jahr, 2019, die 60 Prozent unterschreiten wolle. Mit Scholz'schem Grinsen hielt er einen Chart mit fallender Schuldenquote in die Kameras.[434] Endlich würde Deutschland damit alle europäischen Vorgaben erfüllen. Eine ökonomische Begründung gab Scholz nicht, sie wäre auch schwer zu finden gewesen. Denn schon zum Zeitpunkt der Pressekonferenz lagen die deutschen Finanzierungskosten auf historisch niedrigem Niveau (siehe Abbildung 11). Jahrelange Zinsrückgänge hatten dafür gesorgt, dass der Staat seit 1997 stetig weniger Zinsen zahlen musste. Es war mittlerweile sehr offensichtlich, dass die Schuldenquote sich nicht als guter Näherungswert für die finanzielle Belastung des Staats eignete.

Abbildung 11: Schulden- vs. Zinsquote

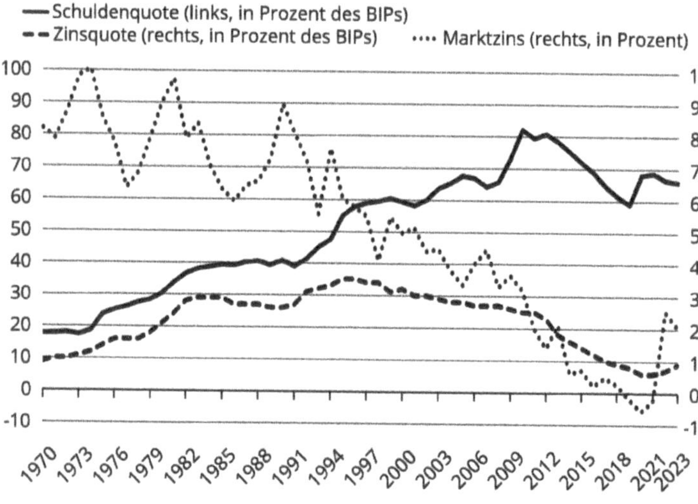

Quellen: Bundesbank, IWF, Macrobond

2019 sank nicht nur die Schuldenquote auf unter 60 Prozent des BIPs, die Renditen auf deutsche Staatsanleihen fielen auch unter null. Die Bundesregierung wurde für die Ausgabe von Staatsanleihen bezahlt. So verkaufte sie zum Beispiel im Juli 2019 eine zehnjährige Anleihe, bei der sie für jede 100 Euro ausgegebene Schulden 103 Euro von den Investoren überwiesen bekam – obwohl der Zins auf die Anleihe bei null lag, Investoren also keinerlei Zinszahlungen vom Bund bekommen würden.[435] Jemand von der Finanzagentur des Bundes, also der Institution, die die deutschen Staatsanleihen verkauft, sagte einmal, dort zu arbeiten fühle sich in etwa so an, wie in der Vermögensverwaltung tätig zu sein. Im selben Jahr postete die CDU das Bild einer schwarzen Null mit Lederkappe auf Twitter (heute X) und schrieb dazu: »Wir stehen zu unserem Fetisch.«[436] Knapp 30 Jahre nach Maastricht war die ökonomische Grundlage für eine weitere Verschärfung des Sparbekenntnisses so dünn geworden, dass als Steigerung nur noch der Fetisch blieb.

Der Aufstieg der 60-Prozent-Schuldenquote zum Anker des technopolitischen Schuldenverhinderungsapparats ist aus fachlicher Perspektive erstaunlich; er ist umso erstaunlicher, weil niemand besonders viel von ihr hielt – nicht einmal die Ordoliberalen, zu deren Politik sie passte wie ein Korken in die Weinflasche. Erfunden in der Not, berühmt geworden in der Griechenlandkrise, über die Schuldenbremse implizit in der deutschen Verfassung verewigt: Die Schuldenquote ist eine beeindruckend erfolgreiche Zufallsregel.

2019 arbeite ich im Finanzministerium und bemühe mich, eine gute deutsche Beamtin zu werden. Ich versuche die Stechuhr nicht zu vergessen und die Kommata in meinen Vorlagen halbwegs richtig zu setzen. Beim Inhalt lerne ich. Wir vertreten die Sache. Unsere Aufgabe ist, zu informieren, Optionen darzulegen und Entscheidungsgrundlagen zu bieten. Und manchmal, ganz manchmal, machen Beamte sogar Politik.

Im Ministerium sitzen wir hinter der Bühne, sind die, die den Stoff geben für das große Politiktheater, die Erzählung aufschreiben für die 60, die drei, das eine und die konjunkturell bereinigten 0,35 Prozent, für Normallagen und Ausnahmezustände, Schuldenbremsen und Schuldenquoten. Ich bin leider zu jung, um ihr Zustandekommen live miterlebt zu haben. Als Waigel versuchte,

Bundeshaushalt und die Einheit zusammenzubringen, sorgte ich mich um eine missratene Delphinzeichnung im Kindergarten. Geplant war ein runder Tümmler, heraus kam ein abgemagerter Urzeitwal mit einem langen, geraden Stangenkörper. Aber in meinem Kopf stelle ich mir das Theaterstück ungefähr so vor:

Die Bundesbank besingt die stabile Mark, die Grundlage deutschen Wohlstands, das Symbol der wiedererstarkten Wirtschaft, der deutschen Disziplin. Eine Stabilitätskultur, ja ein Stabilitätskult.

Auftritt Kohl. Der verlangt die Währungsunion. Es wird ernst. Verlustangst huscht über die Titelseiten. Kohl arbeitet dagegen an, beschwört Europa. Beim Publikum setzt Langeweile ein. Wer kann diese Reden des Kanzlers schon aushalten, dazu eine schimpfende und stampfende SPD. 50 Milliarden heute, 100 Milliarden morgen – große Zahlen, die nichts bedeuten.

Aber die Deutsche Mark wird doch nicht verscherbelt. Nein, sie wird europäisiert. Der harte Euro, zusammengehalten mit harten Regeln. Gott sei Dank!

Auftritt Waigel, der Schuldenminister. Hinter ihm ein flüchtiges Bild blühender Landschaften, verdrängt von rußigen Schornsteinen. Die Wiedervereinigung kostet. Aber zukünftig die Hände binden, das ist gut. Unterzeichnung der Maastricht Kriterien – ein Versprechen an den deutschen Sparer. Drei Prozent Defizit, 60 Prozent Schulden. Der neue Stabilitätsanker. Wieso: egal. Hauptsache, Zahlen. Nur, sie sind schwer einzuhalten. Stattdessen Taufversprechen erneuern. Der Stabilitäts- und Wachstumspakt, endlich etwas zum Festhalten. Kurz durchschnaufen.

Wirklich nur kurz. Schröder hat keine Zeit für Regeln. Der Spar-Hans versucht es zwar. Verspricht, bricht, verspricht. Brüssel schimpft. Blauer Brief, oha. Dann doch besser Reform. Irgendwas, das passt. Formeln, Flexibilität, ein wenig Anerkennung. So ist's recht.

Steinbrück gehört zu den Konvertierten. Betet Hobbes Zitate zu Sparsamkeit vor und Kennzahlen herunter. 2011 soll die Null stehen. Dann kollabieren Banken, Schuldenberge türmen sich auf. Also ein neues Versprechen. Und jetzt aber wirklich. Die Schuldenbremse im Grundgesetz. Wieso? Ja, um die 60 Prozent zu verankern. Die zufälligen 60 Prozent für den stabilen Euro. Ist die Stabilität denn in Gefahr? Was bedeutet das eigentlich? Überhitzende Wirtschaften. Kennen wir nicht. Europa wächst nicht, das weiß jedes Kind. Aber die Schulden, ja, die müssen runter. Wegen Europa. Welche Regel soll es nun sein? Egal, Hauptsache, schnell. Und hart. Ein Tugendbeweis.

Schäuble will die vollkommene Null. Im Paradies gibt es keine Schuld. Im Bundeshaushalt ab 2014 auch nicht mehr. Zeit für eine Predigt. Der Erfolg von heute ist die Selbstverpflichtung von morgen. Ein Beitrag zu Freiheit, Demokratie und den Menschenrechten. Das Pult wird zu seiner Kanzel, die Null zu seinem Denkmal.

Bundespressekonferenz. Ein grinsender Finanzminister vor himmelblauem Hintergrund. Nein, nicht der von vorher. Ein roter. Die Schuldenquote soll unter 60 Prozent fallen. Keine Schulden mehr. Neue Chancen für das Land!

Update 2022: Europa will Reform. 90 Prozent seien die neuen 60 sagt man. 60, die Erbin der Deutschen Mark. Nicht mit der SPD. Deutsche Finanzminister bleiben deutsche Finanzminister, auch wenn sie inzwischen Kanzler sind.

So absurd das Schuldentheater an mancher Stelle ist, so groß sind die Schäden, die seine Auswüchse in Europa angerichtet haben. Deutschland erlebte das in vergleichsweiser milder Form in den Neunzigerjahren. Die Folterinstrumente waren damals aber noch nicht installiert. Waigel sparte wesentlich weniger als die heutigen Erbsünder Italien oder Griechenland, die ihre vergangenen Schuldenquoten abzutragen haben. Beide Länder erwirtschaften heute höhere Überschüsse als alle OECD-Staaten außerhalb der EU, mit der Ausnahme von Norwegen, das nicht weiß, wohin mit seinen Öl- und Gaseinnahmen. Mit 24 und 25 Prozent gehören Italien und Griechenland auch zu den drei OECD-Staaten mit der höchsten Jugendarbeitslosigkeit. Allein Spanien steht mit 28 Prozent noch schlechter da.[437] Sich durch Wachstumskrisen durchzusparen hat massive wirtschaftliche und gesellschaftliche Kosten.

Kosten können sinnvoll sein, wenn ihnen ein Nutzen gegenübersteht. Aber wo war in diesem Fall der Nutzen? Die Schuldenquoten von Griechenland und Italien lagen 2019 auf einem höheren Niveau als jemals zuvor, die griechische hatte sogar die 200-Prozent-Marke geknackt. Hätte Italien von 2008 bis 2019 Deutschlands Wachstum und Zinsen gehabt, wäre die Schuldenquote nicht um knapp 40 Prozentpunkte gestiegen, sondern um knapp 20 Prozentpunkte gefallen.[438] Italiens Schulden sind nicht wegen einer Unfähigkeit zum Sparen gestiegen, sondern wegen stagnierenden Wachstums und hoher Finanzierungskosten. Italien und Griechenland sind Extrembeispiele. Aber die ganze EU hatte sich vor der Corona-Krise in einer Finanzpolitik eingerichtet, die weit ab der globalen Norm lag (siehe Abbildung 12). Es ist nicht normal, dass Staaten Überschüsse erwirtschaften, also der Wirtschaft mehr Geld entziehen, als in sie hineinzupumpen; vor allem nicht, wenn die Inflation so niedrig ist, dass die Zentralbank mit aller Macht versucht, sie auf Zielkurs zu bringen. In eine schwache Wirtschaftslage hineinzusparen senkt die Schuldenquote nicht, es erhöht sie im Zweifel (siehe Kapitel 5). Wenn man ein Ziel erreichen möchte, sich aber so verhält, dass man das Ziel wahrscheinlich nicht erreicht, gilt das landläufig als irrationales Verhalten. Die Mehrzahl der EU-Staaten betrieb 2019 eine solche irrationale Finanzpolitik, selbst wenn ihr Ziel eine fallende Schuldenquote war und nicht Freiheit.

Abbildung 12: Primärsalden Europäische Union vs. andere OECD-Staaten

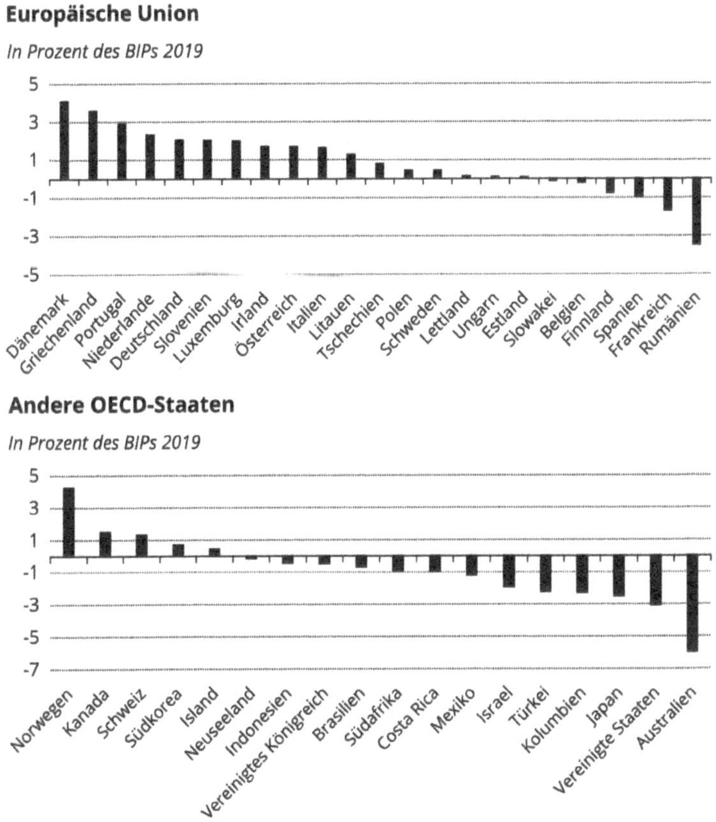

Quelle: Eurostat, OECD

Das alles war vor den Krisen. 2020 kam Corona, und plötzlich war finanziell doch alles möglich.

Anfang des Frühjahrs kursierten die schrecklichen Bilder aus Bergamo. Überfüllte Krankenhausgänge mit Sauerstoffmasken tragenden Patienten, Schutzanzugmenschen, Militärkonvois, die Särge abtransportierten. Die Pandemie schockierte alle so sehr, dass das Geld tatsächlich politischen Zielen unterstellt wurde. Am Nachmittag des 18. Mai 2020 saß ich in meinem Büro im Finanzministerium, als mir ein Kollege auf WhatsApp schrieb, ich solle bitte schnell auf Youtube gehen und nach ›Merkel‹ und ›Macron‹ suchen. Da gäbe es etwas zu sehen. Es war 15 Uhr noch was, irgendeine sehr krumme Uhrzeit an einem sehr durchschnittlichen Montag. Ich hatte keine Ahnung, was nun kam. Da standen die beiden, Macron in Paris, Merkel in Berlin, beim anderen jeweils auf dem Bildschirm zu sehen, und schlugen zusammen vor, dass die EU 500 Milliarden Euro gemeinsame Schulden für einen Recovery Fund aufnehmen solle.[439] Nie, nie, niemals hätte ich das gedacht. Natürlich, es wurde vorher über die Möglichkeit gesprochen, es gab Vorschläge.[440] Aber allein die rechtliche Frage, also ob die EU gemeinsame Schulden zur Krisenbewältigung ausgeben durfte, schien schwierig – von der politischen Lage mal ganz abgesehen. Wie sich herausstellte, hatten Finanzminister Scholz und sein für Europa zuständiges Team das Projekt vorangetrieben und Merkel von der Notwendigkeit der gemeinsamen Schuldenaufnahme überzeugt.[441]

Es ging ähnlich weiter. Deutschland warf finanzpolitisch die Leinen los und erklärte die Notlage. Scholz kündigte Anfang Juni 2020 den »Wumms«[442] an, das erste große Konjunkturpaket der kommenden Krisen. Die zuvor so penibel ausgerechneten Nachkommastellen der zulässigen Kreditaufnahme interessierten plötzlich niemanden mehr.

Für das Jahr 2021 plante die CDU-geführte Regierung mit

leicht surreal anmutenden 240 Milliarden Euro Verschuldung. Zum Vergleich: 2019 belief sich der *gesamte* Bundeshaushalt auf gut 340 Milliarden Euro.[443] Aus ökonomischer Perspektive erschloss sich diese sehr hohe Verschuldung nicht ganz. Ja, die Wirtschaft hatte etwas aufzuholen, aber es gab eindeutig Lieferengpässe, und in der zweiten Jahreshälfte sahen die Dinge auch wieder ganz gut aus. Politisch ergab der Kreditstapel auf Vorrat allerdings allen Sinn der Welt. Wer auch immer im Herbst die Wahl gewinnen sollte, würde ohne Schuldenvorrat die Wirtschaft auf Entzug setzen müssen und das trotz großer Dekarbonisierungsvorhaben: Nach einer Kreditaufnahme von gut 130 Milliarden Euro im Jahr 2020[444] wären 2021 maximal 25 Milliarden zulässig gewesen.[445] Also sorgte man vor, nahm 2021 mit einem Nachtragshaushalt umfangreiche Kredite auf, die eventuell in späteren Jahren noch nützlich werden könnten. Die Ökonomen Marcel Fratzscher und Lars Feld spielten ihren Part und schlugen im Oktober in der *ZEIT* einen Transformationsfonds vor, der vor allem mit nicht abgerufenen Corona-Krediten gefüttert werden sollte.[446] Am 10. Dezember erklärte der gerade frisch ernannte Finanzminister Christian Lindner bei seiner ersten Pressekonferenz sehr stringent, wieso er 60 Milliarden Euro der nicht genutzten Corona-Schulden als »Booster für die Volkswirtschaft« nutzen wollte: Wie die Vorgängerregierung auch, plante er das Geld in den Klima- und Transformationsfonds (KTF)[447] zu stecken und über die folgenden Jahre auszugeben. All das sei nichts viel anderes, als einen Abbaupfad für die Schuldenbremse festzulegen, nur eben ohne Grundgesetzänderung. Durch die gespeicherten Kredite ließe sich die Neuverschuldung schrittweise zurückfahren.[448]

Ermöglicht hatten diesen Sparmechanismus die Beamten der Haushaltsabteilung im Finanzministerium. Sie schlugen vor, die Buchhaltungsregeln des Bundes anzupassen: Im KTF zurückgelegtes Geld sollte als ausgegeben gelten, sobald es dem

Fonds zugeteilt war, nicht erst, wenn es tatsächlich ausgegeben worden war. Das ist ungefähr so, als würden sie in die Spardose gestecktes Geld als verausgabt betrachten. Zweck der Übung war, möglichst viele Kredite bereits 2021 gegen die Schuldenbremse anzurechnen, da es aufgrund der vom Bundestag beschlossenen Notlage damals kein hartes Kreditlimit gab. Der Mechanismus erschien gewagt, die damit ermöglichte Finanzpolitik ergab Sinn. Während der Corona-Krise waren die Investitionen deutlich zurückgegangen. Dabei brauchte man sie nun eigentlich mehr denn je, die deutsche Wirtschaft sollte schnellstens dekarbonisiert werden. Die neue Bundesregierung hatte sich auf Wachstum durch Investitionen geeinigt und war bereit, dafür Schulden zu machen.

Am 24. Februar 2022 überfiel Wladimir Putin die Ukraine. Kanzler Scholz verkündete die Zeitenwende und goss sie auch gleich in konkrete Zahlen. Mit den Stimmen der Union schrieben die Fraktionen der Regierungsparteien ein Sondervermögen Bundeswehr in Höhe von 100 Milliarden Euro in das Grundgesetz. Das erste Mal seit Lambsdorffs Scheidungspapier übertrumpfte das politische Ziel die machtpolitischen Kalkulationen der Finanzpolitik. Anstatt die Regierung schon 2022 in einen Sparkurs zu zwingen, verhalfen die Abgeordneten von CDU und CSU der Regierung mit ihren Stimmen zu mehr finanziellem Spielraum. Von nun an stand neben der Schuldenbremse im Grundgesetz, die den jährlichen Schuldenzufluss in Abhängigkeit von der Wirtschaftsleistung regulieren sollte, das Sondervermögen Bundeswehr. Berücksichtigung in der Schuldenbremse fand das nicht. Obwohl es also ab 2022 substanzielle Schuldenflüsse über die Schuldenbremse hinaus geben sollte, rechnete die Bundesregierung weiterhin auf die Nachkommastelle genau aus, wie hoch das Defizit im Rahmen des Haushalts sein durfte, damit sie die Nachfragepumpe nicht übermäßig bediente und die Wirtschaft nicht überhitzte. Man tat so, als sei das tatsächliche Defizit wirtschaftlich irrelevant, nur weil es außerhalb der Schuldenbremse anfiel.

Gute eineinhalb Jahre später, am 15. November 2023, tippte ich bereits diesen Text in den Computer, als wieder ein Schock aus dem Bildschirm gesprungen kam. Das Bundesverfassungsgericht erklärte die Spardosenoperation des Jahres 2021 für grundgesetzwidrig.[449] Geklagt hatte die Union. Weg waren 60 Milliarden Euro, die bis 2027 hätten ausgegeben werden sollen. Im Haushalt 2024 klaffte plötzlich ein etwa 20 bis 30 Milliarden Euro großes Loch, je nachdem, wie man zählte.[450] Das Urteil traf das Finanzministerium weitgehend unvorbereitet. Der technopolitische Apparat hatte sich plötzlich gegen sich selbst gewandt. Die Schöpfer und Interpreten der Schuldenbremse verstanden sie selbst nicht mehr.

Lindner erklärte das Urteil zum »Wendepunkt«,[451] ab jetzt sei Sparen angesagt. Weniger Regulierung und niedrigere Steuern anstelle von Industriepolitik sollten nun das Wachstum befeuern. Nicht wirtschaftliche Neuigkeiten, eine neue Lagebeurteilung, ein Politikwechsel oder eine Überraschung an den Finanzmärkten legten den finanzpolitischen Schalter von Investieren auf Sparen um, sondern ein Urteil. Lindners parlamentarischer Staatssekretär Florian Toncar sprach sogar davon, dass das Bundesverfassungsgericht Haushaltskonsolidierung für weniger Schulden verlange.[452] Die Exekutive lagerte nun ihre Entscheidungen an die Judikative aus. Selbstverständlich stand nichts dergleichen im Urteil. Stattdessen verlangte das Gericht, dass der Bundestag für jedes Jahr, in dem Notlagekredite genutzt werden, eine Notlage beschließt.

Es folgte ein Haushaltstheater, das an die tragische Tradition der Neunzigerjahre anknüpfte. Dazu gehörte ein Hintergrundgeschehen, das eigentlich die ganze politische Aufmerksamkeit verdient hätte. In den Neunzigern wuchsen Ost und West nicht so zusammen wie gedacht, vor allem blieben die Investitionen im Osten aus. 2023 rutschte die deutsche Wirtschaft in die Rezession. Aus grünem Wachstum drohte braune Stagnation zu werden. Hohe Zinsen bremsten den Bau, fehlende Geschäftsmodelle und große Unsicherheit die Industrieinvestitionen in klimafreundliche Produktionsanlagen. Damals wie heute war die Politik mit anderem beschäftigt: Waigel mit der Auslagerung der Finanzierung von Bahninvestitionen an private Banken, um die von ihm selbst forcierte, striktest mögliche Auslegung der Maastricht-Kriterien einzuhalten; Lindner mit dem Agrar-Diesel, um der von ihm selbst gewählten, striktest möglichen Auslegung des Bundesverfassungsgerichtsurteils zu entsprechen. Die Bundesregierung hatte vorgeschlagen, die Subventionierung landwirtschaftlich genutzten Diesels zu beenden, um 0,5 Milliarden Euro einzusparen. Wenig später waren die Traktoren in Berlin. Unter die besorgten Bauern mischten sich Rechtsextreme, Vizekanzler Robert Habeck wurde auf der Rückreise aus dem Urlaub von einer wütenden Menge abgefangen. Die Stimmung war aufgeheizt, und das für eine Einsparung, die man schließlich halb zurücknahm und die die Größe eines Rundungsfehlers im Bundeshaushalt hatte.

Polittaktisch sind sowohl die Handlungen von Waigel als auch Lindner nachvollziehbar. Waigel wurde von einer SPD vor sich hergetrieben, die die punktgenaue Einhaltung der Maastricht-Kriterien zur Vertrauensfrage hochstilisierte; Lindner von der Union, die argumentierte, das Haushaltsloch wäre durch strikte Einsparungen, insbesondere bei Sozialleistungen, schließbar.[453] Der Ruf eines Regelbrechers macht sich für einen Unionsminister ungefähr so gut wie des Sozialstaatvergrößerers für einen FDP-Minister. Finanzpolitisch hätten sich beide Minister nicht auf Irrelevanteres konzentrieren können. Waigel, weil es die Verpflichtung, exakt drei und 60 Prozent zu erreichen, nie gegeben hatte, und Lindner, weil die Beendigung der Agrar-Diesel-Subvention 2024 sich sowieso erst auf den Haushalt 2025 auswirken würde. Die Hilfen werden immer erst im Folgejahr ausgezahlt. Trotz Kämpfen um Kleinstpositionen wuchs der Haushalt 2024 (inklusive Klima- und Transformationsfonds) in den Verhandlungen nochmals. Viel Kreativität und die Verschiebung von schuldenbremsenrelevanten Ausgaben zu solchen, die nicht gezählt werden, hatten das möglich gemacht: Anstelle von Bundeszuschüssen für Netzentgelte wurde nun die Aktienrente finanziert. Der Bund zahlte nicht mehr für den Ausbau der Bahn, sondern erhöhte ihr Eigenkapital, damit sie den Ausbau mit eigenen Schulden finanzieren konnte. Eine Rosskur in Austerität ist der Haushalt 2024 sicher nicht; es reichte den Verantwortlichen wohl, dass die Schuldenquote fiel.

Den Anforderungen der Zeit entsprach der Haushalt ebenfalls nicht. Das Bildungsministerium musste 200 Millionen Euro einsparen,[454] die Bahn strich weitgehend ihre Neubauprojekte,[455] und die Wirtschaft traf weiterhin keine Investitionsentscheidungen. Wie schon die Kosten der Einheit, ungefähr 100 Milliarden D-Mark pro Jahr, sind auch die Kosten der Zeitenwende, mindestens 100 Milliarden Euro pro Jahr,[456] schlicht nicht aus dem Haushalt zu finanzieren. Das wussten sowohl die opponierende SPD in den Neunzigerjahren als auch die Union 2023. Ihre Sparvorschläge während der Haushaltsdebatte nach dem Verfassungsgerichtsurteil summierten sich auf vier bis zehn Milliarden Euro pro Jahr, wenn man sehr großzügig rechnet.[457] Wieso sollte die Opposition eine Regierung aus der Zwickmühle befreien, in die sie sich selbst gebracht hatte? Eine Regierung, die ihre Finanzpolitik losgelöst von der Wirtschaft definiert, nimmt das Risiko in Kauf, entweder zu scheitern oder großen materiellen Schaden anzurichten. In den Neunzigerjahren passierte beides.

Bei ihrer Regelwerdung in Maastricht 1992 war die Schuldenquote nicht mehr als ein Referenzwert zur Beurteilung nachhaltiger Finanzen. Keiner der Beteiligten maß den 60 Prozent eine besondere Bedeutung zu. Entsprechend weich wurden die Vorgaben zur Vermeidung übermäßiger Defizite im Maastricht-Vertrag formuliert. Aber es war von Anfang an nicht der Vertrag, der die Schuldenquote so mächtig machte, sondern ihre politische Attraktivität. Endlich gab es ein leicht zu erinnerndes oberstes Ziel für die Finanzpolitik. Die Opposition fordert seine strikte Einhaltung ein. Die Regierung verabschiedet als Tugendsignal weitere Regeln, die die 60 Prozent in Zukunft sicherstellen sollen. Und spätestens nachdem ein ganzer technopolitischer Apparat um die ungefähren, indikativen, wenig bedeutungsvollen 60 Prozent aufgebaut war, erklärte sie die Bundesregierung zur absoluten, kontextunabhängigen Wahrheit. Aus nachvollziehbaren, ungefähren Richtwerten zur Staatsverschuldung wurde eine alles bestimmende Idee, die so vielem im Weg steht, nicht zuletzt der Freiheit.

Kapitel 7
Eine neue Finanzpolitik

Im Winter 2021/22 versuchte sich das Dezernat Zukunft an seinem ersten Team-Ausflug. Wir fuhren in das verschneite Oberbayern. Die Anreise glich einer Spieleshow im Fernsehen, in der bei jeder Etappe Teilnehmer ausscheiden. Die einen scheiterten an nicht fahrenden Zügen, die anderen an Erkältungen und die dritten an der Corona-Infektion des besten Freundes. Ungefähr die Hälfte des Teams schaffte es in das Auto für die finale Etappe von München in die Berge. Es war ein Uhr nachts, als wir an der kurzen Bergstraße ankamen, die uns von der Hütte trennte. 90 Sekunden fährt man hinauf. Zumindest dann, wenn das Auto nicht wie in dieser Nacht vor lauter Schnee und Eis am Hang abrutschte. Es war Zeit für Schneeketten. Nachts Ketten aufzuziehen macht ungefähr so viel Spaß, wie als Kind Skier zu tragen. Eindeutig hatte niemand von uns in letzter Zeit geübt. Eine Schneekette sieht aus wie ein Ballnetz, das man über den Reifen zieht, zumeist falsch herum. Wobei man erst beim Aufziehen der Ketten lernt, wie viele Arten von falsch herum es geben kann. Die Kolleginnen und Kollegen, die nicht entweder mit Youtube-Videos Anweisungen erteilten oder Taschenlampen hielten, liefen wahlweise herum, um sich warm zu halten, oder saßen im Auto, um die Füße aufzuwärmen. Handschuhe wären keine schlechte Idee gewesen. Nach mehrmaligem Sortieren der verschiedenen Strippen und Spanner war die erste Kette schließlich auf dem Reifen, der Verschluss notdürftig zu. Jetzt der Test: Würde sie halten, wenn wir losrollten? Ein regelmäßiges ›Klack‹-Geräusch ist gut, alles andere schlecht. ›Klack‹, ›klaack‹, Stille. Die Kette hing hinter dem Reifen auf der Achse herum, da wo man sich sehr schwarze Hände holt. Eine Kollegin mit noch unvereisten Fingern fischte sie heraus. Der nächste Versuch saß, und bei der anderen Kette (man braucht nur zwei) sah es fast so aus, als wüssten wir, was wir taten. Es war mittlerweile zwei Uhr morgens. Jetzt nur noch den Steilhang hinauf. Wir nahmen Anlauf. Klack, klack, klack. Die Ketten hielten. Das Auto rauschte die ersten Meter über das Eis hinweg. Viel weiter war es nicht mehr. Eine, vielleicht zwei Umdrehungen mussten die Reifen noch schaffen, um uns bis zur Kuppe zu bringen. Nach einer halben war Schluss. Die Reifen drehten durch. Das Auto schlitterte den Berg hinunter, als würde es auf den profillosen Gummisohlen unserer Städterturnschuhe fahren. Wir entkamen dem Zaun, der auf besonders unglückliche Hängenbleiber wartet, parkten das Auto im Dorf und kletterten mit Gepäck auf dem Rücken und unseren Turnschuhen an den Füßen am Rande der eisigen Fahrbahn den Steilhang hoch. In einer konsequent darwinistischen Spieleshow hätte mindestens einer abrutschen müssen, aber zum Glück ist die Realität manchmal doch etwas vergebender als ihre Inszenierung.

In der Finanzpolitik heute noch an Schuldenbremse und Schuldenquote festzuhalten ist ungefähr vergleichbar mit dem sturen Festhalten an Auto und Schneeketten. So als wären wir, ganz unabhängig von der Anzahl gescheiterter Versuche, fest überzeugt davon gewesen, dass uns nur das Auto mit den mühevoll aufgezogenen Ketten den Berg hochbringen könnte. Früher oder später wären wir so garantiert im Zaun des Nachbars gelandet und hätten großen Schaden angerichtet.

Die Geldpolitik schrappte in den Siebzigerjahren knapp am

Zaun vorbei. Ihre Schuldenquote war die Geldmenge. Nach Ende des Bretton-Woods-Systems, unter dem die Wechselkurse festgelegt waren, beschloss die Bundesbank im Frühjahr 1973, das Wachstum der Zentralbankgeldmenge zu steuern. Zentralbankgeld brauchen Geschäftsbanken ja, um Geld auszahlen zu können. Mit der Begrenzung der Zentralbankgeldmenge wollte die Bundesbank die Kreditvergabe begrenzen: Vergibt eine Geschäftsbank einen Kredit, braucht sie Zentralbankgeld, um diesen auszuzahlen.[458] Konnte eine Geschäftsbank bei der Bundesbank nicht ausreichend Zentralbankgeld bekommen, musste sie darauf hoffen, es bei einer anderen Geschäftsbank zu einem vertretbaren Zins leihen zu können. Da der Bedarf nach Zentralbankgeld stark schwankte, führte dieses System laut der Deutschen Bank zu »exotischen Zinsen«,[459] die zwischen null, 20 und 40 Prozent variierten.[460] Die Industrie lieh sich so gut wie kein Geld mehr an den Finanzmärkten.[461] Die Unsicherheit war extrem. Im August 1973 begann die Bundesbank, doch wieder Zinsen festzulegen, auch wenn sie das nicht laut sagte und bis 1988 offiziell bei ihrer Geschichte der Geldmengensteuerung blieb.[462] Nun haben Zentralbanken einen Vorteil gegenüber der Politik bezüglich ihres Lernprozesses: Gefährden sie mit ihren Handlungen das Funktionieren des Geld- und Kreditsystems, wird das sehr schnell sehr deutlich. Sie rutschen nicht langsam in den Zaun, sie krachen mit voller Geschwindigkeit in ihn hinein und reißen im Zweifel die halbe Wirtschaft mit sich. Die wiederholte Nahtoderfahrung erspart sich der Zentralbanker lieber und lässt schnell von problematischen Indikatoren ab.

Die Finanzpolitik hat eine andere Dynamik. Auf eine Schuldenquote von 60 Prozent des BIPs abzuzielen provoziert ziemlich sicher keine Nahtoderfahrung. Daher versucht es auch jede Regierung wieder. Dabei zerstört sie nicht das Kreditsystem, sie baut nur keine Schulen oder lässt die Bahn verfallen. Es ist wie ein langsames In-den-Zaun-Schlittern. Das macht es nicht weniger schlimm: Eine begrenzte Schuldenquote verhindert, dass die Regierung das Geld in den Dienst ihrer Politik stellen kann. Regierungen haben nur drei Machthebel – Gewalt, Gesetze und Geld –, von denen wir in den meisten Situationen nur zwei als legitim erachten. Von diesen zwei hat die Regierung nun den einen mehr oder weniger zufällig so eingestellt, dass er tendenziell gegen sie arbeitet. Er erzwingt einen Mangel an guten Jobs und eine fixe Bilanzgröße, anstatt eine Vollauslastung der Wirtschaft und eine Staatsgröße zu ermöglichen, die sich nach den aktuellen Bedarfen richten.

Eine Regierung, die das Geld wieder politischen Zielen unterordnen möchte, steht vor einer fundamentalen Herausforderung: Wenn die Schuldenquote nicht das Ziel ist, was ist es dann? Woran kann man überhaupt eine Finanzpolitik erkennen, die das Freiheitsrezept umsetzt, die also dafür sorgt, dass es ausreichend gute Jobs gibt, Grundbedürfnisse gedeckt sind und die Freiheit zukünftiger Generationen nicht beschneidet? Maximal allgemein gehalten sind gute Staatsfinanzen solche, die dafür sorgen, dass Geldströme in die politisch gewünschten Richtungen fließen und Wohlstand erhalten. Das ist jedoch noch keine sehr brauchbare Definition für ein politisches Ziel. Im nächsten Abschnitt schlage ich eine Definition vor, die helfen soll zu identifizieren, wann das Geld in der Wirtschaft richtig fließt.

Die Wirtschaftsnutzleistung

Bisher wird die Qualität der Geldströme mit dem Bruttoinlandsprodukt gemessen. Das BIP entspricht ungefähr der Bruttowertschöpfung, also dem Wert aller Endprodukte einer Wirtschaft abzüglich des Werts der Vorleistungen.[463] Als Endprodukt gilt zum Beispiel ein Auto, als Vorleistung ein Fensterheber, den der Autobauer beim Zulieferer einkauft. Heute wird das BIP meistens mit der Produktionsstatistik errechnet, es entspricht aber auch der Summe aller Einkommen einer Wirtschaft und der Summe der Ausgaben für Endprodukte. Wächst das BIP, gilt das als gut.

Die Unzufriedenheit über den Indikator ist seit langem groß. Daher konzentrierte sich die Forschung auf zahlreiche komplexere, nichtmonetäre Indikatoren, wie zum Beispiel den Human Development Index (HDI).[464] Der HDI betrachtet Lebenserwartung, durchschnittliche Dauer der Schulausbildung und Pro-Kopf-Einkommen eines Staates. Für alle drei Kategorien werden Werte einer Skala von null bis eins zugeordnet und miteinander multipliziert.[465] Solche Indikatoren mögen etwas über den Zustand der Gesellschaft aussagen, wenn sie präzise definiert sind. Von ihnen Rückschlüsse auf Geldflüsse zu ziehen ist aber schwer. Bisher hat es daher auch keiner der nichtmonetären Indikatoren geschafft, dem BIP Konkurrenz zu machen.

Vielleicht ist nicht die monetäre Natur des BIPs das Problem, sondern dass das BIP nicht die Geldströme misst, die uns heute wichtig sind. Historisch wurden Indikatoren zu Nationaleinkommen (zu denen auch das BIP gehört) für sehr unterschiedliche politische Ziele entwickelt. Den ersten großen Auftritt hatte das Nationaleinkommen in Deutschland nach dem Ersten Weltkrieg. Im Friedensvertrag von Versailles war festgelegt, dass die Höhe der Reparationszahlungen von Deutschlands Fähigkeit abhängen sollte, diese tatsächlich bewältigen zu können. Nur wie sollte man diese Fähigkeit definieren? Walther Rathenau, deutscher Minister für Wiederaufbau, sah es als eine der wichtigsten Aufgaben seines Hauses an, die Produktionsfähigkeit des Reichs zu schätzen. Würde man sich nur auf »Papierfragen« (Einsparungen, Mehreinnahmen) anstatt »Produktionsfragen« konzentrieren, könnten die Alliierten von Deutschland die Einführung immer weiterer Steuern fordern. Es bestünde das Risiko, dass man unendlich hohe Reparationen zahlen müsste, wenn die realen Grenzen nicht klar definiert würden.[466] Also war es wichtig, die Produktionsleistung akkurat vermessen zu können. In der zweiten Hälfte der Zwanzigerjahre hatten die Schätzungen des Nationaleinkommens bereits ein neues Ziel: Sie sollten es dem Staat ermöglichen, Konjunktursteuerung zu betreiben, also die Nachfragepumpe richtig einzustellen. Staatsausgaben und Steuern flossen daher nun auch in die Berechnung ein. Außerdem begann das Statistische Reichsamt umfassende Statistiken zu öffentlicher Beschaffung zu erheben, damit der Staat mit seinen Käufen nicht für eine Überhitzung der Wirtschaft sorgte.[467]

In den USA diente das Nationaleinkommen wieder ganz anderen Zwecken. US-Präsident Roosevelt referierte im Baseball-Stadion der Pittsburgh Pirates BIP-Zahlen, um die Wirkung des New Deals auf das Einkommen der Wählerschaft zu zeigen.[468] Die frühen amerikanischen Kalkulationen konzentrierten sich entsprechend auf Einkommen.[469] Das Ziel änderte sich mit dem Eintritt der USA in den Zweiten Weltkrieg. Statt um Einkommen ging es nun um Produktion, insbesondere die Produktion von Waffen. Die Methode zur Berechnung des BIPs wurde angepasst: Vor dem Krieg galten Waffen nicht als Endprodukt. Im Krieg sollte anders gezählt werden, argumentierte Simon Kuznets, Ökonom beim National Bureau of Economic Research und Entwickler der ersten BIP-Zahlen. Die Menschen bräuchten nun das Gewehr genauso wie die Butter, um zu überleben. Militärische Güter und Investitionen in Kriegsanlagen zählten ab da zum Nationaleinkommen.[470]

Geldflüsse aufzuaddieren ist keine starre, objektive Übung, selbst wenn es um ein bestimmtes Konzept wie das Nationaleinkommen geht. BIP-Definitionen bauen auf zahlreichen, teils sehr politischen Einzelentscheidungen auf, die morgen auch in die andere Richtung gefällt werden könnten. Anstatt den Indikator als nutzlos abzustempeln, könnte man versuchen, ihn präziser an den heutigen politischen Zielen auszurichten, und dann überlegen, ob es noch einen weiteren Indikator braucht. Mit dem BIP wird zwar heute die gesamte Wirtschaft eines Landes erfasst, es ist aber eigentlich ein Maß für die Industrieproduktion. Die Bruttowertschöpfung einer Fabrik lässt sich deutlich besser messen als die eines Kindergartens. Für das mit Erziehung veredelte Kind gibt es weder einen Marktpreis, noch lässt sich eine Vorleistung bewerten. Man merkt, dass Roosevelt nicht wissen wollte, wie gut die Kinderbetreuung war, sondern wie viele Autos, Flugzeuge und Munitionskugeln die USA produzieren konnten, als er den BIP-Indikator entwickeln ließ.

Ein Staat braucht Produktion. Nicht nur, weil Menschen nie allein von Luft und Liebe leben. Sondern auch, weil begehrte Autos und Maschinen zu verkaufen international Macht bedeutet. Deutsche Autoexporte waren das realwirtschaftliche Äquivalent deutscher Staatsanleihen. Die Bundesrepublik ist auch deswegen einer der mächtigsten Staaten der Welt, weil sie Produkte exportiert, die alle haben wollen. Liberia ist auch deswegen einer der ohnmächtigsten Staaten der Welt, weil es so gut wie nichts selbst produziert und selbst die allermeisten Grundnahrungsmittel importiert. Macht, so unangenehm der Begriff gerade für deutsche Ohren klingen mag, ist eine Voraussetzung für einen handlungsfähigen Staat. Eine Regierung, die selbst abhängig ist, kann den Wählerwillen höchstens eingeschränkt umsetzen. Ob ich nicht mit zweierlei Maß messe, mögen Sie fragen. Auf der einen Seite soll in Deutschland keiner die Kontrolle über den anderen haben können, damit alle die Chance auf ein selbstbestimmtes Leben haben. Und nun will sie uns ernsthaft erklären, dass man auf der internationalen Bühne nach Macht streben soll? Genau das. Es gibt aktuell kein globales Regelgebilde, dem wir unsere Macht übergeben können, es gibt nur andere Staaten. Möchte Deutschland ein verantwortungsvoller Spieler sein, nutzt es seine Macht, um zu einer globalen – oder etwas realistischer – europäischen Ordnung beizutragen, die auch anderen Staaten die Umsetzung von Freiheit als Nichtbeherrschung ermöglicht.

Das BIP ist so wichtig wie in mancher Hinsicht problematisch. Einige in ihm enthaltene Entscheidungen passen nicht ganz zu unseren gesellschaftlichen Zielen. Nehmen wir es ernst, dass Geld der Gesellschaft dient, könnte man hinterfragen, ob tatsächlich jegliche Aktivitäten des Finanzsektors als Endprodukt der Wirtschaft gelten sollten.[471] Der bei den Vereinten Nationen arbeitende Ökonom Jacob Assa schlägt vor, Aktivitäten des Finanzsektors nicht als Endprodukt, sondern als Vorleistung zu verbuchen.[472] Von einem Kredit kann schließlich keiner abbeißen, er wird aber benötigt, um zum Beispiel eine Fabrik zu bauen. Damit ist er eigentlich eine klassische Vorleistung. Andy Haldane, der ehemalige Chefvolkswirt der Bank of England, möchte den Beitrag von Banken zum BIP zumindest um das aufgenommene finanzielle Risiko bereinigen. Eine Bank, die mehr Risiko auf sich nimmt – auch weil sie weiß, dass im Zweifel der Staat einspringt –, trage nicht wirklich mehr zur Wirtschaftsleistung eines Staats bei als eine Bank, die weniger Risiko geht, argumentiert Haldane.[473] Ein heute noch größeres Thema ist die Ignoranz des BIPs gegenüber der Umwelt. Seit den Achtzigerjahren gibt es das Konzept eines grünen BIPs, das Umweltschäden und den Verbrauch von natürlichen Ressourcen berücksichtigt. Heute könnte man überlegen, Kosten für den CO_2-Ausstoß zu veranschlagen. Einen Schattenpreis für CO_2, der Wohlfahrtseinbußen reflektiert, gibt es bereits. Der liegt heute bei 237 Euro pro Tonne CO_2.[474] Allerdings scheitert Klimaschutz derzeit nicht an einer klaren Zielvorgabe. Es gibt öffentlich weithin bekannte und unterstützte Ziele zur CO_2-Reduktion. Sie werden nur nicht eingehalten, weil wahlweise die politischen oder die finanziellen Kosten als zu hoch erscheinen.

Die oben genannten Anpassungen des BIPs könnten helfen, besser zu vermessen, wie viel produziert wird. Das BIP galt aber in der Vergangenheit auch noch als Maß dafür, wie viel uns die Wirtschaft nutzt. Grob gesprochen entsprachen mehr Autos, mehr Waschmaschinen und mehr Fernseher mehr Nutzen. 1960, als es noch keine 100 Autos pro 1.000 Einwohner gab[475] (heute sind es 583[476]) und die Menschen in der Bundesrepublik noch große Strecken zu Fuß zurücklegten, ergab das Sinn. Heute produziert die deutsche Wirtschaft so viel, dass sie auf Abnehmer im Ausland angewiesen ist. Gut drei Viertel der deutschen Autoproduktion wird exportiert.[477] Die Sorge ist heute in Deutschland nicht mehr der materielle Mangel, sondern der Verlust guter Jobs. Wir haben Autos und Kartoffeln im Überfluss, dafür fehlt es an Beschäftigung, die für das Leben zahlt, und Grundbedürfnisse in Bereichen wie Erziehung, Bildung und Pflege sind nicht gedeckt, dabei werden diese sozialen Dienstleistungen immer wichtiger: Die Zahl der alten, pflegebedürftigen Menschen steigt genauso wie die Bildungsrendite.

Daher sollte das BIP um einen weiteren monetären Indikator ergänzt werden, der reflektiert, wie sehr uns die ganze Wirtschaftsaktivität eigentlich nützt. Im Folgenden schlage ich dafür die Wirtschaftsnutzleistung (WNL) vor. Im Gegensatz zum BIP erfasst sie nicht die Wertschöpfung, sondern den konkreten Nutzen, den wir aus einem Geldstrom ziehen. Sie fragt nicht, wie viele Endprodukte eine Wirtschaft in der Lage ist herzustellen, sondern wie viel der Wirtschaftskreislauf von dem abwirft, das wir brauchen: Erziehung, Bildung, Pflege, gute Löhne[478] und Renten. Natürlich braucht es noch mehr, unter anderem öffentliche Infrastruktur wie die Eisenbahn. Möglichst viel Geld in Eisenbahnen fließen zu lassen ist aber kein besonders sinnvolles Ziel. Es sollen schon Gleise ins Nichts verlegt worden sein. Auch Gesundheit berücksichtige ich in der ersten Version dieses Indikators nicht, da besonders hohe Gesundheitsausgaben kein guter Indikator für gute Gesundheitsversorgung sind. Zuletzt lasse ich Wohnen außen vor, da mehr Geld für Wohnimmobilien noch lange nicht bedeutet, dass mehr Menschen ausreichend Wohnraum haben. Stattdessen könnten auch die Bodenpreise gestiegen sein. Es bräuchte daher für die Wohnkomponente des Nutzleistungsindikators eine Methodik, die zumindest spekulative Preisanstiege ignoriert. Da Wohnen sowohl ein essenzielles Grundbedürfnis ist als auch der Bausektor einen sehr großen Teil der Wirtschaft ausmacht, sollte die Nutzleistung möglichst bald um eine Wohnkomponente ergänzt werden.

Nun zur Berechnung der einzelnen Komponenten der WNL: Ich beginne mit den Grundbedürfnissen Erziehung, Bildung und Pflege. Wie vermisst man den Nutzen dieser drei Bereiche am besten? Während an Autos interessant ist, wie viel man mit ihnen verdient, ist an Kitaplätzen interessant, wie viele es gibt. Mehr Erziehung, Bildung und Pflege gibt es, grob gesprochen, wenn mehr Geld in die Richtung fließt: Dass man in diesen drei Bereichen mehr Geld grob mit mehr Angebot gleichsetzen kann, liegt daran, dass Erziehung, Bildung und Pflege sehr personalintensiv sind. Wollen wir mehr von ihnen, müssen wir als Gesellschaft mehr anständige Gehälter in den drei Bereichen zahlen. Der erste Teil der WNL entspricht daher der Summe der Ausgaben für Erziehung, Bildung und Pflege. Bevor Sie das Haar in der Suppe suchen, weil auch eine Schule schon einmal überteuerte

IT angeschafft haben soll: Die Annahme, dass mehr Geld automatisch mehr Nutzen entspricht, wird in der Tat nicht immer zutreffen. Gewagter als manche BIP-Annahme ist sie aber auch nicht. So nimmt das BIP zum Beispiel an, dass mehr illegale Aktivität, zum Beispiel die Produktion illegaler Drogen, mehr Wertschöpfung bedeutet. Volkswirtschaftliche Gesamtrechnungen sind grobe Rechen.

Die Vermessung von guten Löhnen und Renten ist etwas komplizierter. Löhne und Renten einfach aufzuaddieren wäre nicht besonders sinnvoll. Um das Beispiel von Löhnen zu nehmen: Bekommt die Programmiererin statt ihres Gehalts von 200.000 Euro nun 400.000 Euro pro Jahr, ist das zwar schön für sie, viel freier ist unsere Gesellschaft dadurch aber nicht geworden. Hätte stattdessen ihr Arbeitgeber das Gehalt von zehn Lieferfahrern erhöht, die bisher nur knapp über die Runden kommen oder sogar staatliche Unterstützung erhalten, sähe es anders aus. Mehr Menschen hätten nun ausreichend Geld zum Leben und damit eine Chance auf Selbstbestimmung. Wir wären dem Ideal einer freien Gesellschaft ein Stück näher gekommen. Die Nutzleistung sollte daher reflektieren, wie viele ausreichend hohe Löhne unsere Wirtschaft abwirft. Die Lohnkomponente der WNL entspricht daher dem jährlichen Lohn, den es mindestens für ein selbstbestimmtes Leben braucht, multipliziert mit der Anzahl der Arbeitsplätze, die mindestens diesen Lohn zahlen. Gehen wir von den im ersten Kapitel sehr krude überschlagenen knapp 18 Euro Stundenlohn aus, ergibt das ein Jahresgehalt von etwas weniger als 37.000 Euro.[479] Derzeit verdienen etwas weniger als 50 Prozent der Beschäftigten in Deutschland mindestens so viel.[480] Für Renten gilt das gleiche Prinzip wie für Löhne. Es geht darum, dass alle Renten ausreichend hoch sind, um davon leben zu können. Wie für die Löhne fehlt für die anständige Rentenhöhe in Deutschland eine etablierte Zahl. Übersetzt man die Schätzung der Joseph

Rowntree Foundation für die Kosten eines anständigen Lebens für Rentner in den deutschen Kontext, ergibt das 1.200 Euro pro Monat oder knapp 16.000 Euro pro Jahr. Knapp 50 Prozent der Renten liegen aktuell darüber.[481]

Die so ermittelte Nutzleistung des Jahres 2023, die beziffert, wie viel Geld in Erziehung, Bildung, Pflege, gute Jobs und gute Renten fließt, beläuft sich auf rund 1,2 Billionen Euro. Das entspricht knapp 30 Prozent des BIPs.[482] Knapp ein Drittel der Wirtschaftsleistung trägt dazu bei, die für Freiheit als Nichtbeherrschung essenziellen Voraussetzungen zu schaffen. Wird hier nicht doppelt gezählt? Wenn mehr Geld in die Pflege fließt und die Altenpflegerin plötzlich gut bezahlt wird, erhöht sich die Nutzleistung gleich an zwei Stellen. Es fließt nun schließlich mehr Geld in die Pflege und in gute Löhne. Das stimmt. Es spiegelt aber auch eine zweifache Verbesserung wider: die für den alten Menschen, der besser gepflegt wird, und die für die Altenpflegerin, die nun besser leben kann. Die Nutzleistung vermisst nicht die Höhe eines Stapels von Autos, Kartoffeln und Laser wie das BIP. Die Nutzleistung misst, ob die Geldströme dorthin fließen, wo wir sie brauchen. Deswegen ist sie auch kein Ersatz für das BIP, sondern eine Ergänzung. Während das BIP materiellen Wohlstand und geopolitische Macht vermisst, zeigt die Nutzleistung, ob wir unseren Wohlstand im Interesse der Gesellschaft einsetzen. Wachstum, eine zunehmende Nutzleistung und die Einhaltung der Klimaziele bilden zusammen sicher nicht perfekte, aber praktisch hilfreiche Zielkoordinaten für die Finanzpolitik.

Eine redemokratisierte Schuldenregel

Selbst wenn Sie den genannten Zielkoordinaten zustimmen, fragen Sie vielleicht, welchen Unterschied es denn macht, das Ziel neu zu bestimmen, wenn die Politik sowieso nicht danach handeln kann. Schließlich hätten Kapitel 5 und 6 ja gezeigt, dass die deutschen Staatsfinanzen in Regeln eingemauert sind, die es der Politik nahezu unmöglich machen, gezielt auf bessere Löhne und Renten und eine bessere Abdeckung von Grundbedürfnissen hinzuarbeiten. Konkret stünde die Schuldenbremse seit 2009 mit den Artikeln 109 und 115 im Grundgesetz und habe den Vorrang der Schuldenquote vor Vollbeschäftigung, Investitionen und vorsorgender Finanzpolitik etabliert. Es bräuchte Zweidrittelmehrheiten im Bundestag und Bundesrat, um Artikel 109 und 115 des Grundgesetzes zu ändern. Solche Mehrheiten sind angesichts der zersplitterten Parteienlandschaft für eine Regierungskoalition nahezu unmöglich zu erreichen. Es müssten also auch Oppositionsparteien im Bundestag und eine deutliche Mehrheit der Länder zustimmen. Zumindest nach der bisherigen Logik tendiert die Opposition aber nicht dazu, mitzuhelfen, die finanziellen Spielräume der Regierung zu erweitern – und zwar ganz unabhängig von der jeweiligen Parteifarbe. Mehr Geld bedeutet mehr Macht. Wieso sollte die Opposition der Regierung freiwillig Macht überlassen? Eine Änderung der Schuldenbremse im Grundgesetz ist also eher unwahrscheinlich. So betrachtet, sieht es düster aus für eine neue Finanzpolitik.

Aber vielleicht ist gar keine Grundgesetzänderung nötig, um eine neue Finanzpolitik machen zu können. Denn in Artikel 115, der die Schuldenbremse für den Bund beschreibt, steht nichts von einem Vorrang der Schuldenquote; nach einer notwendigen Arbeitslosenquote – Sie erinnern sich an die NAIRU –

sucht man auch vergeblich. Das Grundgesetz schreibt lediglich, dass »bei einer von der Normallage abweichenden konjunkturellen Entwicklung die Auswirkungen auf den Haushalt im Auf- und Abschwung symmetrisch zu berücksichtigen [sind]«.[483] Auf Deutsch heißt das: Wenn die Wirtschaft schlecht läuft, darf sich der Bund mehr verschulden, wenn die Wirtschaft gut läuft, weniger (oder muss gegebenenfalls sogar Überschüsse machen). Mehr hat das Grundgesetz zur Nachfrage- und Machtpumpe nicht zu sagen. Es enthält weder eine quantitative Obergrenze noch eine Berechnungsmethode. Der zentrale Begriff, die ›Normallage‹, wird im Grundgesetz nicht weiter definiert. Genauer beschrieben wird die Normallage erst in einem einfachen Gesetz und einer Rechtsverordnung, dem Artikel-115-Gesetz und – Sie werden es ahnen – der Artikel 115-Verordnung (siehe Abbildung 13). Für die Änderung einfacher Gesetze und Verordnungen braucht es keine Zweidrittelmehrheiten. Der oberste Haushälter der Bundesrepublik, der Bundestag, könnte die Definition der Normallage mit einfacher Mehrheit ändern. Seit Einführung der Schuldenbremse hat sich jedoch jede Regierungskoalition entschieden, der existierenden Definition zu folgen und weder Gesetz noch Verordnung zu ändern. Nicht die Verfassung, sondern die Selbstbindung der Politik steht einer anderen Finanzpolitik im Weg.

Es wird aber noch besser: Nicht alle zur Bestimmung der Konjunkturkomponente nötigen Vorgaben finden sich in diesen einfachgesetzlichen Vorschriften. Sie verteilen sich dazu noch über Arbeitspapiere, Computercode-Skripts und Excel-Tabellen der Bundesregierung, Europäischen Kommission und der OECD, die außer ein paar Spezialisten kein Mensch kennt. In diesen Vorschriften und Papieren wird aus der Normallage das ›Produktionspotenzial‹ und aus dem Produkt aus Produktionslücke und Budgetsemielastizität (siehe Kapitel 5) die Konjunkturkomponente. Das erstaunte meinen Kollegen Florian

Schuster und mich dann doch, als wir in den Anfangstagen unserer Denkfabrik Dezernat Zukunft die Konjunkturkomponente in ihre Einzelteile zerlegten. Es geht hier ja nicht um eine obskure Nischenregelung, wie der steuerlichen Absetzbarkeit des Katzenfriseurs, sondern um das Königsrecht des Parlaments, die Entscheidung über den Haushalt sowie um eminent wichtige, grundlegende Großfragen zu Arbeit und Gleichberechtigung.

Abbildung 13: Aufbau der Schuldenbremse

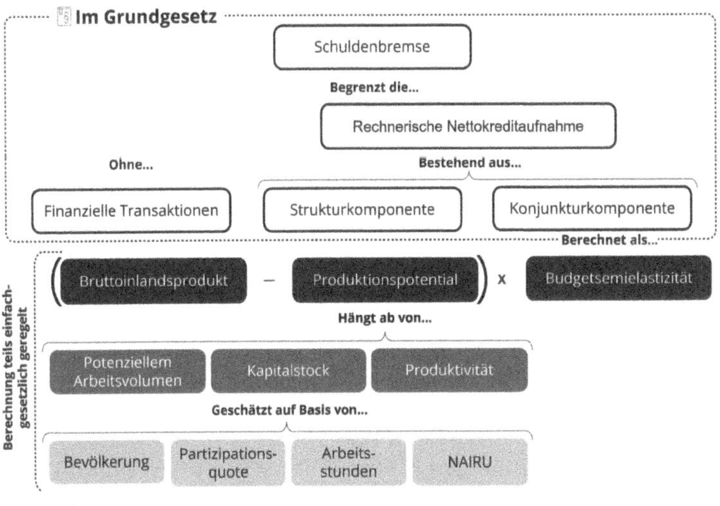

Anmerkung: Im europäischen und deutschen Kontext wird die ›NAIRU‹ ›NAWRU‹ genannt. Zur besseren Verständlichkeit ist auch in dieser Abbildung von der ›NAIRU‹ die Rede.

Tatsächlich hat die Schuldenbremse in ihrer heutigen Ausgestaltung möglicherweise ein verfassungsrechtliches Problem. Es stellt sich heraus, dass man die staatliche Kreditaufnahme nicht so behandeln kann wie steuerliche Detailfragen rund um den

Katzenfriseur. Über Letztere können Finanzministerium oder auch das Finanzamt vor Ort ruhig selbst entscheiden. Anders verhält es sich bei grundsätzlichen Fragen zum Bundeshaushalt. Denn der Gesetzgeber, das Parlament, darf sich in einer Demokratie nicht selbst entmachten. Wesentliche Entscheidungen muss der Bundestag per Gesetz selbst fällen, anstatt sie der Verwaltung zu überlassen. Zu diesen wesentlichen Entscheidungen gehört auch die zulässige Kreditaufnahme für den Bundeshaushalt. So unglaublich es klingt: Heute bestimmt über die Kreditaufnahme eine Formelsammlung, die niemand kennt. Sie kommt aus den Tiefen des deutsch-europäischen Verwaltungsapparats. Weil das nicht richtig ist, argumentiert Ute Sacksofsky, Vizepräsidentin des Staatsgerichtshofs Hessens, also des Hessischen Landesverfassungsgerichts, dass das Parlament die vorgegebene Berechnungsmethode nicht als »automatisch zwingende Vorgabe« verstehen dürfe.[484] Heute behandelt die Politik die Berechnungen zur Konjunkturkomponente aber genau so.

Das Problem mit der Schuldenbremse ist wesentlich größer, als wir zu Beginn unserer Arbeit an der Konjunkturkomponente vermutet hatten. Säße die Schuldenbremse auf der Anklagebank, wäre die ökonomisch missglückte Definition des Produktionspotenzials ihr geringstes Problem. Die Staatsanwaltschaft würde ihr Verfassungswidrigkeit vorwerfen. Verfassungswidrigkeit wegen der unrechtmäßigen Übernahme einer unveräußerlichen Funktion des Parlaments, der Bestimmung der zulässigen Kreditaufnahme.[485] Die Politik könnte die Konjunkturkomponente der Schuldenbremse also nicht nur ändern; sie sollte dies zum Schutz von Demokratie und Verfassung auch unbedingt tun.

Wir, das Dezernat Zukunft, haben 2021 einen entsprechenden Reformvorschlag vorgelegt.[486] Anstatt das Potenzial pauschal als Fortschreibung der vergangenen Wirtschaftsleistung zu definieren, sollte es unseres Erachtens zukünftig tatsächlich um die

Vollauslastung der Wirtschaft gehen. Wir sind der Überzeugung, dass jede und jeder die Chance auf einen Job verdient. Ab wann die Wirtschaft als voll ausgelastet gilt, sollten die Mitglieder des Bundestags auf Basis ihrer politischen Überzeugungen festlegen. Also zum Beispiel: Gelten 35, 40 oder 50 Stunden als Vollzeit? Streben wir eine Gesellschaft an, in der Männer und Frauen gleiche Chancen auf Erwerbsarbeit haben? Wie viel Zuwanderung in den Arbeitsmarkt soll es geben?

Baut der Staat – aufgrund einer demokratischen Entscheidung – Kindergärten und Ganztagsschulen, sollte das Produktionspotenzial der Wirtschaft wesentlich höher ausfallen, als es heute aufgrund der Vorgaben des technopolitischen Apparats der Fall ist. Schließlich könnten erheblich mehr Frauen Erwerbsarbeit nachgehen. Im Kontext unseres Reformvorschlags haben wir geschätzt, zu welchem zusätzlichen Kreditspielraum eine Erhöhung der Frauenerwerbstätigkeit führen könnte. Allein die höhere Arbeitsmarktpartizipation von Frauen erhöhte den finanziellen Spielraum in unseren Berechnungen um gut fünf Milliarden Euro. Erhöhte Arbeitsstunden aufgrund weniger unfreiwilliger Teilzeit hatten einen ähnlich großen Effekt.[487] Frauenerwerbstätigkeit und Arbeitsstunden sind aber nur zwei von zahlreichen Stellschrauben des Produktionspotenzials, die – je nach aktueller Politik – angepasst werden könnten. Politik, die für eine geringere Erwerbsbevölkerung sorgt, würde den finanziellen Spielraum verringern: Würde zum Beispiel eine Rente mit 60 eingeführt, schrumpfte die Erwerbsbevölkerung und damit das Produktionspotenzial. Der Bund hätte in der Folge weniger Kreditspielraum. Damit der Bundestag das Potenzial bestimmen kann, müssten die Ministerien Schätzungen zu den Auswirkungen der einzelnen Politikmaßnahmen erarbeiten. Fachleute liefern die Empirie, die Politik entscheidet.[488] Natürlich wären Schätzungen des Potenzials auf Grundlage aktueller Politik mit Unsicherheiten behaftet. Niemand kann exakt vorhersagen, wie sich einzelne Maßnahmen etwa im Bereich Kindergartenausbau nun genau auf die künftige Erwerbsquote von Frauen auswirken. Aber deswegen einfach das Potenzial auf Basis vergangener Werte festzulegen, scheint kaum sinnvoll. Denn das ist nahezu sicher falsch.[489] Würde der Bundestag selbst bestimmen, was Vollauslastung der Wirtschaft bedeutet, und angeben müssen, mit welchen Politikmaßnahmen er diese Vollauslastung zu ermöglichen gedenkt, stünde er in der Verantwortung, diese Politik auch umzusetzen. Die Wählerschaft hätte einen klaren Maßstab, an dem sie die Politik messen könnte.

Endlich wäre wieder zusammengebracht, was zusammengehört: die Entscheidung über die inhaltliche Politik einerseits und den dazugehörigen finanziellen Rahmen andererseits. Aus der stumpfen Bremse wäre eine wachstumsfördernde Regel geworden, die nicht mehr eine fallende Schuldenquote über Vollbeschäftigung, Gleichstellung und damit langfristig nachhaltige Finanzen stellt. Die Staatsbilanz könnte schwanken, soweit die Bundesregierung es will. Die Regierung könnte sich BIP-Wachstum und eine höhere Nutzleistung der Wirtschaft zum Ziel setzen.[490] Für höhere Bildungsausgaben gäbe es nun zusätzlichen finanziellen Spielraum, genauso wie für eine Politik, die für mehr Arbeit sorgt. Mehr Arbeit führt nicht nur zu mehr Freiheit, sondern adressiert auch eine der größten Herausforderungen des Bundeshaushalts: die wachsenden staatlichen Zuschüsse an die Rentenversicherung. Diese dienen vor allem dazu, die niedrigen Renten von Frauen zu subventionieren. Die durchschnittliche Rente der Männer beträgt 1.728 Euro im Monat, die der Frauen gerade einmal 1.316 Euro, und das trotz verschiedener staatlicher Zuschüsse, die vor allem Frauen zugutekommen.[491] Verdienen Frauen während ihres Erwerbslebens mehr, müssen sie später weniger durch den Staat alimentiert werden, um ein menschenwürdiges, selbstbestimmtes Leben führen zu können.

Eine Schuldenbremse, die auf der Anklagebank ob ihrer eigenen Verfassungskonformität nicht mehr schwitzen müsste, und eine Finanzpolitik, die endlich produktive Ausgaben beförderte, das hörte sich in unseren Ohren sehr gut an. Die Reaktionen auf unseren Vorschlag fielen gemischt aus. Nachdem Florian Schuster und ich die Reform auf einer Konferenz vorgestellt hatten, erklärte uns einer der Fachleute aus der Verwaltung doch tatsächlich, die Potenzialschätzung sei ihre Sache, nicht die der Politik. So ähnlich sah es manch ein Ökonom: Explizit politische Sachverhalte als solche zu kennzeichnen und zurück in die Hände der Politik zu geben, sei Pippi-Langstrumpf-Ökonomie.[492]

Wir freuten uns über das inhaltlich konstruktive Feedback, waren aber besonders auf die Reaktion des Ministerialapparats gespannt. Einen solchen Vorschlag zu machen ist ja in etwa so, wie ein Nilpferd in den Hintern zu piksen. Es kann sein, dass das Nilpferd gar nichts davon mitbekommt; es kann aber auch sein, dass es energisch seine Ablehnung zum Ausdruck bringt. In unserem Fall war es eine energische Ablehnung. Sie kam, wie angesichts der Geschichte der deutschen Finanzpolitik zu erwarten, im europäischen Kleid. Die europäischen Regeln, die schon als Argument für die Einführung der Schuldenbremse hatten herhalten müssen, sollten nun begründen, dass nichts geändert werden darf. In dem einfachen Gesetz, das die grundgesetzlichen Bestimmungen zur Schuldenbremse näher ausführt, steht nämlich, dass die Bundesregierung das Verfahren zur Berechnung der Konjunkturkomponente in Übereinstimmung mit dem europäischen Verfahren festlegt.[493] Dass das deutsche Verfahren schon heute anders funktioniert als das europäische, dass Deutschland auch über das europäische Verfahren mitbestimmt, blieb unerwähnt. Ebenso unerwähnt ließen die Kritiker, dass die Regierung jederzeit dieses Gesetz mit einer einfachen Mehrheit im Bundestag ändern könnte und dass die meisten Staaten in Europa die Potenzialschätzung sowieso abschaffen wollen. »Der einzige Grund, wieso sie noch existiert, ist die deutsche Verfassung«, sagte mal ein hochrangiger Vertreter eines anderen europäischen Staates zu mir. Während die meisten Länder in Europa die Potenzialschätzung abschaffen wollten, argumentierten deutsche Fachleute, dass man an der deutschen Potenzialschätzung aufgrund europäischer Vorgaben nichts ändern könne. Es bewegte sich dann aber doch ein bisschen mehr. Auch andere Ökonomen fingen an, Vorschläge zur Konjunkturkomponente zu machen. Mehr und mehr Journalisten interessierten sich für das Thema und versuchten, unsere neue Schuldenbremsenreform-Spezies einzuordnen. Wir scheiterten regelmäßig daran, die Konjunkturkomponente in drei bis vier allgemeinverständlichen Sätzen zu erklären. Es hatte ein bisschen was von Zungenbrecher-Aufsagen.

Zwei Jahre, ein Evaluationsverfahren durch das Wirtschaftsministerium, viele Berechnungen und Expertendiskussionen später erklärte Christian Lindner Ende 2023 beiläufig im Interview mit dem Redaktionsnetzwerk Deutschland, die Konjunkturkomponente überarbeiten zu wollen.[494] Nur adressierte seine Reform das große verfassungsrechtliche Problem nicht, sondern tauschte eine willkürliche Statistik durch die andere aus. Wie zuvor sollte die Verwaltung über das Potenzial entscheiden. Lindner hat aber auch keinen Anreiz, sich von dem technopolitischen Apparat zu befreien. Ganz im Gegenteil, dieser Apparat hilft ihm, finanzielle Spielräume zu finden, wo er sie braucht, und sie zu unterbinden, wo er sie nicht haben will. Für die FDP ergab es Sinn, so zu handeln, die Koalitionspartner widersprachen aber auch nicht. Weder SPD noch Grüne hinterfragten, ob sie sich weiterhin freiwillig mit einem verfassungsrechtlich problematischen Prozess die Hände zusammenbinden wollten. In vorauseilendem Gehorsam nahm man an, dass die Schuldenbremse eine quantitative Begrenzung enthalten müsse. Damit waren sie nicht allein.

Die meisten Ökonomen, die Reformvorschläge einbrachten, wollten nichts an dem Prinzip ändern, dass Fachleute das Potenzial bestimmen.[495] Dafür gibt es zwei schlechte Gründe: erstens die Sorge, dass sich eine Politik, die nicht von den Fachleuten ein hartes Kreditlimit vorgesetzt bekommt, grenzenlos verschuldet. Die historische Evidenz dafür ist dünn: In knapp zwei Drittel der Jahre von 1982, dem Beginn der schwarz-gelben Koalition unter Kohl, bis zur Einführung der Schuldenbremse 2009, erwirtschaftete die Regierung vor Zinsen einen Überschuss (einen Primärüberschuss). Selbst im ersten Jahr der Bankenkrise, 2008, schloss Steinbrück den Haushalt mit einem Primärüberschuss von 1,3 Prozent des BIPs ab. Sehr viel mehr sollte auch Schäuble in späteren Jahren nicht schaffen.[496] Zweitens, sobald die Ökonomen zugeben, nicht *das* eine, objektive, über alles erhabene Potenzial berechnen zu können, verliert das Konzept an Unangreifbarkeit. Ein auf Basis von Politikmaßnahmen geschätztes Potenzial ist offensichtlicher anfechtbar als eines, das der technopolitische Apparat ausspuckt, ganz gleich welche okkulten Formeln im Verborgenen des Apparats wirken. Das wiegt umso schwerer, da die Potenzialschätzung schon jetzt in einer prekären Lage ist: Zentralbanker und finanzpolitische Experten von der EZB über die Fed, die Europäische Kommission bis hin zum Europäischen Fiskalausschuss sind sich einig, dass es nicht *die* eine Formel gibt, die ohne menschliches Zutun *das* richtige Potenzial ausspuckt.[497] Deutschland baut sein verfassungsrechtliches Kreditlimit auf einer Zahl auf, deren Schätzung im Ausland als ›die Suche nach dem Yeti‹[498] bezeichnet wird. Die Gefahr, dass politische Debatten um das richtige Potenzial das Konzept weiter schwächen, ist real. Und würde die Potenzialschätzung vor den Augen der Republik zerfallen, wäre von der ehemals harten Schuldenbremse wenig übrig.

Aber auch dieses Problem ließe sich lösen, und zwar mit einer Grundgesetzreform. Idealerweise sollte das Ergebnis einer solchen Reform präziser auf den Zweck des Grundgesetzes zugeschnitten sein als die heutige Regel. Das Grundgesetz beschreibt, »wie die politische Ordnung sein soll«[499]. Es hat weder den Zweck, eine bestimmte ökonomische Theorie zur unumstößlichen Wahrheit zu erklären noch kurzfristige Problemstellungen zu beantworten. Die Schuldenbremse tut beides. Sie stützt sich auf die Annahme, dass das Potenzial der Wirtschaft langfristig nicht von Finanzpolitik beeinflusst werden kann, und sollte helfen, die in den Zweitausenderjahren für zu hoch befundene Verschuldung zu senken. Für die Ewigkeit war sie nicht gedacht, wie Clemens Fuest, heute Präsident des ifo Instituts, in der Sachverständigenanhörung zur Reform der Schuldenbremse im Bundestag erklärte. Das »vorrangige Ziel«, so Fuest 2007, »besteht darin, in den nächsten zehn, 20 Jahren die Verschuldung zu bekämpfen.«[500] Widerspruch gab es keinen. In der Beschreibung unserer grundsätzlichen Ordnung hat eine Regel, die ein Problem der kommenden zehn bis 20 Jahre adressiert, nichts verloren.

Eine Schuldenregel, die dem Zweck des Grundgesetzes entspricht, sollte disziplinierte, demokratische Finanzpolitik grundsätzlicher beschreiben, als die Schuldenbremse es tut. Über die grobe Zielsetzung der Regel dürfte Einigkeit bestehen: Auf der einen Seite wollen wir, dass der Staat die Eichhörnchenrolle ernst nimmt; er also Einnahmen und Ausgaben ständig darauf überprüft, ob sie auch tatsächlich der politischen Zielsetzung entsprechen, anstatt sich nur deswegen zu verschulden, weil das einfacher ist. Auf der anderen Seite wollen wir, dass der Staat als Kapitalist auftritt und Kredite aufnimmt, wenn es den demokratisch festgelegten Zielen entspricht.

Zwei Vorgaben könnten diese Umschreibung wesentlich präziser abbilden als die heutige Schuldenbremse. Erstens eine Zweckbeschränkung, die dafür sorgt, dass die Regierung nur

Kredite aufnehmen darf, die nicht zu Inflation führen. Denn darüber, dass Inflation schlecht ist, sind sich wahrscheinlich alle einig. So sollte die Bundesregierung Kredite nutzen dürfen, um die Nachfragepumpe richtig einzustellen, also für Vollauslastung zu sorgen, ohne dass es zu Inflation kommt. Daneben sollte die Regierung produktive Ausgaben mit Krediten finanzieren dürfen.[501] Als produktive Ausgabe gilt alles, was das wirtschaftliche Potenzial erhöht. Solche Ausgaben wirken antiinflationär. Ermöglicht zum Beispiel ein großes Kitaausbauprogramm mehr Müttern, erwerbstätig zu sein, stehen mehr Arbeitskräfte als vorher zur Verfügung, und es dauert länger, bis die Arbeitslosigkeit so niedrig ist, dass Beschäftigte hohe Lohnforderungen stellen können.

Nur Verschuldung auszuschließen, die die Inflation befeuert, ist aber noch keine sehr enge Begrenzung. Noch wichtiger ist daher die zweite Vorgabe. Die soll der Öffentlichkeit ermöglichen zu kontrollieren, ob die Politik so mit dem Geld umgeht, wie sie es angekündigt hat. Dazu könnte die Schuldenregel im Grundgesetz vorschreiben, dass sich jede Regierung ein finanzpolitisches Ziel setzen muss. Ein neu eingesetzter Parlamentarischer Fiskalrat könnte die Einhaltung des Ziels überprüfen und der Öffentlichkeit darüber berichten. Wie die Regierung ihr finanzpolitisches Ziel formuliert, bliebe ihr überlassen. Sie müsste es in der Öffentlichkeit verteidigen. Eine so ausgestaltete Schuldenregel hätte einen großen Vorteil: Regierungen könnten nicht länger ihre Spar-Tugend beweisen, indem sie Schuldenregeln für zukünftige Generationen einführen. Der Tugendbeweis wäre nun zwangsweise die Umsetzung der selbst gesteckten Ziele.

Eine wie beschrieben ausgestaltete Schuldenregel würde die Finanzpolitik nicht mehr mit quantitativen Kreditgrenzen aus den Tiefen des Formelapparats beschränken, sie dafür aber stärkerer öffentlicher Kontrolle aussetzen. Es ginge weniger um

Kennzahlenfetischismus und mehr darum, ob die Politik ihren Ankündigungen Taten beziehungsweise das Geld folgen lässt.

Bis zu einer Grundgesetzänderung wie der hier vorgeschlagenen mag es noch ein langer Weg sein. Dass sich aber etwas an der Schuldenbremse ändern wird, ist sehr wahrscheinlich. Denn auch die deutsche Ökonomenlandschaft ist längst nicht mehr, was sie einmal war. Die oberste Wirtschaftsweise Monika Schnitzer schreibt im *Economist* über die Notwendigkeit einer Schuldenbremsenreform, anstatt dem Rest der Welt deutsche Stabilitätskultur zu predigen.[502] Ordoliberale und wirtschaftsnahe Ökonomen veröffentlichen gemeinsam mit ihren linken und gewerkschaftsnahen Kollegen Vorschläge für schuldenfinanzierte Investitionen und bringen das ideologische Koordinatensystem durcheinander.[503] Selbst die Bundesbank schlug 2022 eine Überarbeitung der Schuldenbremse vor.[504] Die Frage dürfte nicht mehr sein, ob sich dieser Wandel im finanzpolitischen Regelwerk niederschlägt, sondern wie – und wann.

Technopolitische Sirenen

Wir alle wollen gerne Geschichten, die geradeaus in Richtung Fortschritt marschieren. Eine solche Geschichte habe ich Ihnen gerade von der Schuldenbremse erzählt. Niemand vermag zwar genau zu sagen, was wann wie passiert, aber es sieht in Deutschland so aus, als sei der fieberhafte Ausbau des technopolitischen Apparats vorbei.

Europa dagegen baut seinen technopolitischen Apparat mit Verve weiter aus, und das mit wesentlich modernerer Technologie als Deutschland. Hierzulande soll eine Schuldenbremse mit mehr oder weniger zufälliger Defizitbegrenzung, aus der dann auch noch dies und das herausgerechnet wird, eine Schuldenquote von 60 Prozent des BIPs sicherstellen. Nicht so in Europa. 2022 schlug die Europäische Kommission vor, für alle EU-Staaten individualisierte Vorgaben für den Abbau der Schuldenquote zu berechnen. Der IWF hatte in den Nullerjahren einen Apparat dafür entwickelt: eine große Excel-Tabelle,[505] die, mit Zahlen zu Wachstum, Zinsen, Haushaltssaldo und Inflation gefüttert, die Entwicklung der Schuldenquote berechnet. Erfunden wurden diese sogenannten Schuldentragfähigkeitsanalysen, um die Kreditvergabe des IWFs zu depolitisieren.[506] Denn wie die Europäische Kommission auch, ist der IWF eine technische Behörde, die versuchen sollte, nach objektiven Kriterien zu entscheiden.

Die Schuldentragfähigkeitsanalysen haben aber das gleiche Problem wie der Potenzialschätzungsapparat: Sie sind stark abhängig von Annahmen, die nicht mit naturwissenschaftlicher Präzision getroffen werden können, weil sie – wie im Fall des Potenzials – von der Politik selbst abhängen.[507] Ob Deutschlands Wachstumspotenzial 2035 bei 0,3 oder einem Prozent liegt, ist heute nicht festgelegt. Der IWF beschränkt seine Projektionen der Schuldenquote daher auf fünf Jahre (und liegt trotzdem meistens grob falsch). Die Europäische Kommission will nun Schuldenquoten *14 Jahre* in die Zukunft projizieren und davon Vorgaben für Staatsausgaben über die nächsten Jahre ableiten; Vorgaben für die Haushaltspolitik souveräner Staaten. 2024 wird man also eine Prognose bis zum Jahr 2039 erstellen und abhängig davon die maximal zulässigen Ausgaben für den deutschen Staat von 2025 bis 2029 ableiten. Das ist so, als hätte man 2005 versucht, 2019 vorherzusehen. 2005 galten Finanzmärkte noch als effizient, Schröder und Putin unterzeichneten die Absichtserklärung zum Bau der Nord-Stream-Pipeline, und das iPhone war noch nicht erfunden. Die Weltlage galt als ruhig. Heute stehen aggressive Autokraten, Erderwärmung und der Aufstieg der extremen Rechten im Wettbewerb um die größte Bedrohung;

nur um dann kurzzeitig von einer Pandemie überholt zu werden. Wenn wir eines über die nächsten Jahre wissen, dann, dass wir nichts wissen – außer, laut Europäischer Kommission, der Entwicklung der Schuldenquote. Was berechnet werden kann, wird berechnet.

Fallende Schuldenquoten sind damit auch in Europa zum Anker für alle Finanzpolitik geworden. Früher gab es wenigstens Defizitziele (erst drei Prozent, dann ein Prozent, dann 0,5) und die Schuldenquote. Generell spielte die Einhaltung der Drei-Prozent-Grenze für das Defizit die wichtigste Rolle. Mit den neuen Regeln gibt es nur noch ein Ziel: die Reduktion der Schuldenquote. Aber nicht nur das. Die Europäische Kommission hat auch festgelegt, dass Sparen zu fallenden Schuldenquoten führt,[508] obwohl der IWF gezeigt hat, dass dem in den meisten Fällen nicht so ist (siehe Kapitel 5). Den Konflikt zwischen nötigen Investitionen, um Wachstum in einer dekarbonisierten Welt zu erhalten, und Einsparungen löste die Kommission, indem sie die Klimaziele ignorierte. In den Schuldentragfähigkeitsanalysen wachsen die europäischen Wirtschaften wie in der Vergangenheit, auch wenn sie gleichzeitig ihre Emissionen radikal senken müssen. Konflikte mit anderen Politikzielen kümmern nicht. Jeromin Zettelmeyer, Chef der Brüsseler Denkfabrik Bruegel und ehemaliger IWF-Ökonom, fasste die in den Analysen implizierte Hierarchie der politischen Ziele präzise zusammen, als er in einer Anhörung erklärte: »Die Schuldentragfähigkeit steht über allem« (im Original: »Debt sustainability reigns supreme«).[509]

Als ich das erste Mal von dem Vorschlag der Europäischen Kommission zu Schuldentragfähigkeitsanalysen las und dazu im Europäischen Parlament vortragen sollte, hatte ich große Sorge, etwas falsch verstanden zu haben. Ich schrieb meine Kritik so wenig polemisch wie möglich auf ein paar PowerPoint-Folien, fuhr damit nach Brüssel und realisierte, dass Paolo Gentiloni, der für die Reform zuständige EU-Kommissar, auf dem Podium direkt neben mir saß. Er würde meinen Vortrag kaum so stehen lassen können, müsste entweder erklären, dass ich falschlag oder meine Punkte irrelevant waren. Immerhin würde ich sagen, dass die Projektionen weitgehend sinnfrei, die Zielsetzung gefährlich und das Regelregime undemokratisch seien. Gentiloni wies nichts zurück. Es gäbe keine Alternative, sagte er nach der Anhörung, stand auf und ging.

Aus Sicht der Europäischen Kommission stimmte das vermutlich. Die Kommission ist eine technokratische Institution, die gewählten Regierungen Finanzpolitik vorschreiben soll. Solange es konkurrierende Ziele gibt und quantitative Vorgaben nicht mehr als Orientierungspunkte sind, riskiert der Technokrat ständig, entweder die politische Linie zu überschreiten oder ignoriert zu werden. Objektivität ist seine ganze Legitimation. Die Schuldenquote zum einzigen Ziel zu erklären und die richtige Politik mit einem technopolitischen Apparat errechenbar zu machen löst dieses Problem.

Nationale Regierungen kritisierten den Vorschlag der Europäischen Kommission als entweder zu großzügig oder zu streng. Wer welche Position bezog, war weitgehend vorhersagbar. Frankreich wollte möglichst wenige kurzfristige Verpflichtungen zum Schuldenabbau, Macron regiert voraussichtlich noch bis 2027. Deutschland, das für sich selbst von einer fallenden Schuldenquote ausging, bestand auf Mindestverpflichtungen für den Schuldenabbau. Anderen europäischen Staaten, insbesondere Frankreich, finanziellen Spielraum für Subventionen zu geben konnte nicht im deutschen Interesse sein. Die Niederländer, Mitglied des U60-Clubs, wollten Ausnahmen für Staaten mit niedrigen Schuldenquoten. Ein Thema spielte in den Diskussionen so gut wie keine Rolle: die Technokratisierung der Politik, der Griff der Europäischen Kommission nach der Macht. Europa führte ein IWF-ähnliches Regime ein, in dem eine technische Organisation auf Basis willkürlicher Excel-Formeln weitreichende Haushaltsvorgaben macht. Und keiner störte sich daran.[510] Das verwundert nur so lange, bis man sich in die Lage europäischer Regierungen versetzt, die Wahlen gewinnen wollen. Wer setzt da seine politischen Chips für langfristige Strukturfragen ein? Regeln sind die Metaebene, Geld ist die Realpolitik. Und bei dieser Realpolitik steht viel auf dem Spiel: Es geht mindestens so sehr um die eigenen Spielräume wie um die Konkurrenzfähigkeit mit anderen EU-Staaten. Europa ist eine Gemeinschaft, aber immer auch ein Wettbewerb. So verteidigt am Ende jeder Staat seine Interessen und die Europäische Kommission ihre technische Rolle. Wir mögen es uns gerne anders vorstellen, aber die Geschichte tendiert nicht notwendigerweise zum Fortschritt, sondern manchmal auch einfach zur institutionendienlichen Lösung. Die hält dann so lange, bis die Kosten zu groß werden, zum Beispiel durch eine militärische Bedrohung von außen. Wenn die Schuldenquote nicht für mehr Freiheit weicht, dann vielleicht für mehr Waffen. So begann bereits die amerikanische Finanzpolitik. In Kriegen nahm die Regierung in Washington so viel Kredit wie möglich auf, danach bezahlte man die Schulden weitgehend ab, wuchs aus ihnen hinaus oder inflationierte sie weg.[511]

Dabei ist die Bedrohung von innen heute nicht weniger akut. In sechs europäischen Staaten stellten Anfang 2024 rechtspopulistische Parteien den Regierungschef oder sind an der Regierung beteiligt.[512] Sieht man sich die Wahlergebnisse rechtsradikaler Parteien in Europa im Zeitverlauf an, wird die Landkarte brauner und brauner. Diesen Trend in seiner Gänze zu verstehen ist sicher komplex. Eines jedoch wissen wir aus der Forschung: Sparpolitik befördert den Aufstieg rechtspopulistischer Parteien. Das gilt insbesondere, wenn alle demokratischen Parteien hinter einer Austeritätspolitik stehen, die mit einer Rezession einhergeht.[513] Dann kommt ein perspektivloser Wähler, der angesichts der wirtschaftlichen Lage keine Hoffnung hat, zusammen mit einem, der der Politik nicht mehr vertraut, weil sie ihm das angetan hat, und einem, der wie ein in die Ecke gedrängtes Tier gar nicht wählt oder eben rechtsaußen.

Welche politischen Kräfte diese Kombination schlimmstenfalls entfalten kann, erlebte Deutschland in den Dreißigerjahren. 1928 erreichte die NSDAP gerade einmal 2,6 Prozent bei der Reichstagswahl, deutlich weniger als die AfD bei ihrer ersten Bundestagswahl. Schon damals hinkte Deutschland wirtschaftlich massiv hinterher, hatte Jahre des wirtschaftlichen Abstiegs und der Unsicherheit hinter sich. Laut Adam Toozes *Wages of Destruction* waren es Jahre kontinuierlicher wirtschaftlicher Enttäuschung. Während die Amerikaner ihre Küchen mit neuen Kühlschränken bestückten, konnten sich die Deutschen kaum die Butter leisten; und das, obwohl die Menschen hart arbeiteten und man in vielem technologisch führend war, zum Beispiel in der chemischen Industrie und in verwandten technischen Industriezweigen; die erste Kältemaschine, den Vorläufer des Kühlschranks, hatte Carl von Linde 1873 entwickelt.

Ende der Zwanzigerjahre brach die Weltwirtschaftskrise aus, die Arbeitslosigkeit vervierfachte sich, das Pro-Kopf-Einkommen sank rapide. Es war sehr leicht, den Glauben an den Fortschritt und insbesondere an die internationale Wirtschaftsordnung zu verlieren.[514] Reparationszahlungen und Abschwung brachten die Regierung in immer größere Finanznöte. SPD-Reichskanzler Hermann Müller hatte schon 1929 begonnen zu sparen. Sein ab März 1930 regierender Nachfolger, der ›Hungerkanzler‹ Heinrich Brüning, antwortete mit einem per Notverordnungen durchgesetzten Sparprogramm. Von 1931 auf 1932 reduzierte er die Ausgaben um ein Fünftel und beschleunigte die Verelendung.[515] Sterberaten schossen in die Höhe, die Menschen starben an Lungenentzündungen, Influenza oder einfach fehlender Versorgung.[516] Die Elenden, die Arbeits- und gänzlich Mittellosen, waren nicht die, die Rechtsaußen unterstützten. Wer nichts mehr zu verlieren hatte und den Wohlfahrtsstaat brauchte, wählte die Kommunisten oder vielleicht die Sozialdemokraten. Es waren die, die keine Sorge vor der Arbeitslosigkeit, aber sonst auch keine Hoffnung hatten, die am anfälligsten für die Versprechen der Nationalsozialisten waren. Nach dem schlechten Wahlergebnis 1928 hatten die ihre Strategie geändert und fokussierten sich nun vor allem auf das wirtschaftliche und soziale Versagen der SPD. Intendierte Zielgruppe waren die Arbeiter;[517] den größten Erfolg hatten die Nationalsozialisten aber bei Ladenbesitzern, selbstständigen Fachkräften und Hausangestellten. Für sie war die NSDAP die Partei der sozialen Mobilität, die ein besseres Leben versprach.[518] Hitler sprach vor Rüstungsarbeitern nicht von seinen imperialen und genozidalen Vernichtungsplänen, sondern von einer besseren Welt: »Ich habe den Ehrgeiz, das deutsche Volk reich, das deutsche Land schön zu machen. Ich möchte, dass der Lebensstandard des einzelnen gehoben wird.« »Anspruchslosigkeit« war für ihn »der Feind jeden Fortschritts«.[519] In Wirklichkeit hatte laut Tooze Aufrüstung oberste Priorität. Bereits ab 1933 wurde ihr alles untergeordnet, der Anteil der Kriegsproduktion an der nationalen Wirtschaft stieg von einem auf 20 Prozent. Der Staat konsumierte Waffen, nicht die Bevölkerung Volksprodukte. Schon mit Beginn des Kriegs drückte die Regierung den Lebensstandard noch unter das Vorkriegsniveau.[520]

1930 aber wurden die Nationalsozialisten von vielen Deutschen als der Kontrast zu Brünings Austeritätsprogramm gesehen. In der Wahl vom September 1930 gewannen sie 18 Prozent – ein massiver Stimmenzuwachs im Vergleich zu den 2,6 Prozent von 1928. Im Jahr 1932 verhalf das Fortschrittsversprechen der NSDAP zum Wahlsieg. Mit 37 Prozent wurde sie größte Partei im Reichstag.[521] Die weitere Geschichte war sicher nicht vorgezeichnet. Tooze hält es sogar für wahrscheinlich, dass die nationalsozialistische Diktatur hätte verhindert werden können, wenn man es geschafft hätte, Hitler ein paar Monate länger aus der Regierung herauszuhalten.[522] Austerität war auch nicht der eine entscheidende ökonomische Faktor, der die Machtergreifung ermöglichte. So spielten zum Beispiel die Interessen der Bauern, die mit dem Preisverfall an den internationalen Rohstoffmärkten zu kämpfen hatten und Importquoten forderten, eine große Rolle. Aber der Konsens der demokratischen Parteien zur Austerität überließ Hitler die Fortschrittserzählung und ermöglichte ihm so, breite Unterstützung für den menschenverachtenden Nationalsozialismus zu mobilisieren.

Die heutigen Umstände sind zum Glück andere als damals. In Deutschland mag sich die Wirtschaft schwach entwickeln, von Massenarbeitslosigkeit, Verelendung und Unterversorgung sind wir jedoch weit entfernt. Selbst in Griechenland, dem europäischen Staat mit dem striktesten Austeritätsregime, stieg die Mortalität nicht an. Allerdings gab es signifikante Einbußen beim Pro-Kopf-Einkommen infolge der Finanzkrise: In Griechenland fiel es um 26 Prozent, in Italien um elf Prozent und in Spanien um zehn Prozent. Griechenlands und Italiens Pro-Kopf-Einkommen lagen auch zuletzt noch unter dem von 2007.[523] Deutschlands fiel zwischen 1913 und 1923 um 32 Prozent.[524] Wenn Einkommenszuwächse ein ungefährer Gradmesser für den individuellen Wohlstandsgewinn und damit auch für die Unterstützung des aktuellen Wirtschaftssystems sind, ist Europa mit Austeritätspolitik schon weit gegangen, dieser Unterstützung die materielle Grundlage zu entziehen. Und auch wenn wir uns in vielerlei Hinsicht in einer anderen Situation befinden: Die Dreißigerjahre geben eine Idee davon, wieso Strukturwandel ein solches Minenfeld ist; insbesondere, wenn die Bevölkerung glaubt, dass Sparpolitik zumindest mitschuldig ist am Wegfall der alten Jobs. Wer Weißwein trinkend beim frühabendlichen Vortrag damit in Berührung kommt, mag Sparpolitik auf einer intellektuellen Ebene befürwortenswert finden; damit endlich einmal priorisiert wird; weil es sowieso privates, nicht öffentliches Kapital braucht; oder wegen der Kinder, die nicht auf den Schuldenbergen spielen sollen, vor allem nicht auf denen der Südeuropäer. Der Arbeiter, der glaubt, dass der Staat mindestens Mitschuld am Verschwinden der eigenen Beschäftigung hat, sieht das anders. Und wird die Politik von einem scheinbar objektiven technopolitischen Apparat verordnet, der keine politische Farbe hat, sondern Teil der allseits akzeptierten Institutionen ist, ist die logische Konsequenz, sich gegen genau diese Institutionen zu wenden. Es ist noch nicht einmal die Austerität an sich, die so gefährlich ist. Es ist die Austerität, die von scheinbar depolitisierten Finanzapparaten verordnet wird und Wohlstand mindert. Europa hat sich entschieden, beides zu tun: Die Handlungsempfehlungen entspringen Excel-Tabellen, die errechnen, wie sehr gespart werden muss, um die Schuldenquote ausreichend zu senken. Ob das der Wirtschaft schadet oder nicht, bleibt weitgehend unbeachtet. Der Finanzapparat der EU depolitisiert zwar vordergründig Staatsfinanzen, aber zu einem Preis, den eigentlich niemand zahlen will, wenn wir das Kleingedruckte richtig lesen. Staatsfinanzen sind zu wichtig, um sie von Apparaten formen zu lassen, die allein Institutionenlogik und Realpolitik folgen und bei denen es dem Zufall überlassen bleibt, wo sie im Spektrum zwischen zerstörerisch bis hilfreich liegen.

Auch in den USA war die Geschichte der Währungs- und Fiskalunion keine vom geradlinigen Fortschritt. Knapp 130 Jahre lang bestand die Finanzpolitik der US-Regierung aus Kriegsfinanzierung. Bis 1917 autorisierte der Kongress jede einzelne zweckgebundene Ausgabe von Staatsanleihen, die auch nur einen legitimen Zweck kannte: Verteidigung der nationalen Sicherheit. Der einzig gute Haushalt in Friedenszeiten war ein ausgeglichener Haushalt.[525] Erst mit Eintritt in den Ersten Weltkrieg gestattete der Kongress der Regierung ein gewisses Volumen an nicht zweckgebundener Verschuldung.

Einen großen Unterschied zu Europa gab es jedoch: Der amerikanische Föderalstaat besaß einen politischen Kopf in Washington. In der Großen Depression wollte der republikanische Präsident Herbert Hoover zwar auch keine Defizite zulassen. Stattdessen sah er seine Rolle darin, den Haushalt mit Steuererhöhungen auszugleichen, und hob den Spitzensteuersatz auf 62 Prozent an. Es siegte aber die Realpolitik. Hoover selbst verdoppelte die Ausgaben für den Autobahnbau, der Kongress machte Zugeständnisse gegenüber Veteranen, die die Auszahlung ihrer Boni forderten, und die Steuereinnahmen kollabierten.[526] Die Antwort der US-Regierung auf die Große Depression konnte nicht so zerstörerisch sein wie die Europas auf die Schuldenkrise.[527] In Washington saß eine Regierung, die für den Umgang mit der Wirtschaftskrise verantwortlich und offensichtlich in der Lage war, sich zu verschulden, wenn es notwendig wurde. Hoover machte schließlich Schulden.

Bis Washington bewusst den Haushaltssaldo einsetzte, um die Nachfrage zu beeinflussen, sollte es aber noch lange dauern. 1934 schrieb ein Ökonom des Finanzministeriums das erste Mal über staatliche Verschuldung als Nachfragepumpe, die Regierung hielt aber nicht viel davon.[528] Es brauchte Ökonomen wie Alvin Hansen in Harvard, der Keynes' Ideen zu Akzeptanz in der Wissenschaft verhalf. Und es brauchte die Unterstützung einer weiteren zentralen gesellschaftlichen Kraft: der Unternehmer. 1942 gründete sich das Committee for Economic Development (CED). Das CED setzte sich bewusst von den alten Unternehmergruppen ab, wollte sich nicht als Lobby, sondern als eine Vertretung des öffentlichen Interesses verstanden wissen. Das Ziel war politische und kulturelle Deutungshoheit.[529] Man lud Wissenschaftler ein und machte Politikvorschläge, die den eigenen Interessen entsprachen und politisch gangbar waren. Natürlich ging es auch darum, für Unternehmen schädliche Politik abzuwenden, indem man selbst attraktive Lösungen anbot. Die Gefahr von Steuererhöhungen war sehr real. Als Hansen mit einer Gruppe Ökonomen vom Budgetbüro und der Fed einen *Full Employment Act* vorschlug, lehnte das CED nicht ab. Stattdessen machte es konkrete Änderungsvorschläge, um die für Politik vorgesehene Rolle weniger aktiv zu gestalten. Eine Politik, die auf Abschwünge mit Ausgabenprogrammen und Steuererhöhungen reagierte, war schließlich nicht im Unternehmerinteresse. 1946 wurde der *Employment Act* verabschiedet, mit dem sich die Regierung in Washington offiziell dem makroökonomischen Management der Wirtschaft, also dem Einsatz der Nachfragepumpe, verschrieb.[530] In Europa existiert heute keine Business-Lobby, die sich aktiv in die Finanzpolitik einmischt. Business Europe, der größte und mächtigste Arbeitgeberverband in Brüssel, hatte zur Reform des *Stabilitäts- und Wachstumspakts* kaum etwas zu sagen. Was der Verband von sich gab, entsprach einer gemäßigten konservativen Position.[531] Sowohl die ökonomische Debatte als auch die Auseinandersetzungen zwischen Unternehmen und Politik zu Staatsfinanzen finden im heutigen Europa auf nationaler Ebene statt.

Für eine wirklich sinnvolle europäische Finanzpolitik braucht es einen europäischen politischen Kopf, der sich den Wählern gegenüber verantworten muss und der das europäische Projekt für Unternehmen wieder so relevant macht, dass sie sich konstruktiv einbringen. Zum einen, weil sie sonst Sorge haben müssen, dass ihre Interessen nicht gewahrt werden, und zum anderen, weil der alte Kontinent wieder eine Wachstumsperspektive bietet, anstatt aufgrund zufälliger Finanzpolitik in der Stagnation zu vermodern. Solange es für das politischste aller Politikgebiete in Europa keine Führung gibt, haben nationale Regierungen und Europäische Kommission keinen Anreiz, sich der technopolitischen Sirenen zu erwehren. Genau das wäre aber nötig, um zumindest unter Beachtung nationaler Interessen den bestmöglichen Kompromiss zu erarbeiten. Daher ist der Weg zu einer besseren Finanzpolitik fundamental verwoben mit einer stärkeren europäischen Einheit. Die wiederum kann es nur geben, wenn sie im Eigeninteresse der einflussreichsten Staaten ist. Auch die amerikanischen Bundesstaaten gaben nicht einfach Macht an die neue Regierung ab. Im Rahmen des bedeutendsten Kuhhandels der Geschichte übernahm die Regierung 1790 die Schulden der Bundesstaaten, bekam dafür das Recht, entsprechende Zölle und Steuern zu erheben, und versprach den Südstaaten, die zukünftige Hauptstadt an den Potomac zu legen.[532] So entstand Washington D. C. In Europa dürfte etwas mehr nötig sein als das Versprechen einer Hauptstadt; zum Beispiel eine gemeinsame Energie- und Verteidigungspolitik, die dazu beiträgt, sich der Bedrohung von außen zu erwehren und die Zukunft der europäischen Industrie zu sichern. Finanziert werden könnte diese über zweckgebundene Schulden, wie sie nicht nur die USA 130 Jahre lang praktizierten, sondern wie sie die EU mit dem Wiederaufbaufonds bereits umgesetzt hat.

In der Zwischenzeit würden rationale Regierungen die Komplexität der europäischen Schuldenregeln nutzen, um für ihre nationalen Haushalte Kompromisse auszuhandeln, die Dekarbonisierung, eine Verstärkung der Verteidigung, Wachstum und ein hohes Beschäftigungsniveau nicht vollkommen unmöglich machen. Wo viele komplexe Regeln sind, gibt es meist auch einen Weg, das Richtige zu tun, wenn man nur will. Eine per Gesetz auf 60 Prozent des BIPs begrenzte Schuldenquote würde solche Kompromisse jedenfalls nicht verhindern, da es sie nie gegeben hat. Finanzpolitisch konstruktive Kompromisse sollten auch im Interesse Deutschlands sein, damit wir nicht vollends von Amerika abhängig werden.

Sparstaat oder Respektrepublik?

Die Schuldenquote nicht mehr so wichtig zu nehmen geht schnell. Die Finanzpolitik so zu ändern, dass mehr Geld in den Nutzleistungen (guten Jobs, Renten, Erziehung, Bildung und Pflege) zirkuliert, ist mühselig. Vor allem bietet eine solche Neuausrichtung der Finanzpolitik weniger Möglichkeiten für schnelle Tugendsignale als die Verabschiedung neuer Schuldenregeln. Es geht um nicht weniger als ein neues deutsches Wachstumsmodell. In sich ist der bisherige Kurs kohärent. Seit der Einführung des Euros wächst Deutschland über den Export.[533] Aus dem Handelsbilanzdefizit im Jahr 2000 wurde innerhalb von sieben Jahren ein Überschuss von sieben Prozent. ›Hidden‹ und ›not so Hidden Champions‹ verkauften dem Ausland mehr und mehr schnurrende Motoren, Laser und Antikörper. Unternehmen und Beschäftigte verdienten gut. Denkt man an den klassischen guten Job für jemanden mit Berufsausbildung (weiterhin die Mehrheit in Deutschland), mit hoher Sicherheit und dreizehntem Monatsgehalt, ist es immer noch der in der Industrie.

Zu einem solchen Geschäftsmodell passt ein anämischer Geldfluss in Richtung Nutzleistungen wie der Janker zum Dirndl. Je mehr Geld für soziale Dienstleistungen gebraucht wird, desto höhere Abgaben muss schließlich irgendjemand zahlen. Hohe Abgaben sind aber gar nicht gut für die internationale Wettbewerbsfähigkeit der deutschen Unternehmen. Und flösse tatsächlich mehr Geld in Nutzleistungen, stiegen höchstwahrscheinlich auch die Lohnkosten. Es sieht so aus, als wäre das Reservoir an Leuten, die gerne für vergleichsweise wenig Geld maximal verdichtete Arbeit leisten, zumindest in Deutschland erschöpft. Auch das ist nicht im Interesse des deutschen Geschäftsmodells. Steigende Löhne verschlechtern schließlich auch die Wettbewerbsfähigkeit. Bisher ist es gelungen, das zu verhindern. Seit

Einführung des Euros sind die Lohnkosten in Deutschland sehr viel langsamer gewachsen als in den anderen großen europäischen Wirtschaften. Wir reden hier nicht von einem Unterschied von fünf Prozent, sondern von 25 und mehr. In den Niederlanden wuchsen die Lohnkosten fast doppelt so schnell (siehe Abbildung 14). Aus Sicht des deutschen Industriearbeiters mag das nicht schön, aber nachrangig sein, weil sein Lohn bereits gut zum Leben reicht und er latente Angst um seinen Job hat. Niedrige Lohnkosten sind für die Exportwirtschaft hilfreich, weil sie die heimische Nachfrage niedrig halten und so dafür sorgen, dass auch dauerhaft die Lohn-Preis-Spirale niemandem das Geschäft versaut.

Abbildung 14: Lohnentwicklung Europa

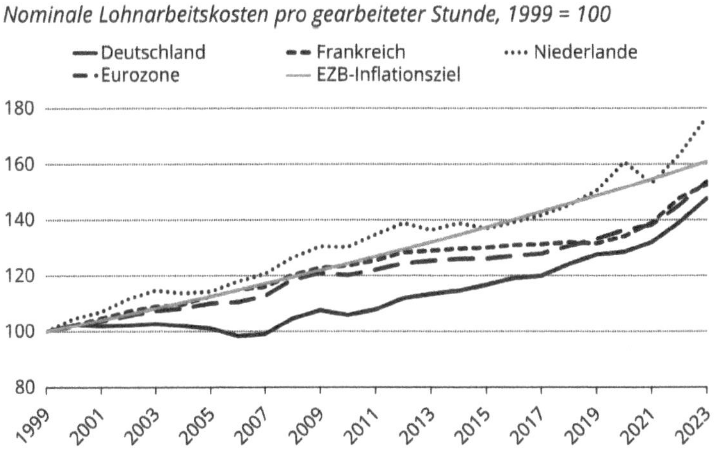

Quelle: Eurostat

Wissenschaftler sind sich nicht einig, was Ursache und was Effekt ist: ob das deutsche Geschäftsmodell von der Exportwirtschaft getrieben wird, zu der ein kleiner Staat passt; oder ob der Sparstaat dazu führt, dass die Wirtschaft nur über Exporte wachsen kann.[534] Ganz gleich, welche Seite die treibende Kraft ist: Mit Autos vollbeladene, gen USA segelnde Containerriesen und anämische Geldströme in Richtung der Nutzleistungen passen zusammen. Je nach Auge des Betrachters ist der Nutzleistungsteil der Wirtschaft schlank oder verkümmert. Wer aus einem Sparstaat eine Respektrepublik machen möchte, wird auch Antworten für die Industrie finden müssen. Und genau das ist die Sollbruchstelle einer Reform des deutschen Wirtschaftsmodells.

Mehr Bildung will eigentlich jeder, eine würdigere Altenpflege und anständige Löhne auch. Aber das etablierte Geschäftsmodell aufkündigen, das das Land zum Exportweltmeister und den Industriearbeiter stolz gemacht hat? Vor allem, wenn die Amerikaner gerade händeringend versuchen, wieder Industrieland zu werden, nachdem sich die Dienstleistungswirtschaft nicht als das gelobte Land herausstellte, in dem für alle Milch und Honig fließen? »If it ain't broke, don't fix it«, soll Jimmy Carters Direktor des Office for Management and Budget, Bertram Lance, als Maxime für die damalige US-Regierung ausgegeben haben. Es hat einen Grund, wieso Robert Habeck, grüner Wirtschaftsminister, von Zinkhütte zu Autowerk reist, anstatt eine Wirtschaft der Kinderbuchautoren und Sozialpädagogen zu predigen.

Das deutsche Geschäftsmodell als kaputt zu bezeichnen mag etwas weit gehen, reparaturbedürftig ist es sicher. Selbst derjenige, der das Ziel von Freiheit als Nichtbeherrschung nicht teilt und möglichst wenig staatliches Geld für Nutzleistungen als schlanken, nicht anämischen Staat empfindet, steht vor einem Wachstumsproblem. Die IWF-Ökonomin Mai Dao hat sich angesehen, wie Exportüberschüsse und die Geldzirkulation in der deutschen Wirtschaft zusammenhängen. Ihre Erkenntnis: Der Großteil der steigenden Exporteinkommen wurde entweder in Dividenden ausgezahlt, tendenziell an wohlhabende

Haushalte, oder in Familienunternehmen einbehalten, die meist auch wohlhabenden Haushalten gehören. Da wohlhabende Haushalte dazu neigen, einen größeren Anteil ihres Einkommens zu sparen als ihre weniger betuchten Mitbürger, fließt weniger Geld zurück in den Wirtschaftskreislauf (siehe Abbildung 15).[535] Stattdessen wird das Geld angelegt, zum Beispiel in geschlossenen Immobilienfonds in Ostdeutschland, einem Waldfonds in Brasilien oder in Schiffscontainern. Manche dieser Anlagen mögen auch gesamtgesellschaftlich sinnvoll sein. Dennoch fehlt auch bei sinnvollen Anlagen die Nachfrage in der deutschen Realwirtschaft. Die Löhne außerhalb der Industrie sind zu niedrig. Im europäischen Vergleich besteht nur in Litauen und Lettland ein größerer Lohnunterschied zwischen dem Gesundheitssektor und der Industrie als in Deutschland.[536] Es braucht also noch mehr Exporte, um das Wachstum am Laufen zu halten. Die Abhängigkeit vom Ausland und die Unwucht in der Wirtschaft werden immer größer. Heute fehlt nicht nur die Nachfrage, es fehlen auch zunehmend die Ressourcen, die eine wettbewerbsfähige Exportwirtschaft erhalten: Kindergärten, gut ausgebildete Fachkräfte, Infrastruktur, eine öffentliche Verwaltung, die Vorgänge schnell, digital und effizient abwickelt. Es sollte heute im Interesse des Exportunternehmers sein, das Geschäftsmodell Deutschlands und das eigene im Tandem weiterzuentwickeln. Zumindest die Erzählung beim Investorentag könnte es wesentlich vereinfachen, wenn der eigene Jahresbericht China nicht zugleich als zentralen Risikofaktor für das Unternehmen und als den einen Wachstumsmarkt für die eigenen Produkte ausweist.

Abbildung 15: Wirtschaftskreislauf

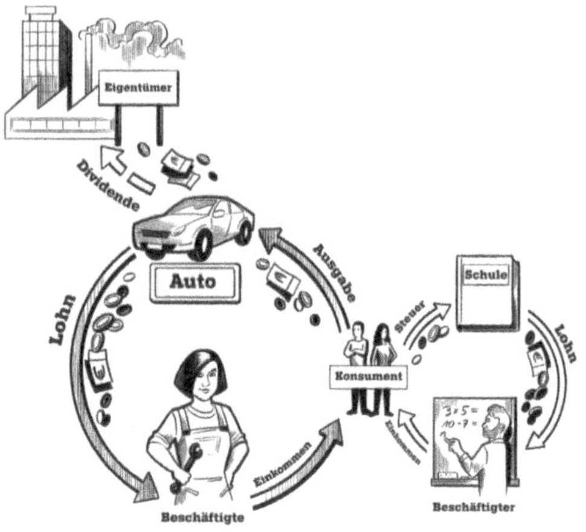

Der 2022 in den USA beschlossene *Inflation Reduction Act* wurde breit gefeiert als Rückkehr des handlungsfähigen Staats, galt und gilt auch heute noch als die herausragende ökonomische Weichenstellung (positiver oder negativer Natur, je nachdem, wen Sie fragen). De facto schuf der IRA innerhalb eines Jahres laut US-Regierung 170.000 neue Jobs in einem Land mit über 200 Millionen Einwohnern im Erwerbsalter.[537] Selbst wenn es am Ende knapp fünf Millionen zusätzliche Jobs werden sollten, wie ein Klima-Think-Tank schätzt,[538] und man davon ausgeht, dass diese fünf Millionen Beschäftigten ganze Haushalte besserstellen, ist der Einfluss des IRA auf das Leben der Menschen in den USA insgesamt begrenzt. Gerade mal vier Prozent der Bevölkerung würden direkt profitieren,[539] und das unter sehr optimistischen Annahmen. Der IRA war wahrscheinlich eine kleine ökonomische Revolution. Trotzdem ist er weit davon entfernt, für einen Großteil der Bevölkerung merkbare Veränderungen zu bewirken.

Eine Finanzpolitik, die auf die Wirtschaftsnutzleistung abzielt, wirkt in ganz anderen Dimensionen. Eine bessere Betreuung und Schulausbildung kann, konservativ geschätzt, in Deutschland das Leben von drei Millionen Kindern zum Besseren verändern. Von einer Politik, die es schafft, Löhne auf ein Niveau zu heben, von dem man anständig leben kann, könnten bis zu 23 Millionen Menschen profitieren, von einer, die sich um ein ausreichend hohes Alterseinkommen kümmert, acht Millionen. Dazu kommen die Verbesserungen in der Lebensqualität für Eltern, Gepflegte und Pflegende. Zählt man Letztere nicht dazu, um Dopplungen zu vermeiden, hat eine Politik, die versucht, die Nutzleistung der Wirtschaft zu erhöhen, grob geschätzt 34 Millionen Adressaten, mehr als 40 Prozent der deutschen Bevölkerung.[540]

Man stelle sich vor, all die Experten, die heute an der Schätzung des Produktionspotenzials, der Optimierung des Haushalts für die Regeln der Schuldenbremse oder an den europäischen Schuldentragfähigkeitsanalysen arbeiten, könnten sich ab morgen mit den Geldflüssen in unserer Wirtschaft beschäftigen. Anstatt nach mehr oder weniger zufälligen Indikatoren zu urteilen, würden sie all ihre Intelligenz nutzen, um diese Geldflüsse mit den politischen Zielen abzugleichen, komplizierte Fragen zur finanziellen Nachhaltigkeit auszuleuchten und ihrem Minister Vorschläge zu machen, wie er tatsächlich die Wirtschaft gestalten kann. Seine Haushaltspressekonferenz wäre wesentlich spannender als die vergangenen Schuldenquoten-Litaneien, die nichts bedeuteten und die nie jemand beabsichtigt hatte.

Gutes Geld

Als Finanzminister Konneh zu Beginn meiner Zeit in Monrovia fragte, wie viele Schulden er aufnehmen könne, und mich bat zu prüfen, ob eine Schuldenquote von 60 Prozent des BIPs wirklich die Grenze sei, hoffte er sicher auf eine größere Zahl. Die Zahl wurde aber nicht größer, sondern kleiner. Denn im Gegensatz zu Deutschland nimmt Liberia vor allem Kredite in US-Dollar auf, einer Währung, die es nicht selbst herstellen kann. Um diese Kredite bedienen zu können, muss das Land mit Exporten US-Dollar verdienen. Sollten die globalen Zinsen einmal steigen oder die Exporteinnahmen aus Kautschuk und Diamanten fallen, säße das Land schnell auf dem Trockenen, könnte seine Kredite nicht bedienen. Für ein Land wie Liberia ist die Gefahr groß, seine ausländischen Schulden irgendwann nicht mehr zahlen zu können. Daher lag die Schuldenquote, die Liberia laut IWF nicht überschreiten sollte, bei 30 Prozent.[541] Die 30 Prozent waren nicht irgendwann einmal der Durchschnitt Westafrikas, sondern sind ein von Weltbank und IWF-Ökonomen regelmäßig neu berechneter Schwellenwert, der auf statistischen Analysen zu Schuldennotlagen aufbaut. Auch nimmt der IWF nicht ein beliebiges Schuldenmaß, das er gerade vorrätig hat. Stattdessen definiert er einen Auslandsschuldenindikator, der möglichst präzise anzeigt, wann Gefahr besteht, dass ein Land unzureichend Dollar hat, um seine Schulden zu bedienen.

In Europa dagegen herrscht seit 1992 die 60-Prozent-Schuldenquote, die die Herren von Maastricht gesetzt haben. Eine ökonomische Begründung für die Relevanz dieses Werts gibt es nicht. Man hat sie auch gar nicht erst gesucht, die Schuldenquote sollte ja nicht mehr sein als ein ungefährer Richtwert für ein unscharfes Konzept: nachhaltige Finanzen. 30 Jahre später ist aus ungefährer Vernunft präziser Irrsinn geworden. Die zufällige Schuldenquote von 60 Prozent des BIPs war zur harten Obergrenze mutiert und hatte in Deutschland einen technopolitischen Apparat geboren, der auf Nachkommastellen genau die Finanzpolitik steuert; einen Apparat, der sich verselbstständigt hat, den die Politik selbst nicht mehr versteht. Immer früher rauschte das Fallbeil auf den Haushalt hinunter. Aus einem zulässigen Defizit von drei Prozent wurde ein Prozent, 0,35 Prozent und schließlich null, die ›schwarze Null‹.

Die Finanzpolitik entkoppelte sich nahezu komplett von jeglicher anderen Politik. Plötzlich vertraten die großen Mitte-Parteien gleichzeitig ein Vollbeschäftigungsziel und eine Finanzpolitik, die Arbeitslosigkeit zur Notwendigkeit erklärte. Geld sollte nicht so fließen, dass es für alle eine Chance auf gute Arbeit ermöglichte. Marx' Reservearmee der Arbeitslosen musste als Inflationsschutz erhalten bleiben. Nicht der böse Kapitalist, die Politik hat die Machtasymmetrie zwischen Arbeitgebern und Beschäftigten mit der Kalibrierung der Schuldenbremse zementiert. Weitgehend einzementiert hat der Staat auch seine Bilanzgröße. Wenn er keine Schulden aufnehmen will, um Investitionen in Kindergärten, Schulen oder die Bahn zu finanzieren, riskiert er, sie niemals im nötigen Umfang tätigen zu können. Dem Staat bleibt dann nur noch eines, der Eichhörnchenmodus, das fleißige Sammeln von Einsparungen und zusätzlichen Einnahmen, um irgendwann genug Geld für die Investitionen zusammenzuhaben. Für ein Unternehmen wäre das der sichere Weg ins Verderben. Der Staat leistet sich die Mangelwirtschaft, tätigt die Ausgabe im Zweifel nicht und produziert schlecht ausgebildete Kinder und eine Bahn, die regelmäßig Mittagspause an einer kaputten Weiche macht.

Mit dem Regelapparat wird das politischste aller Politikfelder der Demokratie entzogen. Auf die ökonomischen Diskussionen der Siebziger- und Achtzigerjahre folgte die entmaterialisierte Politik, der institutionalisierte Sparstaat. Während sich Liberia tatsächlich die Straßen nicht leisten kann, haben wir entschieden, uns die Schulen und Schienen nicht leisten zu wollen. Während Liberia den Gezeiten der Weltwirtschaft ausgeliefert ist, hat sich Deutschland der zufällig zustande gekommenen 60-Prozent-Schuldenquote ausgeliefert. Sie ist die gefährlichste Idee, die nie einer hatte.

Geld scheint heute oft das Gegenteil von gut zu sein. Es schwappt wie von allein dorthin, wo es bereits im Übermaß vorhanden ist, in komplexe Finanzprodukte oder Immobilien in Berlin, nur um dann dort zu fehlen, wo es dringend gebraucht wird, in Kindergärten, dekarbonisierten Produktionsanlagen, Pflegeheimen oder Forschungszentren. Das sollte uns eigentlich verwundern. Schließlich ist Geld menschengemacht, eine soziale Institution. Der Euroschein in Ihrer Tasche hat einen Wert, weil die Politik ihn zum gesetzlichen Zahlungsmittel erklärt hat und weil Sie und ich daran glauben, dass er etwas wert ist. Der Staat bestimmt, nach welchen Regeln Geld fließt und wer es in den Umlauf bringen darf. Er steuert selbst einen wesentlichen Teil der Geldflüsse in einer Wirtschaft. Seit der Finanzkrise schauen alle sehr genau auf die Regeln, die der Staat für Banken, neben ihm die großen Spieler im Geldsystem, macht.

Auf die Regeln des Staats schauen die wenigsten. Ein Banker im Maßanzug, der Millionen verdient, eignet sich sehr viel besser als Objekt der öffentlichen Empörung als eine Schuldenregel, deren Formeln erst nach intensiver Inspektion preisgeben, dass sie wenig von Gleichberechtigung im Erwerbsleben hält. Auch dass es der Staat und nicht der Banker ist, der die größte Handlungsfähigkeit besitzt, weil er der Schöpfer, Regulator und größte Spieler im Geldsystem ist, wird gerne vergessen. Für viele Geldflüsse kann realistischerweise nur der Staat sorgen. Will Deutschland ein gutes Schulsystem, werden dafür mehr öffentliche Gelder benötigt. Will Deutschland eine funktionierende Bahn, muss diese staatlich finanziert werden. Und möchte Deutschland in der rapide voranschreitenden Dekarbonisierung der Weltwirtschaft mithalten, braucht es einen Staat, der Geldflüsse koordiniert und absichert. Der ein oder andere mag es nicht gut finden, dass der Staat eine so große Rolle beim Geld spielt. Es ist aber de facto so. Niemand außer dem Staat ist Herr über das Geld. Ohne den Staat gibt es kein Geld, wie wir es kennen.

Das Gute daran: Es gibt einen plausiblen, großen Hebel für Veränderung. Politik hat ja oft das Problem zu erklären, wie aus ihren Versprechen Realität werden soll. Wieso nun wirklich mehr Geld in Bildung fließen wird, wieso sie tatsächlich für gute Löhne sorgen kann. Schließlich haben vorangegangene Politikergenerationen zumeist schon Ähnliches versprochen. Eine Politik, die bereit ist, sich des technopolitischen Apparats zu entledigen, anstatt ihn immer weiter wuchern zu lassen, kann erklären, wie sie ihre Versprechen tatsächlich einhalten wird. Sie hätte eine plausible Geschichte, wie sie das in diesem Buch skizzierte Freiheitsrezept umsetzt. Diese Geschichte würde erläutern, wie die Politik darauf hinarbeitet, dass alle die Chance auf gute Beschäftigung haben, Grundbedürfnisse befriedigt sind und dabei die Freiheit zukünftiger Generationen nicht beschnitten wird.

Was konkret zu tun ist? Erstens, die zufällig gesetzte Schuldenquote von 60 Prozent des BIPs loslassen. Zweitens, das Wachstum von Bruttoinlandsprodukt und Wirtschaftsnutzleistung unter Einhaltung der Klimaziele zum gemeinsamen Ziel für

Finanz- und Wirtschaftspolitik erklären. Drittens, die Schuldenbremse zur Schuldenregel umbauen. Viertens, sich um den Haushalt kümmern, ein besseres Eichhörnchen und ein besserer Kapitalist werden. Fünftens, in Europa den technopolitischen Apparat durch politisch ausgehandelte Kompromisse ersetzen.

Als Kind glaubte ich an Dr. No. Alles Schlimme in der Welt war das Werk von Bösewichten, die ihre Reichtümer auf Südseeinseln horteten, um davon mit Gold garnierte Drinks und mit Harpunen schießende Jetskis zu kaufen. Die Realität ist profaner. Wir alle handeln tendenziell nach einer bestimmten institutionellen Logik, die in sich Sinn ergibt. Zur institutionellen Rolle von Finanzministern gehört es zu sparen. Das ist nichts Neues. Problematisch wurde es aber, als die institutionelle Logik zur absoluten Wahrheit aufstieg. Damit fiel jede Abwägung weg, die Logik verselbstständigte sich. Neue Regeln wurden geschaffen, um alte einzuhalten. Seit 1992 sind unsere Geldflüsse verkrustet, die Politik ist versteinert. Das Geld dient nicht mehr der Gesellschaft, sondern ist zum Selbstzweck geworden. Wenn es eine Zeit gibt, das zu ändern, dann heute. Gutes Geld ist keine Unmöglichkeit, sondern eine Frage des politischen Willens.

Danksagung

Viele Köche verderben den Brei, heißt es. Wäre dem so, käme dieses Buch einem vergorenen Fischeintopf gleich. Ich bin meinen Kollegen im Dezernat Zukunft und unseren Partnern im European Macro Policy Network zutiefst dankbar für ihre Arbeit, die ich Ihnen mit diesem Buch auftischen durfte. Ein großer Dank geht an Leo Mühlenweg für seine akribischen Recherchen und Quellendokumentationen, an Tim Brackmann für seinen zeichnerischen Augenschmaus, an Philipp Heimberger und Florian Schuster, die virtuosen Köche der Fiskalsuppe, an die geldpolitischen De-Alchemierer Jens van 't Klooster und Florian Kern sowie Philipp Orphal und die Dezernatsfreunde Christian Neumeier und Michael Müller für die Bereitschaft zur juristisch-ökonomischen Fusionsküche. Janek Steitz sorgte in den letzten eineinhalb Jahren mit seinem ruhigen Gemüt nicht nur dafür, dass trotz meiner Abwesenheit das Dezernat weiterwuchs und gedieh, sondern servierte nebenbei auch noch Industriestudien und Stromsystemerklärungen. Dank Kristina Steinle Dueñas und Julia Propp flog uns weder der Laden noch mein Buch um die Ohren. Leonie Heuer und ihrer eisernen Verteidigung von Schreibzeiten ist zu verdanken, dass überhaupt ein Text entstehen konnte.

Die Chance, mit einem Lokal reich zu werden, ist klein. Die Chance, mit einem gemeinnützigen Think Tank reich zu werden, ist gleich null. Vielen Dank an Hanns Koenig, Laurenz Gehrke,

Nikolai Vitzthum, Max Paleschke und Nicolas Gassen, dass sie das nicht davon abgehalten hat, dieses garantiert unrentable Unterfangen mit Max Krahé und mir aus der Taufe zu heben. Ohne Max Krahé wären weder das Dezernat Zukunft noch dieses Buch denkbar gewesen. Hätte es den Oxforder Treppenstreit von 2009 nicht gegeben, wäre ich wahrscheinlich bei Bildung und Beten geblieben, hätte nie die gesellschaftliche Molekularküche betreten und über die Machtverhältnisse zwischen ihren Elementen nachgedacht. Max' Analyse beginnt dort, wo meine unscharf wird, bei dem Verhältnis von Kapitalismus und Demokratie, das sich – mit seinen Worten gesprochen – wie Wasser und Öl verhält: fähig zur temporären Emulsion, aber immer zur Trennung tendierend.

Allen Testlesern, insbesondere Johanna Bronisch, Teresa Hantke, Martina King, Anna Mayr, Mark Schieritz, Hans-Peter Sigl-Glöckner und Oliver Weber, die mehr oder weniger Genießbares serviert bekamen, danke ich für ihre Geduld, robuste Mägen und konstruktives Feedback. Dank Adam Tooze habe ich mich auf die Suche nach den 60 Prozent begeben. Levin Holle, Horst Köhler, Cees Maas, Jean-Claude Trichet und insbesondere Theo Waigel danke ich für ihre Antworten auf meine Fragen. Ehemaligen Kollegen in den Bundesministerien bin ich sehr dankbar für Hilfe, Unterstützung und Freundschaften. Man lernt dort vieles, auch dass in herausfordernden Zeiten ein antizyklischer Kapitalpuffer tatsächlich helfen kann.

Ich danke meiner Agentin Rebekka Göpfert, Dominique Pleimling vom Quadriga Verlag, dass er diesem Erstlingsbuch das Vertrauen geschenkt hat, Cindy Witt für ihre Geduld und Burkard Miltenberger für sein aufmerksames Lektorat.

Die Küche des Lebens ist manchmal hart, oft verwirrend und immer herausfordernd. Ich danke Sam Bell, Felix Bronisch, Richard King, Julian Koschorke, Dan Lerner, Ernestine Roeters van Lennep, Lukas Nathrath, Petra Schedlbauer, Nicola von Miller, Melanie Walker und Martin Weiss für ihre Unterstützung along the way. Wolfgang Schmidt hätte im letzten Jahr zahlreiche Gründe gehabt, mir Kochlöffel hinterherzuwerfen, tat aber das Gegenteil. Vielen Dank!

Abbildungsverzeichnis

Tabellenverzeichnis

Anmerkungen

Einleitung

1 Deutscher Bundestag, »Deutscher Bundestag – Schäuble: Schwarze Null ist kein Selbstzweck«, 9. September 2014, https://dserver.bundestag.de/btp/18/18049.pdf #P.4459, zugegriffen am 19.03.2024

Kapitel 1
It's jobs, stupid

2 FDP, »Verantwortung für die Freiheit. Karlsruher Freiheitsthesen der FDP für eine offene Bürgergesellschaft«, Beschluss des 63. Ordentlichen Bundesparteitages der FDP (Karlsruhe, 22. April 2012), https://www.fdp.de/sites/default/files/import/2016-01/378-karlsruherfreiheitsthesen.pdf, zugegriffen am 02.05.2024, S. 4

3 CSU, »Für ein neues Miteinander – Das Grundsatzprogramm der CSU«, 6. Mai 2023, https://www.csu.de/common/download/CSU-Grundsatzprogramm.pdf, zugegriffen am 02.05.2024, S. 24

4 SPD, »Hamburger Programm: Grundsatzprogramm der Sozialdemokratischen Partei Deutschlands«, 28. Oktober 2007, https://www.spd.de/fileadmin/Dokumente/Beschluesse/Grundsatzprogramme/hamburger_programm.pdf, zugegriffen am 02.05.2024, S. 14

5 Bündnis 90 / Die Grünen, »Grundsatzprogramm: ›… zu achten und zu schützen …‹ Veränderung schafft Halt«, 22. November 2020, https://cms.gruene.de/uploads/assets/20200125_Grundsatzprogramm.pdf, zugegriffen am 02.05.2024, S. 15

6 CDU, »In Freiheit leben. Deutschland sicher in die Zukunft führen – Grundsatzprogramm der CDU Deutschland«, 15. Januar 2024, https://assets.ctfassets.net/nwwnl7ifahow/2EL5GCfZkrwIGaWfsW0zAB/64d5811f7ded113693095b1d7fb0ba67/240113_CDU_GSP_2024_Beschlussfassung_FINAL.pdf, zugegriffen am 02.05.2024, S. 33

7 Kant schreibt sogar: »Das Vermögen des Wesens, seinen Vorstellungen gemäß zu handeln, heißt das Leben«, Immanuel Kant, *Die Metaphysik der Sitten*, hg. von Karla-Maria Guth, 1. Auflage (Berlin: Hofenberg, 2016)

8 Joseph E. Stiglitz, *Globalization and Its Discontents* (London: Norton, 2002), S. 99

9 Amartya Sen, »Well-Being, Agency and Freedom: The Dewey Lectures 1984«, *The Journal of Philosophy* 82, Nr. 4 (April 1985), https://doi.org/10.2307/2026184, S. 200 f. und 203 f.

10 Amartya Sen, *Development as freedom*, 1st. ed (New York: Alfred A. Knopf, 1999), S. 18

11 Centers for Disease Control and Prevention, »Case Counts«, 19. Februar 2020, https://www.cdc.gov/vhf/ebola/history/2014-2016-outbreak/case-counts.html, zugegriffen am 20.04.2024

12 Eigene Berechnungen basierend auf Internationaler Währungsfonds, »GDP, current prices (NGDP)« (World Economic Outlook, Oktober 2023), https://www.imf.org/en/Publications/WEO/weo-database/2023/October, zugegriffen am 02.05.2024; Ministry of Finance and Development Planning Liberia, »Agenda For Transformation. Steps Toward Liberia Rising 2030«, 2013, https://mfdp.gov.lr/index.php/docs/national-development-plan/agenda-for-transformation/download, zugegriffen am 02.05.2024

13 Eigene Berechnungen basierend auf SWR Aktuell, »Bestätigt: Stuttgart 21 wird teurer und kostet jetzt etwa 11,5 Milliarden Euro mehr«, 20. Dezember 2023, https://www.swr.de/swraktuell/baden-wuerttemberg/stuttgart/stuttgart-21-soll-ueber-11-milliarden-kosten-100.html, zugegriffen am 09.04.2024

14 Eurostat, »Unemployment by sex and age – monthly data (une_rt_m)«, 5. April 2024, https://doi.org/10.2908/UNE_RT_M

15 Eurostat, »Real GDP growth rate – volume (tec00115)«, 8. April 2024, zugegriffen am 09.04.2024

16 Eurogruppe, »Greece: Prior Actions«, Juli 2015, gefunden in Financial Times Brusselsblog, https://blogs.ft.com/brusselsblog/files/2015/07/Prior-action-final-version-July-2015.pdf, zugegriffen am 02.05.2024, S. 1, und PWC, »Tax Flash Law 4334/2015«, Juli 2015, https://www.pwc.com/gr/en/news/assets/tax-flash-law4334-2015en.pdf, zugegriffen am 02.05.2024, S. 1

17 Bundesregierung, »Mehrwertsteuer sinkt – wichtige Fragen und Antworten«, 29. Juni 2020, https://www.bundesregierung.de/breg-de/themen/coronavirus/faq-mehrwertsteuersenkung-1764364, zugegriffen am 09.04.2024

18 UNHCR, »Greece – 2015 Year-End Report Summary«, 2015, https://reporting.unhcr.org/greece-2015-year-end-report-summary, zugegriffen am 28.02.2024

19 So sollte es zum Beispiel automatische Ausgabenkürzungen geben, falls Griechenland seine Sparziele nicht erreichte: Bundesregierung, »Non-paper – Comments on the latest Greek proposals«, 10. Juli 2015, https://www.sven-giegold.de/wp-content/uploads/2015/07/grexit_bundesregierung_non_paper_10_juli_2015.pdf, zugegriffen am 02.05.2024

20 Thomas Anlauf, »Bewegende Begegnungen am Hauptbahnhof«, *Süddeutsche Zeitung*, 30. August 2020, https://www.sueddeutsche.de/muenchen/muenchen-fluechtlinge-2015-hauptbahnhof-1.5014315, zugegriffen am 02.05.2024

21 Forschungsgruppe Wahlen, »Politbarometer Oktober 2015«, Oktober 2015, https://www.forschungsgruppe.de/Umfragen/Politbarometer/Archiv/Politbarometer_2015/Oktober_I_2015/, zugegriffen am 28.02.2024

22 Cerstin Gammelin, »Höchster Haushaltsüberschuss seit der Wende«, *Süddeutsche*

Zeitung, 23. Februar 2016, https://www.sueddeutsche.de/wirtschaft/plus-2015-hoechster-haushaltsueberschuss-seit-der-wende-1.2876179, zugegriffen am 28.02.2024

23 Allensbach, »Sonntagsfrage Archiv – Allensbach 2013–2017«, 24. September 2017, https://www.wahlrecht.de/umfragen/allensbach/2017.htm, zugegriffen am 09.04.2024

24 Ich argumentiere nicht, dass es mit Sens Konzept der Freiheit als Summe einzelner Freiheiten, die sich aus Fähigkeiten ableiten und durch Umweltfaktoren wie Einkommensverteilung oder sozialem Prestige moduliert werden, nicht möglich war, zu erklären, wieso es sich so anfühlte, als wären meine Schwester und ich überdurchschnittlich frei. Sen schreibt zum Beispiel explizit darüber, dass relatives Einkommen einen Unterschied macht [1]. Nur ist Sens Freiheitsbegriff in Teilen so flexibel (er wirkt manchmal mehr wie ein Handbuch, um eine Formel für Freiheit zusammenzubauen, als die Formel selbst), dass er einem nichts an die Hand gibt, um Machtverhältnisse als besonders wichtigen Faktor für effektive Freiheit herauszustreichen. Angesichts Sens Fokus auf Entwicklungsländer, in denen fehlende Grundversorgung mit Lebensmitteln, ein unzureichendes Bildungs- und Gesundheitssystem oftmals das dringlichere Problem sind als Machtverhältnisse, ist das auch nicht weiter verwunderlich. Zu den unterschiedlichen Betonungen von Sens und Pettits Freiheitskonzepten siehe [2] [1: Sen, *Development as freedom*, S. 71; 2: Amartya Sen, »Symposium on Amartya Sen's Philosophy: 4 Reply«, *Economics and Philosophy* 17, Nr. 1 (April 2001). S. 51–66, https://doi.org/10.1017/S0266267101000141, S. 54]

25 Philip Pettit, *Gerechte Freiheit: Ein moralischer Kompass für eine komplexe Welt* (Suhrkamp, 2015), S. 12 f.

26 Philip Pettit, *Republicanism – A Theory of Freedom and Government* (Oxford University Press, 1997), S. 55

27 Pettit, S. 185

28 Präziser: keine Entscheidungsgrundlage zu nutzen, die andere mit gutem Grund ablehnen, aber eine so substantive Entscheidungsgrundlage zu nutzen, dass sie die von den Bürgern vorgebrachten Missstände und Ziele adäquat reflektiert, siehe Charles Larmore, »A Critique of Philip Pettit's Republicanism«, *Philosophical issues* 11 (2001): S. 229–243, S. 240

29 Jean-Jacques Rousseau, *Of the Social Contract and Other Political Writings*, übers. von Quintin Hoare, Penguin Translated Texts, English Edition (Penguin Books, 2012), Fußnote auf S. 52

30 Wynfred Russell, »Liberia: The Elephant in the Room: Vote-Buying«, *Daily Observer*, 20. Februar 2023, https://www.liberianobserver.com/liberia-elephant-room-vote-buying, zugegriffen am 22.03.2024

31 Zu früheren Jahren: USAID, »USAID Liberia Electoral Access and Participation Iterations I and II (Leap I and II) Analysis – DRG Learning, Evaluation, and Research (DRG-LER) Activity« (USAID, August 2019), https://pdf.usaid.gov/pdf_docs/PA00W7QW.pdf, zugegriffen am 02.05.2024

32 Siehe hierzu auch Oliver Weber, »Freiheit ohne Selbsterhaltung: Rousseaus republikanische Ökonomie und das Paradox der Modernen«, *Zeitschrift für Politik* 68, Nr. 3 (2021): S. 233–252, S. 244 f.

33 Anja Bauer u. a., »Die Beschäftigung steigt, aber die Arbeitslosigkeit auch«, IAB-Kurzbericht (Institut für Arbeitsmarkt- und Berufsforschung, 2024), https://doku.iab.de/kurzber/2024/kb2024-06.pdf, zugegriffen am 02.05.2024, S. 4

34 Der Spiegel, »2 Millionen Arbeitslose«, *Der Spiegel*, 5. Dezember 1982, https://www.spiegel.de/spiegel/print/index-1982-49.html, zugegriffen am 15.04.2024

35 Eigene Berechnungen basierend auf Eurostat, »Population on 1 January by age group, sex and citizenship, From 15 to 64 years (migr_pop1ctz)«, 2024, https://doi.org/10.2908/MIGR_POP1CTZ

36 Bauer u. a., »Die Beschäftigung steigt, aber die Arbeitslosigkeit auch«, S. 4

37 Regelbedarf und Kosten der Unterkunft, siehe Bundesministerium der Finanzen, »Bericht über die Höhe des steuerfrei zu stellenden Existenzminimums von Erwachsenen und Kindern für das Jahr 2024 (14. Existenzminimumbericht)«, 2. November 2022, https://www.bundesfinanzministerium.de/Content/DE/Downloads/Steuern/14-existenzminimumbericht.pdf?__blob=publicationFile&v=10, zugegriffen am 02.05.2024, S. 15

38 Um entsprechende Zahlen für Deutschland zu erheben, fehlen die notwendigen Daten. Das Dezernat Zukunft und das Zentrum für neue Sozialpolitik arbeiten aktuell an einem ersten Pilotprojekt, das hoffentlich den Anstoß für eine entsprechende Datenerhebung gibt.

39 36.900 EUR brutto und gut 25.100 EUR netto p. a., eigene Berechnungen; Matt Padley und Juliet Stone, »A Minimum Income Standard for the United Kingdom in 2023« (Joseph Rowntree Foundation, 8. September 2023), https://www.jrf.org.uk/cost-of-living/a-minimum-income-standard-for-the-united-kingdom-in-2023, zugegriffen am 05.03.2024

40 Eigene Berechnungen basierend auf Destatis, »Abhängige Beschäftigungsverhältnisse, Bruttostundenverdienste: Deutschland, Stichmonat, Geschlecht, Verdienstgrößenklassen (62361-0040)«, 2024, https://www-genesis.destatis.de/genesis/online?operation=find&suchanweisung_language=de&query=62361-0040#abreadcrumb, zugegriffen am 08.02.2024

41 Unter der Annahme, dass alle Unternehmen gleiche Marktanteile haben. [1] Formaler ausgedrückt lag der Herfindahl-Hirschmann Index, der Marktkonzentration misst und ab 2.500 Punkten Alarmglocken für hochkonzentrierte Märkte läuten lässt, für den Arbeitsmarkt in deutschen Städten bei 2.945 Punkten in Q4 2020. [2]
[1: Eigene Berechnungen auf Basis von Andrea Ascheri u. a., »Competition in urban hiring markets: evidence from online job advertisements: 2021 edition«, 2022, https://data.europa.eu/doi/10.2785/667004, zugegriffen am 05.03.2024, Daten: https://github.com/eurostat/oja_hhi/tree/main/Results. 2: U.S. Department of Justice und Federal Trade Commission, »Horizontal Merger Guidelines« (U.S. Department of Justice and the Federal Trade Commission, 2010), https://www.justice.gov/atr/horizontal-merger-guidelines-08192010, zugegriffen am 05.03.2024]

42 Anneliese Kärcher und Manfred Walser, »Vereinbarkeit eines Direktanstellungsgebots in der Paketzustellung mit dem Verfassungs-und Unionsrecht«, HSI-Working Paper (HSI, Hugo Sinzheimer Institut für Arbeits- und Sozialrecht, September 2023), https://www.hugo-sinzheimer-institut.de/faust-detail.htm?sync_id=HBS-008692, zugegriffen am 02.05.2024, S. 25 ff.

43 Pettit äußert sich zu Beschäftigung nur sehr kurz in »Freedom in the market«. Hier argumentiert er, dass Freiheit als Nichtbeherrschung kompatibel mit am Markt verkaufter Arbeit ist, solange Arbeiter keine Arbeitsverträge eingehen, mittels deren sie sich selbst versklaven. Auf die ökonomischen Voraussetzungen für die Machtbalance zwischen Beschäftigten und Arbeitnehmern geht er nicht ein. Philip Pettit, »Freedom in the Market«, *Politics, Philosophy & Economics* 5, Nr. 2 (Juni 2006): S. 131–149, https://doi.org/10.1177/1470594X06064218

44 Seit 1998 liegen dazu Daten vor, 2002 gewann die SPD ganz knapp die Wahl, während die Arbeitsmarktkompetenz der Union höher bewertet wurde; 2021 lagen SPD und Union bei Arbeitsmarktkompetenz gleichauf, die SPD hatte allerdings vorher rapide aufgeholt. Eigene Berechnungen basierend auf Wolfram Brunner, »PolitikKompass – Gespaltenes Meinungsklima Außen- und Sicherheitspolitik verdeckt Unzufriedenheit in den Bereichen Wirtschaft und Arbeit«, Arbeitspapier (Konrad-Adenauer-Stiftung, 2001), https://www.kas.de/c/document_library/get_file?uuid=8ad8f96c-c51b-3b8d-b493-3f8fa439e589&groupId=252038, zugegriffen am 02.05.2024; Forschungsgruppe Wahlen, »Bundestagswahl 2005«, 18. September 2005, https://www.forschungsgruppe.de/Wahlen/Wahlanalysen/Newsletter_Bund05_1.pdf, zugegriffen am 02.05.2024; Forschungsgruppe Wahlen, »Bundestagswahl 2009«, 27. September 2009, https://www.forschungsgruppe.de/Wahlen/Wahlanalysen/Newsl_BTW09_1.pdf, zugegriffen am 02.05.2024; Forschungsgruppe Wahlen, »Bundestagswahl 2013«, 22. September 2013, https://www.forschungsgruppe.de/Wahlen/Wahlanalysen/Newsl_BTW_2013_1.pdf, zugegriffen am 02.05.2024; Forschungsgruppe Wahlen, »Bundestagswahl 2017«, 24. September 2017, https://www.forschungsgruppe.de/Wahlen/Wahlanalysen/Newsl_Bund_170928.pdf, zugegriffen am 02.05.2024; Forschungsgruppe Wahlen, »Bundestagswahl 2021«, 26. September 2021, https://www.forschungsgruppe.de/Wahlen/Wahlanalysen/Newsl_Bund210927.pdf, zugegriffen am 02.05.2024; Deutscher Bundestag, »Deutscher Bundestag – Bundestagswahlergebnisse seit 1949 – Zweitstimmen«, 1. Oktober 2021, https://www.bundestag.de/parlament/wahlen/ergebnisse_seit1949-244692, zugegriffen am 26.03.2024

45 Taegan Goddard, »It's the Economy Stupid – Political Dictionary«, 8. Februar 2024, https://politicaldictionary.com/words/its-the-economy-stupid/, zugegriffen am 26.03.2024

46 Zur weiterhin großen Rolle der Wirtschaft für die deutsche Wählerschaft siehe auch: John Burn-Murdoch, »It's No Longer the Economy, Stupid«, *Financial Times*, 22. März 2024, https://www.ft.com/content/b2f17824-cdfc-4547-abf0-66178a0a747f, zugegriffen am 26.03.2024

47 DAT, »DAT-Report«, 2021, S. 78 f., siehe auch Statista, »Gebraucht- und Neuwagenmarkt – Umsatz 2020«, 2021, https://de.statista.com/statistik/daten/studie/243646/umfrage/umsatz-auf-dem-gebraucht-und-neuwagenmarkt-in-deutschland/, zugegriffen am 05.03.2024

48 CDU/CSU-Fraktion, »Pressemitteilung: Bundesregierung missachtet Schritt für Schritt das Klimaschutzgesetz«, 17. April 2023, http://www.cducsu.de/presse/pressemitteilungen/bundesregierung-missachtet-schritt-fuer-schritt-das-klima schutzgesetz, zugegriffen am 05.03.2024

49 CDU/CSU-Fraktion, »China-Strategie der Ampel lässt viele Wirtschaftsfra-

gen offen«, 14. Juli 2023, http://www.cducsu.de/presse/pressemitteilungen/china-strategie-der-ampel-laesst-viele-wirtschaftsfragen-offen, zugegriffen am 05.03.2024

Kapitel 2
Geldflüsse, Macht und gute Jobs

50 »Philippa Sigl-Gloeckner«, zugegriffen 2. Mai 2024, http://philippasigl.com/, zugegriffen am 02.05.2024

51 Philippa Sigl-Glöckner, »Ein Blick ins Innere des europäischen Finanzgetriebes«, Makronom, 7. Mai 2018, https://makronom.de/qe-programm-ezb-wirkung-finanzfluesse-visualisierung-ein-blick-in-das-innere-des-europaeischen-finanzgetriebes-26305, zugegriffen am 09.04.2024

52 Eigene Berechnungen auf Basis von Destatis, »Pressemitteilung Nr. 211: 5,8 Millionen Jobs von Erhöhung des Mindestlohns auf 12 Euro betroffen«, 1. Juni 2023, https://www.destatis.de/DE/Presse/Pressemitteilungen/2023/06/PD23_211_62.html, zugegriffen am 06.03.2024

53 Ipsos, »Abschlussbericht ›Betriebliche Anpassungen infolge der Anhebung des Mindestlohns auf 12 Euro‹« (Studie im Auftrag der Mindestlohnkommission, 25. Juni 2023), https://www.mindestlohn-kommission.de/DE/Forschung/Projekte/pdf/Bericht-2023-Ipsos-12Eur.html?nn=9e352723-66d1-4e61-9772-de59a2072445, zugegriffen am 02.05.2024

54 Mindestlohnkommission, »Beschluss der Mindestlohnkommission nach § 9 MiLoG«, 26. Juni 2023, https://www.mindestlohn-kommission.de/DE/Bericht/pdf/Beschluss2023.pdf?__blob=publicationFile&v=4, zugegriffen am 02.05.2024

55 Die Abschaffung des Markts hilft auch nicht bei der Lösung des Machtproblems. Anstelle vieler Arbeitgeber gäbe es dann nur noch einen Arbeitgeber, den Staat, der gegenüber seinen Beschäftigten mächtiger wäre als jedes Großunternehmen. Sieht man sich an, dass schon heute der Staat einige der Beschäftigungen mit besonders schlechten Arbeitsbedingungen finanziert, kann man anzweifeln, dass mehr Marktmacht für den Staat unbedingt zu besseren Jobs führen würde.

56 Karl Marx, *Das Kapital. Band 1: Der Produktionsprozeß des Kapitals*, 40. Auflage, unveränderter Nachdruck der 11. Auflage 1962 (Berlin: Karl Dietz Verlag, 2013), S. 661

57 Flink, »Liefern bei Flink: Komm ins Team & werde noch heute Rider«, https://riders.goflink.com/de, zugegriffen am 26.03.2024

58 Bank of England, »A millennium of macroeconomic data«, 2016, https://www.bankofengland.co.uk/statistics/research-datasets, zugegriffen am 02.05.2024

59 Charlotte Bartels, Felix Kersting und Nikolaus Wolf, »Testing Marx: Capital Accumulation, Income Inequality, and Socialism in Late Nineteenth-Century Germany«, *Review of Economics and Statistics*, 15. März 2023, S. 1–44, https://doi.org/10.1162/rest_a_01305

60 Helmut Elsner, *Museum Karl-Marx-Haus Trier* (Braunschweig: Westermann Verlag, 1983), S. 37

61 Zachary D Carter, *The price of peace: money, democracy, and the life of John Maynard Keynes* (Random House, 2020), S. 219

62 Eigene Übersetzung, im Original: »the fundamental economic problems of a Europe starving and dis- integrating before their eyes«, John Maynard Keynes, The Economic Consequences of the Peace (Hartcourt, Brace and Howe, 1920), https://oll.libertyfund.org/titles/keynes-the-economic-consequences-of-the-peace, zugegriffen am 20.04.2024, S. 89

63 Eigene Übersetzung, im Original: »blind and deaf Don Quixote«, Keynes, S. 20

64 Barry Eichengreen und T. J. Hatton, »Interwar Unemployment in International Perspective: An Overview«, in *Interwar Unemployment in International Perspective*, hg. von Barry Eichengreen und T. J. Hatton (Dordrecht: Springer Netherlands, 1988), S. 1–59, https://doi.org/10.1007/978-94-009-2796-4_1

65 John Maynard Keynes, *The General Theory of Employment, Interest, and Money* (Snowball Publishing, 2012), S. 164

66 Stattdessen war ihm ein abwägendes, stetiges Schuldenmanagement wichtig. Siehe Tony Aspromourgos, »Keynes, Lerner, and the Question of Public Debt«, *History of Political Economy* 46, Nr. 3 (1. September 2014): S. 409–433, https://doi.org/10.1215/00182702-2796209

67 Jack Dwyer, »Keynes's economics and the question of public debt«, 2012, https://ses.library.usyd.edu.au/bitstream/handle/2123/8007/Jack%20Dwyer%20thesis.pdf?sequence=1&isAllowed=y, zugegriffen am 02.05.2024, S. 39 f.

68 Keynes, *The General Theory of Employment, Interest, and Money*, S. 372 f.

69 Karl Brenke und Jan Pfannkuche, »Konsum und Sparquote der privaten Haushalte hängen stark vom Erwerbsstatus, Einkommen und Alter ab«, *DIW Wochenbericht* 85, Nr. 10 (2018): S. 181–191

70 Keynes, *The General Theory of Employment, Interest, and Money*, S. 129 f.

71 Bundesregierung, »Der Sechste Armuts- und Reichtumsbericht der Bundesregierung«, 2021, https://www.armuts-und-reichtumsbericht.de/SharedDocs/Downloads/Berichte/sechster-armuts-reichtumsbericht.pdf?__blob=publicationFile&v=2, zugegriffen am 02.05.2024, S. XXIV

72 Bundesregierung, »Der 3. Armuts- und Reichtumsbericht der Bundesregierung«, 2008, https://www.armuts-und-reichtumsbericht.de/SharedDocs/Downloads/Berichte/dritter-armuts-reichtumsbericht.pdf?__blob=publicationFile&v=2, zugegriffen am 02.05.2024, S. 1 f.

73 Bundesregierung, »Der Vierte Armuts- und Reichtumsbericht der Bundesregierung«, 2013, S. 23 f., https://www.armuts-und-reichtumsbericht.de/SharedDocs/Downloads/Berichte/vierter-armuts-und-reichtumsbericht.pdf?__blob=publicationFile&v=2, zugegriffen am 02.05.2024

74 Theodor Maunz und Günter Dürig, »Grundgesetz Kommentar, 102. EL August 2023«, Art. 115 Rn. 156

75 Dan Murphy, »Economic impact payments« (Brookings Institution, 2021), S. 19, https://www.brookings.edu/wp-content/uploads/2021/02/20210216_Murphy_ImpactPayments_Final-4.pdf, zugegriffen am 02.05.2024

76 Europäische Kommission, »General Government, Net Lending (ESA2010), Net Lending (+) or Net Borrowing (-), Estimate, Percent of GDP (Excessive Deficit Procedure), Market Prices (UBLG)« (AMECO, 15. November 2023), https://dash

board.tech.ec.europa.eu/qs_digit_dashboard_mt/public/sense/app/667e9fba-eea7-4d17-abf0-ef20f6994336/sheet/f38b3b42-402c-44a8-9264-9d422233add2/state/analysis/, zugegriffen am 02.05.2024

77 David Autor, Arindrajit Dube und Annie McGrew, »The Unexpected Compression: Competition at Work in the Low Wage Labor Market«, Working Paper (Cambridge, MA: National Bureau of Economic Research, Mai 2024), https://doi.org/10.3386/w31010

78 Deutsches Institut für Wirtschaftsforschung, »Niedriglohnsektor auf Tiefstand, aber Einkommensungleichheit nimmt nicht ab«, Text (DIW Berlin, 2024), https://www.diw.de/de/diw_01.c.891106.de/niedriglohnsektor_auf_tiefstand__aber_einkommensungleichheit_nimmt_nicht_ab.html, zugegriffen am 15.04.2024

79 Keynes, *The General Theory of Employment, Interest, and Money*, S. 164

Kapitel 3
Bildung, Bahn und Bergführer

80 Technisch gesprochen des Produktionswerts von 1999 bis 2019 (Endpunkt vor der Corona-Krise, da die Daten zu 2021/22 wahrscheinlich kurzfristige Verzerrungen enthalten). Eigene Berechnungen basierend auf Eurostat, »National accounts aggregates by industry (up to NACE A*64) (nama_10_a64)«, 8. April 2024, https://doi.org/10.2908/NAMA_10_A64

81 Eigene Berechnungen auf Basis von Destatis, »Ausgaben für öffentliche Schulen 2021 bei 9 200 Euro je Schülerin und Schüler«, 3. März 2023, https://www.destatis.de/DE/Presse/Pressemitteilungen/2023/03/PD23_082_217.html, zugegriffen am 02.05.2024

82 Eigene Berechnungen auf Basis von Der Spiegel, »Bundesregierung plant teuersten Autobahnabschnitt aller Zeiten«, 16. April 2016, https://www.spiegel.de/wirtschaft/soziales/bundesregierung-plant-teuersten-autobahnabschnitt-aller-zeiten-a-1087460.html, zugegriffen am 06.03.2024; Destatis, »Baupreisindizes: Deutschland, Jahre, Messzahlen mit/ohne Umsatzsteuer, Ingenieurbau, Bauarbeiten (Tiefbau) (61261-0003)«, 6. März 2024, https://www-genesis.destatis.de/genesis/online?operation=find&suchanweisung_language=de&query=61261-0003#abreadcrumb, zugegriffen am 06.03.2024

83 Eigene Berechnungen auf Basis von Experteninterviews

84 Bundesministerium der Finanzen, »Bundeshaushalt digital«, Bundeshaushalt, https://www.bundeshaushalt.de/DE/Bundeshaushalt-digital/bundeshaushalt-digital.html, zugegriffen am 20.04.2024

85 OECD, *PISA 2022 Results: The State of Learning and Equity in Education*, Bd. 1, PISA (OECD, 2023), https://doi.org/10.1787/53f23881-en

86 OECD, »Equity in education in PISA 2022 annex tables«, 2023, https://doi.org/https://doi.org/10.1787/6d205bc3-en, zugegriffen am 02.05.2024

87 Mediendienst Integration, »Zahlen und Fakten Integration«, Dezember 2023, https://mediendienst-integration.de/integration/schule.html, zugegriffen am 06.03.2024

88 Tagesschau, »Studie der Bertelsmann-Stiftung: Mehr als 400.000 Kita-Plätze fehlen«, tagesschau.de, 28. November 2023, https://www.tagesschau.de/inland/gesellschaft/kitaplaetze-studie-100.html, zugegriffen am 06.03.2024

89 Silke Fokken, »(S+) Kita-Plätze: Welche Kinder eher leer ausgehen – und welche nicht«, *Der Spiegel*, 22. November 2023, https://www.spiegel.de/panorama/bildung/kita-plaetze-welche-kinder-eher-leer-ausgehen-und-welche-nicht-a-29625332-478f-4dc0-8abe-78334f654ce1, zugegriffen am 06.03.2024

90 Wido Geis-Thöne, »Noch 700.000 Ganztagsplätze müssen geschaffen werden«, IW-Kurzbericht (Köln: Institut der deutschen Wirtschaft, 2023), https://www.iwkoeln.de/studien/wido-geis-thoene-noch-700000-ganztagsplaetze-muessen-geschaffen-werden.html, zugegriffen am 02.05.2024

91 Katrin Rimbach, »Sprachpolitik und Sprachgebrauch im Baltikum: die russische Sprache in Estland; ein Einblick in die historische Entwicklung und die aktuelle Brisanz« (Universitätsverlag Potsdam, 2008), https://publishup.uni-potsdam.de/opus4-ubp/frontdoor/deliver/index/docId/2591/file/baltikum06.pdf, zugegriffen am 20.04.2024 und Bundeszentrale für politische Bildung, »Anteil russischer Bevölkerung im Baltikum«, 2018, https://www.bpb.de/system/files/dokument_pdf/1905%20n-ost_Russen%20im%20Baltikum_04.pdf, zugegriffen am 20.04.2024

92 Julia Köppe, »Estland als Schul-Vorbild: So wird Lernen gerechter«, *Der Spiegel*, 29. Dezember 2017, https://www.spiegel.de/lebenundlernen/schule/estland-als-schul-vorbild-so-wird-lernen-gerechter-a-1184360.html, zugegriffen am 06.03.2024

93 Estonian Tax and Customs Board, »Tax rates«, 2024, https://www.emta.ee/en/business-client/taxes-and-payment/income-and-social-taxes/tax-rates, zugegriffen am 02.05.2024

94 Eigene Berechnung basierend auf Eurostat, »General government expenditure by function (COFOG) (gov_10a_exp)«, 21. Juli 2023, https://doi.org/10.2908/GOV_10A_EXP

95 Destatis, »Unfreiwillig Teilzeitbeschäftigte«, 2023, https://www.destatis.de/DE/Themen/Arbeit/Arbeitsmarkt/Qualitaet-Arbeit/Dimension-3/unfreiwillig-teilzeitbeschaeftige.html, zugegriffen am 06.03.2024

96 Deutsche Rentenversicherung, »Analyse der Altersrenten in den Bundesländern«, 10. Juli 2023, https://www.deutsche-rentenversicherung.de/DRV/DE/Ueber-uns-und-Presse/Presse/Meldungen/2023/230710-vorauszug-rentenatlas.html, zugegriffen am 26.03.2024

97 Julius Lüttge, »Occupational change and wage inequality in Germany«, URPP Equality of Opportunity Discussion Paper Series (Universität Zürich, 2022), https://www.urpp-equality.uzh.ch/dam/jcr:31e10ccc-78d7-41b3-b305-a15d7e482b23/6_JL_occupationalchange.pdf, zugegriffen am 02.05.2024

98 Tom Krebs und Martin Scheffel, »Öffentliche Investitionen und inklusives Wachstum in Deutschland« (Bertelsmann Stiftung, 2019), https://www.bertelsmann-stiftung.de/fileadmin/files/BSt/Publikationen/GrauePublikationen/NW_OEffentliche_Investitionen_und_inklusives_Wachstum.pdf, zugegriffen am 02.05.2024, S. 11

99 Òscar Jordà u. a., »The Rate of Return on Everything, 1870–2015«, *The Quarterly*

Journal of Economics 134, Nr. 3 (1. August 2019): S. 1225–1298, https://doi.org/10.1093/qje/qjz012, S. 13

100 Ludger Wößmann, »Bildungssystem, PISA-Leistungen und volkswirtschaftliches Wachstum«, ifo Schnelldienst (ifo Institut für Wirtschaftsforschung, 2009), https://www.ifo.de/DocDL/ifosd_2009_10_5.pdf, zugegriffen am 02.05.2024

101 Dieses Ziel wurde 2021 im Koalitionsvertrag festgeschrieben, jedoch ohne Bezugsjahr [1]. 2023 hat die Deutsche Bahn das Ziel als Verdopplung der Personenkilometer im Fernverkehr im Vergleich zu 2015 präzisiert [2]. Eine Verdopplung entspräche knapp 74 Milliarden Personenkilometer pro Jahr. Die Bahn definiert das Ziel als erreicht, wenn mehr als 70 Milliarden Personenkilometer erreicht sind. Für den Nahverkehr, der etwas weniger als die Hälfte der Verkehrsleistung beiträgt, gibt sie das Ziel in Passagierzahlen, nicht Personenkilometern an. [1: SPD, Bündnis 90 / Die Grünen und FDP, »Mehr Fortschritt wagen. Bündnis für Freiheit, Gerechtigkeit und Nachhaltigkeit. Koalitionsvertrag 2021–2025«, 2021, https://www.spd.de/fileadmin/Dokumente/Koalitionsvertrag/Koalitionsvertrag_2021-2025.pdf, zugegriffen am 02.05.2024, S. 39, 2: Eigene Berechnungen und Deutsche Bahn, »Starke-Schiene-Ziele«, Integrierter Bericht 2023, zugegriffen 4. Mai 2024, https://ibir.deutschebahn.com/2023/de/zusammengefasster-konzernlagebericht/starke-schiene/starke-schiene-ziele/, zugegriffen am 04.05.2024]

102 Eine tatsächliche Verdopplung der Personenkilometer von 2015 ginge mit einer 2,9-Fachung des Wachstums von 2010 bis 2019 einher, das Erreichen von 70 Milliarden Personenkilometern mit einer 2,6-Fachung. Eigene Berechnungen basierend auf den Lageberichten und Jahresabschlüssen der Deutschen Bahn

103 Ibid.

104 McKinsey schätzt, dass die Digitalisierung die Kapazität von vielen Bahnlinien um mehr als 20 Prozent erhöhen könnte; Carsten Lotz u. a., »Digitizing Europe's railways: A call to action«, 4. Dezember 2020, https://www.mckinsey.com/featured-insights/europe/digitizing-europes-railways-a-call-to-action, zugegriffen am 02.05.2024

105 Eigene Berechnung, in Preisen von 2023, Destatis, »Kosten von Mobilität: Haushalte geben im Schnitt 233 Euro monatlich fürs Auto aus, 33 Euro für Bus, Bahn und Co.«, 7. Juli 2021, https://www.destatis.de/DE/Presse/Pressemitteilungen/2021/07/PD21_N045_639.html, zugegriffen am 12.03.2024

106 Deutsche Bahn, »Günstige Bahntickets ab 17,90 Euro deutschlandweit«, 2024, https://www.bahn.de/angebot/sparpreis-flexpreis/super-sparpreis, zugegriffen am 15.04.2024

107 Louise Butcher, »Railways: Railtrack, 1994–2002« (House of Commons Library, 24. März 2010), https://web.archive.org/web/20221219194843/https://researchbriefings.files.parliament.uk/documents/SN01224/SN01224.pdf, zugegriffen am 02.05.2024, S. 4

108 Butcher, S. 11

109 Michael Sontheimer, »Schrottige Schienen«, *Der Spiegel*, 17. Dezember 2000, https://www.spiegel.de/politik/schrottige-schienen-a-8d5cb525-0002-0001-0000-000018074306, zugegriffen am 12.03.2024

110 Butcher, »Railways: Railtrack, 1994–2002«, S. 7 ff.

111 The Guardian, »On the right track«, 1. Juli 2002, https://www.theguardian.com/politics/2002/jul/01/transport.publicservices, zugegriffen am 12.03.2024

112 Infras u. a., »Annex 1 to COMPETE Final Report: Analysis of operating cost in the EU and the US«, 14. Juli 2006, https://ec.europa.eu/ten/transport/studies/doc/compete/compete_annex_01_en.pdf, zugegriffen am 02.05.2024

113 S. McCartney und J. Stittle, »›A Very Costly Industry‹: The Cost of Britain's Privatised Railway«, *Critical Perspectives on Accounting* 49 (Dezember 2017): S. 1–17, https://doi.org/10.1016/j.cpa.2017.04.002

114 Butcher, »Railways: Railtrack, 1994–2002«, S. 13

115 MLIT, »The Development of the Construction of Shinkansen« (Ministry of Land, Infrastructure, Transport and Tourism), https://www.mlit.go.jp/common/000207971.pdf, zugegriffen am 02.05.2024

116 Takahiko Saito, »Japanese private railway companies and their business diversification«, *Japan Railway and Transport Review* 10 (1997): S. 2–9

117 Eigene Berechnungen

118 45 Milliarden Euro bis 2027, 14 Milliarden Euro pro Jahr in Preisen von 2024, 15 Milliarden Euro pro Jahr nominal; eigene Berechnungen basierend auf Bundesregierung, »Regierungspressekonferenz vom 5. Juli 2023«, 5. Juli 2023, https://www.bundesregierung.de/breg-de/aktuelles/regierungspressekonferenz-vom-5-juli-2023-2200602, zugegriffen am 12.03.2024

119 KfW Research, »KfW-Kommunalpanel 2023«, Mai 2023, https://www.kfw.de/PDF/Download-Center/Konzernthemen/Research/PDF-Dokumente KfW Kommunalpanel/KfW-Kommunalpanel-2023.pdf, zugegriffen am 02.05.2024

120 Jens Bullerjahn und Michael Thöne, *Deutschland und sein Geld: öffentliche Finanzen zwischen Anspruch, Alltag und Krisen*, hg. von Ringo Wagner (Magdeburg: Friedrich-Ebert-Stiftung, 2022), https://library.fes.de/pdf-files/bueros/sachsen-anhalt/19175.pdf, zugegriffen am 02.05.2024, S. 346

121 Eigene Berechnung auf Basis von Bundesrechnungshof, »Bemerkungen 2022 zur Haushalts- und Wirtschaftsführung des Bundes«, 6. Dezember 2022, https://www.bundesrechnungshof.de/SharedDocs/Downloads/DE/Berichte/2022/bemerkungen/bemerkungen-gesamtband.pdf?__blob=publicationFile&v=1#page44, zugegriffen am 02.05.2024, S. 44

122 zum Beispiel Tom Krebs, Janek Steitz und Patrick Graichen, »Öffentliche Finanzierung von Klima- und anderen Zukunftsinvestitionen« (Agora Energiewende, November 2021), https://static.agora-energiewende.de/fileadmin/Projekte/2021/2021_09_KlimaInvest2030/A-EW_244_KlimaInvest_II_WEB_v1.1.pdf, zugegriffen am 02.05.2024

123 Christian Mölling und Torben Schütz, »Verteidigungshaushalt 2024: Das Budget steigt – und reicht doch nicht aus« (Deutsche Gesellschaft für Auswärtige Politik e.V., 2023), https://dgap.org/system/files/article_pdfs/DGAP-MEMO-02-2023%20Verteidigungshaushalt.pdf, zugegriffen am 02.05.2024

124 Agora Verkehrswende, »Steuersignale zur Transformation der Pkw-Flotte – Reformoptionen für eine faire und klimagerechte Kfz- und Dienstwagenbesteuerung«, Kompaktbericht, Juli 2022, https://www.agora-verkehrswende.de/fileadmin/Projekte/2022/Kfz-u-Dienstwagen/79_Kfz-u-Dienstwagen_Studie_Kompaktbericht.pdf, zugegriffen am 02.05.2024, S. 24

125 Eigene Berechnungen

126 Bundesregierung, »29. Subventionsbericht«, 5. September 2023, https://www.bundesregierung.de/breg-de/suche/29-subventionsbericht-2217644, zugegriffen am 12.03.2024, S. 20

127 So liegt zum Beispiel die Marge bei Volkswagens Premiummarken doppelt so hoch wie bei VW, siehe Volkswagen AG, »Annual Media, Analyst and Investor Conference 2024«, 13. März 2024, https://www.volkswagen-group.com/de/publikationen/praesentationen/volkswagen-konzern-praesentation-analysten-und-investoren-konferenz-2024-englisch-2678, zugegriffen am 02.05.2024, S. 22

128 Gernot Kramper, »BYD Seagull – das billigste Elektroauto der Welt ist eine Kampfansage«, *Stern*, 28. März 2024, https://www.stern.de/auto/byd-seagull---das-billigste-elektroauto-der-welt-ist-eine-kampfansage-34577004.html, zugegriffen am 19.04.2024

129 Mercedes Benz Group, »Annual Results Conference 2023 Mercedes-Benz Group AG«, 22. Februar 2024, https://group.mercedes-benz.com/dokumente/investoren/praesentationen/mercedes-benz-ir-capitalmarketpresentation-fy-2023.pdf, zugegriffen am 02.05.2024, S. 10

130 Bundesministerium für Wirtschaft und Klimaschutz, »Branchenfokus Automobilindustrie«, 2023, https://www.bmwk.de/Redaktion/DE/Textsammlungen/Branchenfokus/Industrie/branchenfokus-automobilindustrie.html, zugegriffen am 09.04.2024

131 Destatis, »Bruttoverdienste, Wochenarbeitszeit: Deutschland, Quartale (bis 2021), Wirtschaftszweige, Leistungsgruppen, Geschlecht (62321-0001)«, 2021, https://www-genesis.destatis.de/genesis/online?operation=find&suchanweisung_language=de&query=62321-0001#abreadcrumb, zugegriffen am 02.05.2024

132 Selbst wenn man alle unmittelbar abbaubaren klimaschädlichen Subventionen beendete, von denen jede mit ihrem eigenen Problemkomplex kommt, ergäbe das ein maximales Einsparvolumen von 24 Milliarden Euro, siehe Florian Zerzawy u. a., »Kurzfristiges finanzielles Potential durch den Abbau umweltschädlicher Subventionen« (Forum Ökologisch-Soziale Marktwirtschaft, 7. Dezember 2023), https://foes.de/publikationen/2023/2023-11_FOES_Subventionsabbau_KTF-Luecke.pdf, zugegriffen am 02.05.2024

133 Ruth Schüler, »Rente mit 63: ›Der klassische Frührentner ist ein Facharbeiter aus Ostdeutschland‹«, Interview im Capital Magazin (Institut der deutschen Wirtschaft, 14. Februar 2023), https://www.iwkoeln.de/presse/interviews/ruth-maria-schueler-der-klassische-fruehrentner-ist-ein-facharbeiter-aus-ostdeutschland.html, zugegriffen am 09.04.2024

134 Bundesregierung, »Bundeshaushaltsplan 2024, Einzelplan 17, Bundesministerium für Familie, Senioren, Frauen und Jugend«, 2024, S. 8, https://bundeshaushalt.de/static/daten/2024/soll/epl17.pdf, zugegriffen am 23.04.2024

135 Im Vergleich zu den gesetzlichen Leistungen des aktuellen Haushalts. Im Vergleich zur Finanzplanung des Bundes, in der Aufwüchse der Ausgaben für die ›Rente mit 63‹, die Altersrente für besonders langjährig Versicherte bereits mit eingeplant sind, würden Mittel frei werden.

136 Eigene Berechnungen auf Basis der Rentenversicherungsberichte der Bundesregierung

137 Institut Arbeit und Qualifikation der Universität Duisburg-Essen, »Einkommensteuertarif, Grenz- und Durchschnittssteuersätze 2024«, 2024, https://www.sozialpolitik-aktuell.de/files/sozialpolitik-aktuell/_Politikfelder/Finanzierung/Datensammlung/PDF-Dateien/abbIII21a.pdf, zugegriffen am 02.05.2024, S. 2

138 Deutscher Bundestag, »Plenarprotokoll 20/105«, 24. Mai 2023, https://dserver.bundestag.de/btp/20/20105.pdf#P.12764, zugegriffen am 02.05.2024, S. 12764

139 David Gstrein, Elena Herold und Florian Neumeier, »Fiskalische Auswirkungen der Säule 1 (teilweise Neuverteilung von Besteuerungsrechten) und der Säule 2 (globale effektive Mindestbesteuerung) – Kurzexpertise im Auftrag des Bundesministeriums der Finanzen« (ifo Institut, Juni 2023), https://www.bundesfinanzministerium.de/Content/DE/Downloads/Steuern/Internationales-Steuerrecht/kurzexpertise-internationale-unternehmensbesteuerung.pdf?__blob=publicationFile&v=6, zugegriffen am 02.05.2024

140 Carsten Schröder u. a., »MillionärInnen unter dem Mikroskop: Datenlücke bei sehr hohen Vermögen geschlossen – Konzentration höher als bisher ausgewiesen«, *DIW Wochenbericht* 87, Nr. 29 (2020): S. 511–521, https://doi.org/10.18723/diw_wb:2020-29-1, S. 517

141 Julia Jirmann, »Erbschaftsteuer: Nicht für Superreiche – Netzwerk Steuergerechtigkeit«, 11. August 2022, https://www.netzwerk-steuergerechtigkeit.de/elementor-10684/, zugegriffen am 12.03.2024

142 Bundesregierung, »29. Subventionsbericht«

143 Weltbank, »The Changing Wealth of Nations«, 2021, https://www.worldbank.org/en/publication/changing-wealth-of-nations/data, zugegriffen am 12.03.2024

144 Umweltbundesamt, »Treibhausgas-Projektionen 2024 – Ergebnisse kompakt«, Treibhausgas-Projektionen für Deutschland, März 2024, https://www.umweltbundesamt.de/publikationen/treibhausgas-projektionen-2024-ergebnisse-kompakt, zugegriffen am 02.05.2024

145 Von Agora Energiewende genutzter Wert, siehe Agora Energiewende, »Der CO_2-Preis für Gebäude und Verkehr«, 19. Oktober 2023, https://www.agora-energiewende.de/publikationen/der-co2-preis-fuer-gebaeude-und-verkehr, zugegriffen am 02.05.2024

146 Wobei unklar ist, was passiert, wenn andere Staaten keine überschüssigen Zertifikate zu verkaufen haben.

147 Bundesrepublik Deutschland – Finanzagentur GmbH, »Bietergruppe«, 10. Dezember 2023, https://www.deutsche-finanzagentur.de/bundeswertpapiere/emissionen/bietergruppe, zugegriffen am 27.03.2024

148 Bundesrepublik Deutschland – Finanzagentur GmbH, »Auktionsergebnisse seit 1999«, 10. April 2024, https://www.deutsche-finanzagentur.de/bundeswertpapiere/emissionen/emissionsergebnisse, zugegriffen am 12.04.2024

149 Zum Zusammenhang zwischen der Bereitschaft, im Beruf zu verbleiben bzw. mehr zu arbeiten, und Arbeitsbelastung im Bildungssektor siehe zum Beispiel Sigrid Blömeke u. a., »Effects of Job Motives, Teacher Knowledge, and School Context on Beginning Teachers' Commitment to Stay in the Profession«, in *International Handbook of Teacher Quality and Policy* (New York: Routledge, 2017.: Routledge, 2017), S. 374–387, https://doi.org/10.4324/9781315710068-24 und Hubertus Volmer, »So geht es nicht weiter mit der Arbeitszeit von Lehrern«,

n-tv, 20. Mai 2023, https://www.n-tv.de/politik/So-geht-es-nicht-weiter-mit-der-Arbeitszeit-von-Lehrern-article24129546.html, zugegriffen am 27.03.2024

150 Destatis, »Arbeitskostenindizes: Deutschland, Quartale, Wirtschaftsbereiche, Original- und bereinigte Daten (62421-0001)«, 2024, https://www-genesis.destatis.de/genesis/online?operation=find&suchanweisung_language=de&query=62421-0001#abreadcrumb, zugegriffen am 02.05.2024

151 Deutsche Bahn

152 Thomas Nipperdey, *Deutsche Geschichte 1800–1866. Bürgerwelt und starker Staat.* (C.H.Beck, 2013), S. 192; Heinrich August Winkler, *Der lange Weg nach Westen – Deutsche Geschichte I*, 1. durchgesehene Auflage (C.H.Beck, 2014), S. 95 f.

153 F. J. Lisman, »Railroad Bonds«, *The Annals of the American Academy of Political and Social Science* 88 (1920): S. 57–62

154 Alfred D. Chandler, »Patterns of American Railroad Finance, 1830–50«, *Business History Review* 28, Nr. 3 (September 1954): S. 248–263, https://doi.org/10.2307/3111573

155 Andrew Odlyzko, »The Railway Mania of the 1860s«, *SSRN Electronic Journal*, 2023, https://doi.org/10.2139/ssrn.4588460

156 Tim Becker, »Institutionenökonomische Analysen zur Bereitstellung und Finanzierung der Schweizer Verkehrsinfrastrukturen« (Technische Universität Berlin, 2022), https://api-depositonce.tu-berlin.de/server/api/core/bitstreams/1ca55a4d-abfd-4120-bb9a-ae41d30b41ef/content, zugegriffen am 02.05.2024, S. 140

157 Bundesgesetzblatt, »Gesetz über die Feststellung des Bundeshaushaltsplans für das Haushaltsjahr 1996«, Teil 1 § (1995), https://www.bgbl.de/xaver/bgbl/start.xav#__bgbl__%2F%2F*%5B%40attr_id%3D%27bgbl195s1793.pdf%27%5D__1710245610994, zugegriffen am 02.05.2024, S. 1800

158 Die Verschuldungskosten der Bahn liegen ungefähr 100 Basispunkte über denen des Bundes: Das entspricht ungefähr dem Renditeunterschied zwischen deutschen und spanischen Staatsanleihen. Deutsche Bahn, »Kapitalkosten Deutsche Bahn 2022«, Deutsche Bahn Integrierter Bericht 2022, 2023, https://ibir.deutschebahn.com/2022/de/konzernlagebericht/geschaeftsverlauf/oekonomische-steuerungskennzahlen/kapitalkosten, zugegriffen am 12.03.2024

159 Janek Steitz und Axel Kölschbach Ortego, »Implikationen langfristiger Energiekostenunterschiede für energieintensive Industrien und den Wirtschaftsstandort Deutschland« (Dezernat Zukunft, 30. August 2023), https://www.dezernatzukunft.org/wp-content/uploads/2023/08/Steitz-J.-Koelschbach-A.-2023-Policy-Brief-Industriepolitik-2.pdf, zugegriffen am 13.09.2023, S. 17

160 Destatis, »Bedeutung der energieintensiven Industriezweige in Deutschland«, 2024, https://www.destatis.de/DE/Themen/Branchen-Unternehmen/Industrie-Verarbeitendes-Gewerbe/produktionsindex-energieintensive-branchen.html, zugegriffen am 12.03.2024

161 2019Q3 bis 2023Q3, U.S. Department of the Treasury, »The Purchasing Power of American Households«, 14. Dezember 2023, https://home.treasury.gov/news/featured-stories/the-purchasing-power-of-american-households, zugegriffen am 27.03.2024

162 Weltbank, »Medium and high-tech manufacturing value added (% manufacturing value added) [NV.MNF.TECH.ZS.UN]« (World Development Indicators,

2024), https://databank.worldbank.org/source/world-development-indicators/Series/NV.MNF.TECH.ZS.UN#, zugegriffen am 12.03.2024

163 Bundesministerium für Wirtschaft und Klimaschutz und Bundesministerium der Finanzen, »Gesamtwirtschaftliches Produktionspotenzial und Konjunkturkomponenten. Datengrundlagen und Ergebnisse der Schätzungen der Bundesregierung – Jahresprojektion 2024«, 21. Februar 2024, https://www.bmwk.de/Redaktion/DE/Downloads/G/gesamtwirtschaftliches-produktionspotenzial-jahresprojektion-2024.pdf?__blob=publicationFile&v=6, zugegriffen am 02.05.2024

164 Markus Hofstetter, »VW, Mercedes, BMW und Audi: Den deutschen Autobauern gehen die Aufträge aus«, *Merkur*, 18. August 2023, https://www.merkur.de/wirtschaft/produktion-einbruch-elektroauto-vw-mercedes-bmw-audi-tesla-92406180.html, zugegriffen am 12.03.2024

165 EDF, »2023 Management Report« (Électricité de France, 16. Februar 2024), https://www.edf.fr/en/the-edf-group/dedicated-sections/investors/financial-and-extra-financial-performance/financial-results, zugegriffen am 02.05.2024

166 Bundesregierung, »Strompreispaket für produzierende Unternehmen – Bundesregierung entlastet stromintensive Unternehmen«, 9. November 2023, https://www.bundesregierung.de/breg-de/aktuelles/pressemitteilungen/strompreispaket-fuer-produzierende-unternehmen-bundesregierung-entlastet-strom intensive-unternehmen-2235602, zugegriffen am 12.03.2024

167 Bundesregierung, »Strompreispaket für energieintensive Unternehmen – Energie bezahlbar halten«, 19. Dezember 2023, https://www.bundesregierung.de/breg-de/aktuelles/strompreispaket-energieintensive-unternehmen-2235760, zugegriffen am 13.04.2024

168 John Kenneth Galbraith, »Keynes, Roosevelt, and the Complementary Revolutions«, *Challenge* 30, Nr. 6 (November 1987): S. 19–23, https://doi.org/10.1080/05775132.1987.11471211

169 Andrew Bossie und W Mason, »The Public Role in Economic Transformation: Lessons from World War II«, *The Roosevelt Institute*, 2020, https://rooseveltinstitute.org/publications/the-public-role-in-economic-transformation-lessons-from-world-war-ii/, zugegriffen am 02.05.2024, S. 7

170 Eigene Berechnungen basierend auf Raymond Goldsmith und Robert Lipsey, »The National Balance Sheet of the United States During the Postwar Period«, in *Studies in the National Balance Sheet of the United States*, Bd. 1, 1963, S. 41–106, https://www.nber.org/system/files/chapters/c3926/c3926.pdf, zugegriffen am 02.05.2024

171 Eigene Berechnungen basierend auf Office of Management & Budget, »Federal Budget, Balance, Federal Surplus/Deficit, Total und GDP, Total, Estimate«, 2024, Macrobond, zugegriffen am 02.05.2024,

172 JW Mason und Andrew Bossie, »Public Spending as an Engine of Growth and Equality: Lessons from World War II« (Roosevelt Institute, September 2020), https://rooseveltinstitute.org/wp-content/uploads/2020/09/RI_LessonsfromWWIIPart2_WorkingPaper_202009.pdf, zugegriffen am 02.05.2024, S. 12

173 Mason und Bossie, S. 9

174 Thomas Schmidtutz, »Eine Million pro Arbeitsplatz: Bund geht mit Förderung für

neues Intel-Werk in die Vollen«, *Merkur*, 20. Juni 2023, https://www.merkur.de/wirtschaft/intel-werk-magdeburg-foerderung-subvention-standort-miliarden-bund-arbeitsplatz-zr-92350702.html, zugegriffen am 15.04.2024

175 Joachim Hofer, »Technologie: Diese deutschen Lieferanten profitieren von den Chip-Subventionen«, *Handelsblatt*, 6. Dezember 2023, Abschn. Technologie – IT + Telekommunikation, https://www.handelsblatt.com/technik/it-internet/technologie-diese-deutschen-lieferanten-profitieren-von-den-chip-subventionen-/29539750.html, zugegriffen am 19.04.2024

176 Maxime Fajeau u. a., »The US Inflation Reduction Act: How the EU is affected and how it should react«, *VoxEU – Centre for Economic Policy Research* (blog), 17. Oktober 2023, https://cepr.org/voxeu/columns/us-inflation-reduction-act-how-eu-affected-and-how-it-should-react#:~:text=Another%20industry%20that%20receives%20substantial,in%20Europe%20(NWR%202022)., zugegriffen am 02.05.2024

Kapitel 4
Die Staatsbilanz

177 Um genau zu sein, sind T-Bills, also kurzlaufende Anleihen das global meistgehandelte Finanzprodukt, siehe World Gold Council, »Average Daily Trading Volumes«, 19. April 2024, https://www.gold.org/goldhub/data/gold-trading-volumes, zugegriffen am 23.04.2024

178 Destatis, »Sektorale und gesamtwirtschaftliche Vermögensbilanzen 1999 – 2022, S.12 + S.13, Aktiva Staat«, 2023, https://www.destatis.de/DE/Themen/Wirtschaft/Volkswirtschaftliche-Gesamtrechnungen-Inlandsprodukt/Publikationen/_publikationen-innen-vermoegensrechnung.html, zugegriffen am 11.04.2024

179 Nimmt man wie hier an, dass zukünftiges Einkommen heute weniger wert ist, kann man eine Summe errechnen, die unendlich in die Zukunft geht. Denn je weiter in der Zukunft ein Einkommen liegt, desto kleiner ist sein heutiger Wert. Nimmt man einen Abzinsungsfaktor von drei Prozent an, also dass das Einkommen für das nächste Jahr heute drei Prozent weniger wert ist als das Einkommen für dieses Jahr, sind 100 Euro Einkommen 174 Jahre in der Zukunft heute abgerundet null Euro wert. Bei einem Abzinsungsfaktor von einem Prozent dauert es 528 Jahre, bis 100 Euro rund null Euro wert sind. Eigene Berechnungen basierend auf Bundesministerium der Finanzen, »Steuereinnahmen im Dezember 2023 und konjunkturelles Umfeld – Monatsbericht Januar 2024«, Januar 2024, https://www.bundesfinanzministerium.de/Monatsberichte/2024/01/Inhalte/Kapitel-4-Wirtschafts-und-Finanzlage/4-2-steuereinnahmen-dezember-2023-und-konjunkturelles-umfeld-pdf.pdf?__blob=publicationFile&v=5, zugegriffen am 02.05.2024

180 Das Dezernat Zukunft erarbeitet eine detaillierte Bottom-Up-Bedarfsschätzung für die Investitionsbedarfe des deutschen Staats, die voraussichtlich im Herbst 2024 erscheint. (Stand: Mai 2024)

181 Vollständige Definition im Originaltext: »In general terms, public debt can be regarded as sustainable when the primary balance needed to at least stabilize

debt under both the baseline and realistic shock scenarios is economically and politically feasible, such that the level of debt is consistent with an acceptably low rollover risk and with preserving potential growth at a satisfactory level.« Siehe Internationaler Währungsfonds, »Review of the debt sustainability framework for market access countries« (Internationaler Währungsfonds, 2021), https://www.imf.org/-/media/Files/Publications/PP/2021/English/PPEA2021003.ashx, zugegriffen am 02.05.2024, S. 6

182 Bundesministerium der Finanzen, »Bundesfinanzminister Christian Lindner im Interview mit der WirtschaftsWoche«, 1. Juli 2022, https://www.bundesfinanzministerium.de/Content/DE/Interviews/2022/2022-30-06-wirtschaftswoche.html, zugegriffen am 15.04.2024

183 Internationaler Währungsfonds, »General government gross debt (GGXWDG_NGDP)« (World Economic Outlook, Oktober 2023), https://www.imf.org/external/datamapper/GGXWDG_NGDP@WEO/OEMDC/ADVEC/WEOWORLD, zugegriffen am 02.05.2024

184 David Beckworth und Daniela Gabor, Daniela Gabor on Safe Assets and Shadow Banking, Macro Musings, 23. April 2018, https://www.mercatus.org/macro-musings/daniela-gabor-safe-assets-and-shadow-banking, zugegriffen am 15.04.2024

185 Dhara Ranasinghe, »Who is buying negative-yielding German bonds? Foreign central banks, perhaps«, *Reuters*, 17. Oktober 2019, https://www.reuters.com/article/idUSKBN1WW2AN/, zugegriffen am 15.04.2024

186 Bundesverband deutscher Banken, »Über den Einlagensicherungsfonds«, 2024, https://einlagensicherungsfonds.de/ueber-den-einlagensicherungsfonds/, zugegriffen am 15.04.2024

187 Patrick Schaffner, Angelo Ranaldo und Kostas Tsatsaronis, »Euro Repo Market Functioning: Collateral Is King« (Rochester, NY, 8. Dezember 2019), https://papers.ssrn.com/abstract=3502893, zugegriffen am 15.04.2024, S. 102

188 Tim Armbruster, Refinancing the German crisis measures, interviewt von John Orchard, 21. Mai 2020, https://www.omfif.org/2020/05/refinancing-the-german-crisis-measures/, zugegriffen am 15.04.2024

189 Zur Rolle von Bundesanleihen siehe Bundesrepublik Deutschland – Finanzagentur GmbH, »Überblick Bundeswertpapiere«, 15. April 2024, https://www.deutsche-finanzagentur.de/bundeswertpapiere/bundeswertpapierarten/ueberblick-bundeswertpapiere, zugegriffen am 15.04.2024, und Florian Kern, Pola Schneemelcher und Philippa Sigl-Glöckner, »Bundeswertpapiere: Zollstock, Taschenmesser, Goldbarren« (Dezernat Zukunft, 21. September 2021), https://www.dezernatzukunft.org/bundeswertpapiere-zollstock-taschenmesser-goldbarren/, zugegriffen am 30.11.2022

190 Eigene Berechnungen basierend auf Macrobond, »Government Benchmarks, 10 Year, Yield«, 2024, Macrobond, zugegriffen am 02.05.2024

191 Eigene Berechnungen basierend auf Macrobond; Europäische Kommission, »Gross public debt (UDGG)« (AMECO, 15. November 2023), https://dashboard.tech.ec.europa.eu/qs_digit_dashboard_mt/public/sense/app/667e9fba-eea7-4d17-abf0-ef20f6994336/sheet/f38b3b42-402c-44a8-9264-9d422233add2/state/analysis/, zugegriffen am 14.03.2024

192 Für die detaillierte Halterstruktur siehe Deutsche Bundesbank, »Der Markt für Bundeswertpapiere: Halterstruktur und wesentliche Einflussfaktoren auf die Renditeentwicklung – Monatsbericht Juli 2018«, 2018, https://www.bundesbank.de/resource/blob/752108/9aac09dbac6033e1c3f8b40a51a4a9b2/mL/2018-07-anleihemarkt-data.pdf, zugegriffen am 02.05.2024, S. 22. Weniger granulare Daten werden regelmäßig von der Deutschen Finanzagentur veröffentlicht, siehe Bundesrepublik Deutschland – Finanzagentur GmbH, »Gläubigerstruktur«, 30. September 2023, https://www.deutsche-finanzagentur.de/finanzierung-des-bundes/der-bund-als-emittent/glaeubigerstruktur, zugegriffen am 15.04.2024

193 Thomas Adam, »Der Anteil der Staatsanleihen an der Finanzierung staatlicher Haushalte – Eine vergleichende Studie der staatlichen Defizitfinanzierung in den USA und Deutschland vom ausgehenden 18. bis in das frühe 20. Jahrhundert«, *Archiv für Sozialgeschichte*, Nr. 56 (2016), https://library.fes.de/pdf-files/afs/bd56/afs56_12_adam.pdf, zugegriffen am 02.05.2024

194 Duncan Needham, »Regierungen: Staatsverschuldung in Kriegs- und Friedenszeiten«, in *Schulden machen: Praktiken der Staatsverschuldung im langen 20. Jahrhundert*, hg. von Jan Logemann, Stefanie Middendorf und Julia Laura Rischbieter, übers. von Kathrin Hadeler (Frankfurt: Campus Verlag, 2023), S. 52–75, S. 69

195 Gregori Galofré-Vilà u. a., »The Economic Consequences of the 1953 London Debt Agreement«, *European Review of Economic History* 23, Nr. 1 (1. Februar 2019): S. 1–29, https://doi.org/10.1093/ereh/hey010, S. 3, und Ursula Rombeck-Jaschinski, »Dauer: Die langen Schatten des Londoner Schuldenabkommens«, in *Schulden machen – Praktiken der Staatsverschuldung im langen 20. Jahrhundert*, hg. von Jan Logemann, Stefanie Middendorf und Laura Rischbieter (Campus Verlag, 2023), S. 402–422

196 Damit die Wechselkurse stabil blieben, mussten die USA ihre Inflation auf wesentlich niedrigerem Niveau als die vergleichsweise armen, schnell wachsenden europäischen Wirtschaften halten. Die Inflation in Europa war vor allem von nichtgehandelten Dienstleistungen getrieben, Exportgüter verteuerten sich unterdurchschnittlich. Wollten die USA vermeiden, dass ihre Exportgüter schneller teurer wurden als die europäischen und damit an Wettbewerbsfähigkeit verloren, mussten sie die Inflation insgesamt unter europäisches Niveau drücken. Das gelang den USA nicht. Siehe Barry Eichengreen, *Globalizing Capital: A History of the International Monetary System – Second Edition*, REV-Revised, 2 (Princeton University Press, 2008), https://doi.org/10.2307/j.ctt7pfmc, S. 126 ff.

197 Deutsche Bundesbank, »Geschäftsbericht der Deutschen Bundesbank für das Jahr 1972«, 1973, https://www.bundesbank.de/resource/blob/690144/c3a588da276eb66c64b899acc85ec234/mL/1972-geschaeftsbericht-data.pdf, zugegriffen am 13.03.2024, S. 38

198 Silvia Ascarelli, »Bonn to Issue Treasury Bills As Bundesbank Shifts Policy«, *Wall Street Journal*, 12. Juni 1996, https://www.wsj.com/articles/SB834523863137113000, zugegriffen am 06.03.2024

199 Estelle Cantillon und Pai-Ling Yin, »How and When Do Markets Tip? Lessons from the Battle of the Bund«, *ECB Working Paper No. 766*, 2007, https://doi.org/10.2139/ssrn.989996, S. 10

200 Bank of England, »Quarterly Bulletin August 1995 – Financial market develop-

ments« (Bank of England, 1995), https://www.bankofengland.co.uk/-/media/boe/files/quarterly-bulletin/1995/financial-market-developments-qb-1995-q3.pdf, zugegriffen am 02.05.2024, S. 248

201 Cantillon und Yin, »How and When Do Markets Tip?«

202 Dieter Haferkamp, »European capital markets in the first year of EMU« (BIS Review 101/1999, The Pfandbrief: Global Perspectives for Europe's Biggest Bond Market, London, 28. September 1999), https://www.bis.org/review/r990928b.pdf, zugegriffen am 02.05.2024

203 Deutsche Bundesbank, »Monatsbericht Oktober 2006«, Oktober 2006, https://www.bundesbank.de/resource/blob/692514/3c7ee00624313fdad2c290eeee6c3334/mL/2006-10-monatsbericht-data.pdf, zugegriffen am 02.05.2024, S. 32

204 Javier Santillán, Marc Bayle und Christian Thygesen, »The Impact of the Euro on Money and Bond Markets«, Occassional Paper (Europäische Zentralbank, Juli 2000), https://www.ecb.europa.eu/pub/pdf/scpops/ecbocp1.pdf, zugegriffen am 02.05.2024, S. 50

205 International Capital Market Association, »European Repo Market Survey«, März 2023, https://www.icmagroup.org/assets/9789-ICMA-Repo-Survey-June-2022.pdf, zugegriffen am 02.05.2024, S. 25

206 Internationaler Währungsfonds, »Germany: Staff Concluding Statement of the 2018 Article IV Mission«, 14. Mai 2018, https://www.imf.org/en/News/Articles/2018/05/14/Germany-Staff-Concluding-Statement-of-the-2018-Article-IV-Mission, zugegriffen am 06.03.2024

207 Eigene Berechnungen basierend auf Bundesministerium der Finanzen, »Zinsen des Bundes (Zeitreihe seit 1996)« (Datenportal des BMF, 18. April 2024), https://www.bundesfinanzministerium.de/Datenportal/Daten/offene-daten/haushalt-oeffentliche-finanzen/Zeitreihe-Zinsen-des-Bundeshaushalts-und-Sondervermoegen-ab-1996/Zeitreihe-Zinsen-ab1996.html, zugegriffen am 23.04.2024; Bundesministerium der Finanzen, »Germany, Central Government Budget, Expenditures, Total, Aggregate, EUR«, 2024, Macrobond, zugegriffen am 02.05.2024

208 Eigene Berechnungen basierend auf Bundesrepublik Deutschland – Finanzagentur GmbH, »Factsheet 0,25% Bundesanleihe 2018 (2028)«, 15. April 2024, https://www.deutsche-finanzagentur.de/bundeswertpapiere/factsheet/isin/DE0001102457?cHash=297a4ce3bab97d11ace09560a4832260, zugegriffen am 13.04.2024

209 Deutsche Bundesbank, »Erwartete Realzinsen Deutschland für Bundeswertpapiere mit 10-jähriger Restlaufzeit (BBSEI.M.ERZ.GVB.DE._Z.R10XX)«, März 2024, https://www.bundesbank.de/dynamic/action/de/statistiken/zeitreihen-datenbanken/zeitreihen-datenbank/723452/723452?tsId=BBSEI.M.ERZ.GVB.DE._Z.R10XX&statisticType=BBK_ITS&tsTab=0&dateSelect=2024, zugegriffen am 27.03.2024

210 Olivier Blanchard, »Public Debt and Low Interest Rates«, *American Economic Review* 109, Nr. 4 (1. April 2019): S. 1197–1229, https://doi.org/10.1257/aer.109.4.1197

211 Sachverständigenrat zur Begutachtung der gesamtwirtschaftlichen Entwicklung, »Staatsverschuldung wirksam begrenzen. Expertise im Auftrag des Bundesministers für Wirtschaft und Technologie« (Wiesbaden, 2007), https://www.sachverstaendigenrat-wirtschaft.de/fileadmin/dateiablage/Expertisen/Staatsverschuldung_wirksam_begrenzen.pdf, zugegriffen am 02.05.2024, S. 41 ff.

212 Eigene Berechnungen

213 dpa, »Lindner: Zinsausgaben des Bundes haben sich verzehnfacht«, *Süddeutsche Zeitung*, 27. Februar 2023, https://www.sueddeutsche.de/wirtschaft/bundeshaushalt-lindner-zinsausgaben-des-bundes-haben-sich-verzehnfacht-dpa.urn-newsml-dpa-com-20090101-230227-99-752024, zugegriffen am 01.06.2024

214 Bundesrepublik Deutschland – Finanzagentur GmbH, »Auktionsergebnisse seit 1999«

215 Deutsche Bundesbank, »Bundesschulden: Bei Zinsausgaben Agien periodengerecht verbuchen«, Juni 2021, https://www.bundesbank.de/resource/blob/868092/6d58ccda8e2c2befe6b932173971fdfa/mL/2021-06-bundesschulden-data.pdf, zugegriffen am 02.05.2024

216 Bundesministeriums der Finanzen, »Kreditaufnahmebericht des Bundes 2021«, August 2022, https://www.deutsche-finanzagentur.de/fileadmin/user_upload/Finanzagentur/pdf/kreditaufnahmeberichte/Kreditaufnahmebericht_2021.pdf, zugegriffen am 02.05.2024

217 Deutscher Bundestag, »Plenarprotokoll 20/143«, 2023, https://dserver.bundestag.de/btp/20/20143.pdf, zugegriffen am 02.05.2024, S. 18212

218 Dazu handelt die Finanzagentur des Bundes auch am Sekundärmarkt: Deutsche Finanzagentur, »Aktivitäten am Sekundärmarkt«, https://www.deutsche-finanzagentur.de/bundeswertpapiere/handel/sekundaermarkt/aktivitaeten, zugegriffen am 09.04.2024

219 0,3 Prozent bis 1,3 Prozent für die Schulden der Bundesregierung [1], entspricht bei Annahme des gleichen Zinssatzes 0,5 bis 2,1 Prozent für den Gesamtstaat. [1] Veronika Grimm, Lukas Nöh und Volker Wieland, »Government Bond Rates and Interest Expenditure of Large Euro Area Member States: A Scenario Analysis«, *International Finance* 26, Nr. 3 (Dezember 2023): S. 286–303, https://doi.org/10.1111/infi.12434, S. 11

220 Die vom Finanzministerium angegebene Verzehnfachung der Zinskosten von 2021 bis 2023 ist altertümlicher Buchhaltung geschuldet, siehe Deutsche Bundesbank, »Bundesschulden: Bei Zinsausgaben Agien periodengerecht verbuchen« und Philippa Sigl-Glöckner, Leo Mühlenweg und Max Krahé, »Wie schlimm ist die Zinsrampe?«, Dezernat Zukunft, 9. März 2023, https://www.dezernatzukunft.org/wie-schlimm-ist-die-zinsrampe/, zugegriffen am 06.03.2024

221 [1]. Der Ausschuss der Präsidenten der Zentralbanken der Mitgliedstaaten der Europäischen Wirtschaftsgemeinschaft hatte 1991 noch explizit erklärt, wieso Sekundärmarktkäufe nicht verboten seien sollten. [2]

[1: Europäischer Gerichtshof, »Verfahren auf Betreiben von Heinrich Weiss u. a.«, Rechtssache C-493/17, 11. Dezember 2018, https://eur-lex.europa.eu/legal-content/DE/TXT/?uri=CELEX%3A62017CJ0493, zugegriffen am 06.03.2024; 2: Committee of Governors of the Central Banks of the Member States of the European Economic Community, »Monetary financing of budget deficits in stage three«, 19. Juni 1991, https://www.ecb.europa.eu/ecb/access_to_documents/document/cog_pubaccess/shared/data/ecb.dr.parcg2009_0018monetaryfinancing19910619.en.pdf?52698871f7aea5ab0bc875560fcf4a67, zugegriffen am 02.05.2024, S. 5]

222 Genauer heute: Einlagenzins

223 Europäische Zentralbank, »What are minimum reserve requirements?«, 8. November 2023, https://www.ecb.europa.eu/ecb-and-you/explainers/tell-me/html/minimum_reserve_req.en.html, zugegriffen am 09.04.2024

224 In der Eurozone gelten Staatsanleihen nicht pauschal als sicher. Welche Staatsanleihen als Substitute für Zentralbankgeld angesehen werden, hängt primär von der EZB ab.

225 Europäische Zentralbank, »Pandemic Emergency Purchase Programme«, European Central Bank, 5. März 2024, https://www.ecb.europa.eu/mopo/implement/pepp/html/index.en.html, zugegriffen am 15.03.2024

226 Stephen Axilrod, der Generalsekretär des FOMC unter Paul Volcker, argumentierte sogar, dass nur mit der Geldmengensteuerung die rapiden Zinserhöhungen 1979 möglich waren. Sonst hätte das FOMC seiner Meinung nach nicht zu so schnellen Zinserhöhungen durchgerungen, siehe Florian Kern, Philippa Sigl-Glöckner und Max Krahé, »Geldpolitische Implementierung im Wandel« (Dezernat Zukunft, 31. Mai 2022), https://www.dezernatzukunft.org/geldpolitische-implementierung-im-wandel/, zugegriffen am 03.05.2024, S. 14

227 Deutsche Bundesbank, »Geschäftsbericht der Deutschen Bundesbank für das Jahr 1988«, 1988, https://www.bundesbank.de/resource/blob/690164/5481d207ed4fa2df2f1dad2f24a11654/mL/1988-geschaeftsbericht-data.pdf, zugegriffen am 02.05.2024, S. 36

228 Deutsche Bundesbank, »Die Entwicklung der Staatsverschuldung seit der deutschen Vereinigung«, März 1997, https://www.bundesbank.de/resource/blob/691396/7ab2cea0fdffb68875b956c088d06911/mL/1997-03-staatsverschuldung-data.pdf, zugegriffen am 30.05.2024, S. 26

229 Thomas Hanke und Klaus-Peter Schmid, »Die späte Einsicht«, *Die ZEIT*, 18. September 1992, https://www.zeit.de/1992/39/die-spaete-einsicht, zugegriffen am 06.03.2024

230 Deutsche Bundesbank, »Geschäftsbericht der Deutschen Bundesbank für das Jahr 1979«, 1979, https://www.bundesbank.de/resource/blob/690152/66a18c95b399706822512d4e9c8c0dc4/mL/1979-geschaeftsbericht-data.pdf, zugegriffen am 02.05.2024, S. 1 ff.; Deutsche Bundesbank, »Geschäftsbericht der Deutschen Bundesbank für das Jahr 1988«, 1988, https://www.bundesbank.de/resource/blob/690164/5481d207ed4fa2df2f1dad2f24a11654/mL/1988-geschaeftsbericht-data.pdf, zugegriffen am 02.05.2024, S. 19; Europäische Zentralbank, »Annual Report 2000«, März 2001, https://www.ecb.europa.eu/pub/pdf/annrep/ar2000en.pdf, zugegriffen am 02.05.2024, S. 2; Europäische Zentralbank, »Annual Report 2005«, März 2006, https://www.ecb.europa.eu/pub/pdf/annrep/ar2005en.pdf, zugegriffen am 02.05.2024, S. 18; Europäische Zentralbank, »Annual Report 2011«, März 2012, https://www.ecb.europa.eu/pub/pdf/annrep/ar2011en.pdf, zugegriffen am 02.05.2024, S. 19. Inwieweit Zentralbanken mit Zinserhöhungen auf Energiepreise reagieren sollten, ist eine komplexe Frage. Hohe Zinsen helfen ja zunächst nicht, den Öl- oder Gaspreis zu senken. Sie führen aber dazu, dass Beschäftigte Sorge um ihren Arbeitsplatz haben und nicht versuchen, die gestiegenen Lebenserhaltungskosten mit einer Lohnerhöhung zu kompensieren. Die gefürchtete Lohn-Preis-Spirale (oder eher Preis-Lohn-Spirale) kommt nicht in Gang. Bernanke, ehemaliger Fed-Chef, macht die Zinspolitik für

die schweren Rezessionen nach Ölpreisanstiegen verantwortlich, hält moderate Zinserhöhungen aber trotzdem für wichtig. Ben S. Bernanke, »Oil and the Economy«, https://www.federalreserve.gov/boarddocs/speeches/2004/20041021/default.htm, zugegriffen am 06.03.2024

231 Im NetZero-Szenario von McKinsey gehen fossile Importe bis 2050 um 80 Prozent zurück, siehe McKinsey & Company, »Net-Zero Europe«, 2020, https://www.mckinsey.com/~/media/mckinsey/business%20functions/sustainability/our%20insights/how%20the%20european%20union%20could%20achieve%20net%20zero%20emissions%20at%20net%20zero%20cost/net-zero-europe-vf.pdf, zugegriffen am 02.05.2024, S. 35

232 Prognos und Öko-Institut, »Souveränität Deutschlands sichern – Resiliente Lieferketten für die Transformation zur Klimaneutralität 2045« (Stiftung Klimaneutralität, 2023), https://www.stiftung-klima.de/app/uploads/2023/09/Stiftung_Klimaneutralitaet_2023-Resiliente-Lieferketten_Kurzfassung-1.pdf, zugegriffen am 02.05.2024, S. 7

233 Zum Zielkonflikt Arbeit versus Inflation siehe [1]. Die Präferenz der Bundesbank findet sich bereits unmissverständlich im Begleittext zum Bundesbankgesetz von 1956: »Denn wichtiger als alle anderen noch so guten Gründe ist die Sicherheit der Währung, die oberste Voraussetzung für die Aufrechterhaltung einer Marktwirtschaft und damit letzten Endes einer freiheitlichen Verfassung der Gesellschaft und des Staates.«[2] [1: Claus Brand u. a., »Employment and the Conduct of Monetary Policy in the Euro Area«, *SSRN Electronic Journal*, 2021, https://doi.org/10.2139/ssrn.3928297; 2: Bundesregierung, »Entwurf eines Gesetzes über die Deutsche Bundesbank«, Pub. L. No. Drucksache 2781 (1956), https://dserver.bundestag.de/btd/02/027/0202781.pdf, zugegriffen am 02.05.2024, S. 24]

234 Eigene Berechnung basierend auf Office for National Statistics, »Blue Book, UK Summary Accounts T.1.7.2, General Government, Uses, Wages & Salaries, Paid, GBP«, 2024, Macrobond, zugegriffen am 02.05.2024

235 Methodik: Es gab in der Geschichte der Bundesrepublik acht Episoden, in denen das Wachstum der industriellen Stundenlöhne und des Verbraucherpreisindex über drei von vier konsekutiven Episoden anwuchs und damit laut der Methodik von für eine Lohn-Preis-Spirale qualifizieren [1,2]. Die Zuwachsraten für die meisten Episoden sind aber sehr gering. Nur eine Episode weist Inflation von mehr als drei Prozent und Lohnwachstum von mehr als einem Prozent auf, Q4 1969 bis Q1 1971. [1:Eigene Berechnungen basierend auf Jorge Alvarez u. a., »Wage-Price Spirals: What Is the Historical Evidence?«, Working Paper (Internationaler Währungsfonds, November 2022), https://elibrary.imf.org/openurl?genre=journal&issn=1018-5941&volume=2022&issue=221, zugegriffen am 06.03.2024; 2: OECD, »Labour Compensation, Wage Rate, Manufacturing, Hourly und Consumer Price Index, Total«, Juni 2023, Macrobond, zugegriffen am 02.05.2024]

236 Destatis, »Erwerbstätige im Inland nach Wirtschaftssektoren«, 2024, https://www.destatis.de/DE/Themen/Wirtschaft/Konjunkturindikatoren/Lange-Reihen/Arbeitsmarkt/lrerw13a.html, zugegriffen am 06.03.2024

237 Chikako Baba und Jaewoo Lee, »Second-Round Effects of Oil Price Shocks –

Implications for Europe's Inflation Outlook«, Working Paper (Internationaler Währungsfonds, September 2022), https://elibrary.imf.org/openurl?genre=journal&issn=1018-5941&volume=2022&issue=173, zugegriffen am 06.03.2024, S. 12

238 Ben Bernanke und Olivier Blanchard, »What caused the US pandemic-era inflation?«, Working Paper (Cambridge, MA: National Bureau of Economic Research, Juni 2023), https://doi.org/10.3386/w31417, zugegriffen am 02.05.2024

239 Martin Arnold und Delphine Strauss, »Why the ECB should still be worried about wages«, *Financial Times*, 28. Januar 2024, https://www.ft.com/content/c54c5327-6129-453a-8c75-91aa2f7469fd, zugegriffen am 06.03.2024

240 Bundesregierung, »Entwurf eines Gesetzes zur Ausführung des Umweltschutzprotokolls vom 4. Oktober 1991 zum Antarktis-Vertrag (Umweltschutzprotokoll-Ausführungsgesetz)«, Pub. L. No. Drucksache 12/7491 (1994), https://dip.bundestag.de/drucksache/entwurf-eines-gesetzes-zur-ausf%C3%BChrung-des-umweltschutzprotokolls-vom-4-oktober/132710, zugegriffen am 02.05.2024, S. 27

241 Bundesministerium des Innern und für Heimat, »Gemeinsame Geschäftsordnung der Bundesministerien«, 30. Juli 2020, https://www.bmi.bund.de/SharedDocs/downloads/DE/veroeffentlichungen/themen/ministerium/ggo.pdf;jsessionid=8AA13F02C896EDF00108DBAB74196729.live881?__blob=publicationFile&v=12, zugegriffen am 02.05.2024, § 44

242 Bundesregierung, »Entwurf eines Gesetzes zur Erhöhung des Schutzes durch den gesetzlichen Mindestlohn und zu Änderungen im Bereich der geringfügigen Beschäftigung«, Pub. L. No. Drucksache 20/1408 (2022), https://dserver.bundestag.de/btd/20/014/2001408.pdf, zugegriffen am 02.05.2024, S. 3

243 Deutsche Bundesbank, »Monatsbericht Februar 2022 – Konjunktur in Deutschland«, 2022, https://www.bundesbank.de/resource/blob/885496/154f5e6137baa1aec403e3582f85f831/mL/2022-02-konjunktur-data.pdf, zugegriffen am 02.05.2024, S. 56f.

244 Wobei ein besonderer Fokus auf systemisch wichtige Preise gelegt werden könnte, siehe Isabella M Weber u. a., »Inflation in Times of Overlapping Emergencies: Systemically Significant Prices from an Input–Output Perspective«, *Industrial and Corporate Change* 33, Nr. 2 (16. März 2024): S. 297–341, https://doi.org/10.1093/icc/dtad080

245 Kaiji Chen u. a., »Aggregate and Distributional Impacts of Housing Policy: China's Experiment«, 8. November 2019, https://www.aeaweb.org/conference/2020/preliminary/paper/355GZtHk, zugegriffen am 02.05.2024, S. 10

246 Deutsche Bundesbank, »Geschäftsbericht der Deutschen Bundesbank für das Jahr 1972« S. 28 f.

247 Interview mit Moritz Kraemer; Jannik Tillar, »›Deutschland wird mittelfristig sein AAA-Rating verlieren‹«, Capital, 15. August 2023, https://www.capital.de/geld-versicherungen/-deutschland-wird-mittelfristig-sein-aaa-rating-verlieren--33735368.html, zugegriffen am 15.04.2024

248 Sachverständigenrat zur Begutachtung der gesamtwirtschaftlichen Entwicklung, »Zeit zum Handeln – Antriebskräfte stärken: Jahresgutachten 1993/94«, Drucksache 12/6170, 15. November 1993, https://www.sachverstaendigenrat-wirtschaft.de/fileadmin/dateiablage/download/gutachten/1206170.pdf, zugegriffen am 02.05.2024, S. 158

249 Wobei die Schuldenbremse, wenn man es ganz genau nimmt, nicht das Defizit des Bundes reguliert, sondern die Nettokreditaufnahme. Die Nettokreditaufnahme ist eine fiktive Größe, die sich nicht zwangsläufig an tatsächlichen Geldströmen orientiert.

250 Europäische Kommission, »Non-accelerating wage rate of unemployment (ZNAWRU)« (AMECO, 15. November 2023), https://dashboard.tech.ec.europa.eu/qs_digit_dashboard_mt/public/sense/app/667e9fba-eea7-4d17-abf0-ef20f6994336/sheet/f38b3b42-402c-44a8-9264-9d422233add2/state/analysis/, zugegriffen am 14.03.2024

251 Beatrice Cherrier, »How Not to Screw up Your Economic Expertise: Lessons from the Kennedy Tax Cut Grandmaster, Walter Heller«, The Undercover Historian, 20. Februar 2017, https://beatricecherrier.wordpress.com/2017/02/20/how-not-to-screw-up-your-economic-expertise-lessons-from-the-kennedy-tax-cut-grand master-walter-heller/, zugegriffen am 14.03.2024

252 Arthur M Okun, »Potential GNP: its measurement and significance«, Cowles Foundation Paper (Cowles Foundation for Research in Economics, Yale University, 1963), https://milescorak.files.wordpress.com/2016/01/okun-potential-gnp-its-measurement-and-significance-p0190.pdf, zugegriffen am 02.05.2024

253 Eigene Übersetzung. Im Original: »Involuntary unemployment is the most dramatic sign and disheartening consequence of underutilization of productive capacity. It translates into human terms what may otherwise seem merely an abstract statistic. We cannot afford to settle for any prescribed level of unemployment.« Council of Economic Advisers, »Economic Report of the President«, Januar 1962, Federal Reserve Bank of St. Louis, https://fraser.stlouisfed.org/files/docs/publications/ERP/1962/ERP_1962.pdf?utm_source=direct_download, zugegriffen am 02.05.2024, S. 8

254 Jacques R. Artus, »Measures of Potential Output in Manufacturing for Eight Industrial Countries, 1955–78«, Staff Paper – Internationaler Währungsfonds, März 1977, 1, https://doi.org/10.2307/3866534, S. 1

255 Deutsche Bundesbank, »Monatsberichte der Deutschen Bundesbank Oktober 1981«, Oktober 1981, https://www.bundesbank.de/resource/blob/690994/8a02df18fc740f69f8e86da0d7046d32/mL/1981-10-monatsbericht-data.pdf, zugegriffen am 02.05.2024, S. 32 ff.

256 Milton Friedman, *Capitalism and Freedom*, 40th Anniversary Edition (Chicago London: The University of Chicago Press, 2002), S. 78

257 Friedman, S. 200

258 Genauer: Entsprechend Inflation und Produktivitätssteigerungen anstiegen, Milton Friedman, »Nobel Lecture: Inflation and Unemployment«, *Journal of Political Economy* 85, Nr. 3 (1977): S. 451–472, S. 459

259 Eigene Übersetzung. Im Original: »waste and misery of unemployment«. Council of Economic Advisers, »Economic Report of the President«, S. 5

260 Friedman, »Nobel Lecture: Inflation and Unemployment«, S. 459

261 Eigene Übersetzung. Im Original: »When we are unemployed it is because

we think we can do better.« Robert Lucas zitiert in Brian Snowdon und Howard R Vane, *Modern macroeconomics: its origins, development and current state* (Edward Elgar Publishing, 2005), S. 290

262 Siehe zum Beispiel Charles Adams, Paul R. Fenton und Larsen Flemming, »I Potential Output in Major Industrial Countries«, in *Staff studies for the World Econ Outlook, August 1987* (Internationaler Währungsfonds, 1987), S. 1–38, https://doi.org/10.5089/9781451943641.083, zugegriffen am 02.05.2024

263 Wobei Franco Modigliani wohl als Erstes die NAIRU bestimmte. [1] Sein Konzept baute allerdings nicht auf Friedmans auf, sondern auf dem historischen Zusammenhang zwischen Arbeitslosigkeit und Inflation. [2] [1: James Tobin, »Supply constraints on employment and output: NAIRU versus natural rate«, Cowles Foundation Paper (Cowles Foundation for Research in Economics, Yale University, 1997), https://elischolar.library.yale.edu/cgi/viewcontent.cgi?article=2397&context=cowles-discussion-paper-series, zugegriffen am 02.05.2024; 2: Franco Modigliani und Lucas Papademos, »Targets for Monetary Policy in the Coming Year«, *Brookings Papers on Economic Activity* 1975, Nr. 1 (1975): 141, https://doi.org/10.2307/2534063]

264 Wobei die Europäische Kommission im Gegensatz zu IWF und OECD erst einen statistischen Ansatz für die Bestimmung der Produktionslücke favorisierte [1]. 2002 erscheint dann eine umfassende Beschreibung des Produktionsfunktionsansatzes. [2] [1: Europäische Kommission, »1995 Broad Economc policy guidelines«, European Economy, 1995, https://ec.europa.eu/economy_finance/publications/pages/publication7973_en.pdf, zugegriffen am 02.05.2024, S. 38 f.; 2: Cécile Denis, Kieran Mc Morrow und Werner Röger, »Production function approach to calculating potential growth and output gaps-estimates for the EU Member States and the US« (European Commission, 2002), https://ec.europa.eu/economy_finance/publications/pages/publication1706_en.pdf, zugegriffen am 02.05.2024]

265 In Europa bekommt die NAIRU den Namen NAWRU (non-accelerating wage rate of unemployment). Zur besseren Verständlichkeit ist in diesem Text nur von der NAIRU die Rede.

266 Die Schätzung der Schwankungshöhe beruht lediglich auf 21 vergangenen Beobachtungen und steht daher auf sehr wackligen statistischen Beinen, siehe Philipp Heimberger und Bernhard Schütz, »Evaluierung des Zusammenhangs von Produktionspotenzial und Budgetsemielastizität im Rahmen der deutschen Schuldenbremse«, Forschungsbericht (Wiener Institut für Internationale Wirtschaftsvergleiche, November 2022), https://wiiw.ac.at/evaluierung-des-zusammenhangs-von-produktionspotenzial-und-budgetsemielastizitaet-im-rahmen-der-deutschen-schuldenbremse-dlp-6404.pdf, zugegriffen am 02.05.2024, S. 18

267 In der »Berechnung der zulässigen Kreditaufnahme nach § 5 des Artikel 115-Gesetzes sowie der Verordnung über das Verfahren zur Bestimmung der Konjunkturkomponente nach § 5 des Artikel 115-Gesetzes« im Kontext des Bundeshaushalts wird die zulässige Nettokreditaufnahme inklusive finanzieller Transaktionen ausgewiesen. Da Artikel 115 Grundgesetz aber nicht besagt, dass finanzielle Transaktionen das zulässige Kreditvolumen erhöhen, sondern von einer »Bereinigung der Einnahmen und Ausgaben um finanzielle Transaktionen«

spricht, berücksichtige ich finanzielle Transaktionen nicht bei der Berechnung der zulässigen Nettokreditaufnahme.

268 Milton Friedman, »The role of monetary policy«, *The American Economic Review* 58, Nr. 1 (1968), https://www.aeaweb.org/aer/top20/58.1.1-17.pdf, zugegriffen am 02.05.2024

269 Eigene Übersetzung, im Original: »wide discretionary powers to a group of technicians, gathered together in an ›independent‹ central bank, or in some bureaucratic body.« Friedman, *Capitalism and Freedom*, S. 39

270 Philipp Heimberger, Jakob Kapeller und Bernhard Schütz, »The NAIRU Determinants: What's Structural about Unemployment in Europe?«, *Journal of Policy Modeling* 39, Nr. 5 (September 2017): S. 883–908, https://doi.org/10.1016/j.jpolmod.2017.04.003

271 Damit verfolgt man nun laut Sachverständigenrat explizit eine andere Definition des Produktionspotenzials als die, die Inflation als Grenze bestimmt, siehe Sachverständigenrat zur Begutachtung der gesamtwirtschaftlichen Entwicklung, »Das Erreichte nicht verspielen: Jahresgutachten 2007/08«, 2. November 2007, https://www.sachverstaendigenrat-wirtschaft.de/fileadmin/dateiablage/download/gutachten/jg07_ges.pdf, zugegriffen am 02.05.2024, S. 439

272 Europäische Kommission, »Non-accelerating wage rate of unemployment (ZNAWRU)«

273 SPD, »Das Zukunftsprogramm – Wofür wir stehen. Was uns antreibt. Wonach wir streben.«, 9. Mai 2021, https://www.spd.de/programm/zukunftsprogramm, zugegriffen am 02.05.2024, S. 27, und CDU/CSU, »Das Programm für Stabilität und Erneuerung. Gemeinsam für ein modernes Deutschland«, 21. Juni 2021, https://assets.ctfassets.net/nwwnl7ifahow/4Ze4NxQZxxjpxtsHWmv0lr/678a180784a542c6b74d881526e027da/CDU_Beschluss_Das_Programm_f__r_Stabilit__t_und_Erneuerung._Gemeinsam_f__r_ein_modernes_Deutschland..pdf, zugegriffen am 02.05.2024, S. 37

274 Karel Havik u. a., »The Production Function Methodology for Calculating Potential Growth Rates & Output Gaps«, Economic Papers (Europäische Kommission, 2014), https://doi.org/10.2765/71437

275 Bundesministerium für Wirtschaft und Klimaschutz und Bundesministerium der Finanzen, »Gesamtwirtschaftliches Produktionspotenzial und Konjunkturkomponenten. Datengrundlagen und Ergebnisse der Schätzungen der Bundesregierung – Jahresprojektion 2024«, 21. Februar 2024

276 Technisch: Totale Faktorproduktivität

277 Eigene Übersetzung. Im Original: »Measure of our ignorance«, siehe Moses Abramovitz, »The Search for the Sources of Growth: Areas of Ignorance, Old and New«, *The Journal of Economic History* 53, Nr. 2 (1993): S. 217–243, S. 219

278 Eurostat, »Main reason for part-time employment – Distributions by sex and age (%) (lfsa_epgar)« (EU-LFS, 14. März 2024), https://doi.org/10.2908/LFSA_EPGAR

279 Siehe zum Beispiel Olivier J. Blanchard und Lawrence H. Summers, »Hysteresis and the European Unemployment Problem«, *NBER Macroeconomics Annual 2023* 1 (Januar 1986): S. 15–78, https://doi.org/10.1086/654013

280 Eigene Übersetzung, im Original: »The additional jobs available in a high-pressure economy tend to be well- paid jobs, productive jobs, and potentially steady jobs. Such benefits should be valued and cherished in a democratic capitalistic society. The sacrifice of upward mobility must be carefully reckoned as one part of the high cost of accepting slack as an insurance policy against inflation.«. Siehe Arthur M. Okun, William Fellner und Alan Greenspan, »Upward Mobility in a High-Pressure Economy«, *Brookings Papers on Economic Activity* 1973, Nr. 1 (1973): 207, https://doi.org/10.2307/2534087, S. 244

281 Differenz der Potenzialschätzung für 2024 zwischen der Jahresprojektion 2019 [1] und der Jahresprojektion 2024 [2] der Bundesregierung. [1: Bundesministerium für Wirtschaft und Klimaschutz und Bundesministerium der Finanzen, »Gesamtwirtschaftliches Produktionspotenzial und Konjunkturkomponenten. Datengrundlagen und Ergebnisse der Schätzungen der Bundesregierung – Jahresprojektion 2024«, 17. Oktober 2019, https://www.bmwk.de/Redaktion/DE/Downloads/G/gesamtwirtschaftliches-produktionspotenzial-herbstprojektion-2019.pdf?__blob=publicationFile&v=10, zugegriffen am 02.05.2024: 2 Bundesministerium für Wirtschaft und Klimaschutz und Bundesministerium der Finanzen, »Gesamtwirtschaftliches Produktionspotenzial und Konjunkturkomponenten. Datengrundlagen und Ergebnisse der Schätzungen der Bundesregierung – Jahresprojektion 2024«, 21. Februar 2024]

282 Eigene Berechnung basierend auf Bundesgesetzblatt, »Gesetz über die Feststellung des Bundeshaushaltsplans für das Haushaltsjahr 2024 – Bundesgesetzblatt«, Nr. 38 Teil 1 § (2024), https://www.recht.bund.de/bgbl/1/2024/38/VO.html, zugegriffen am 30.04.2024

283 Congressional Budget office, »The Budget and Economic Outlook: 2024 to 2034 By the Numbers«, Februar 2024, https://www.cbo.gov/system/files/2024-02/59710-By-the-Numbers.pdf, zugegriffen am 02.05.2024

284 Artikel 115 Absatz 2 Satz 6 GG

285 BVerfG, Urteil des Zweiten Senats vom 15. November 2023 – 2 BvF 1/22 –, https://www.bverfg.de/e/fs20231115_2bvf000122.html, Rn. 136

286 Bundesministerium der Finanzen, »Economic Dialogue – 15 Jahre Schuldenbremse«, 15. April 2024, https://www.bundesfinanzministerium.de/Content/DE/Video/2024/2024-04-15-Economic-Dialogue/2024-04-15-schuldenbremse.html, zugegriffen am 02.05.2024, ca. Minute 18:30

287 Europäische Kommission, »Gross public debt (UDGG)«

288 Deutsche Bundesbank, »Die Maastricht-Schulden: methodische Grundlagen sowie die Ermittlung und Entwicklung in Deutschland«, Monatsbericht, April 2018, https://www.bundesbank.de/resource/blob/724596/3f48b7be00f9574cc930717eb5dda090/mL/2018-04-maastricht-data.pdf, zugegriffen am 02.05.2024

289 Würde man zumindest Finanzanlagen wie Geld auf Konten ausnehmen und den Nettoschuldenstand messen, läge Deutschlands Schuldenquote nur noch bei 46 Prozent; Internationaler Währungsfonds, »Net Debt« (Fiscal Monitor, April 2024), https://www.imf.org/en/Publications/FM/Issues/2024/04/17/fiscal-monitor-april-2024, zugegriffen am 30.04.2024

290 Siehe zum Beispiel Bundesministerium für Digitales und Verkehr, »BMDV – ÖPP-Projekte der 2. Staffel«, zugegriffen 1. Juni 2024, https://bmdv.bund.de/

SharedDocs/DE/Artikel/StB/oepp-projekte-der-2-staffel.html, zugegriffen am 01.06.2024

291 Der Präsident des Bundesrechnungshofes als Bundesbeauftragter für Wirtschaftlichkeit in der Verwaltung, »Gutachten des Bundesbeauftragten für Wirtschaftlichkeit in der Verwaltung zu Öffentlich Privaten Partnerschaften (ÖPP) im Bundesfernstraßenbau« (Bundesrechnungshof, 5. Januar 2009), https://www.bundesrechnungshof.de/SharedDocs/Downloads/DE/Berichte/BWV-Veroeffentlichung/oepp-im-bundesfernstrassenbau-volltext.pdf?__blob=publicationFile&v=1, zugegriffen am 02.05.2024, S. 22

292 Siehe zum Beispiel für Pflegeheime: Philippa Sigl-Glöckner und Benjamin Braun, »Kapitalisierung des Pflegesektors: Kurze Lebenserwartung«, *Die Tageszeitung: taz*, 30. September 2020, https://taz.de/!5713294/, zugegriffen am 14.03.2024

293 Grundsatz der Selbstdeckung gemäß § 34 Nr. 11, Allgemeine Verwaltungsvorschriften zur Bundeshaushaltsordnung

294 Ausnahmen bildeten die Tschechoslowakei beziehungsweise ihre Nachfolgestaaten Tschechien und die Slowakei sowie Rumänien. Die niedrige Schuldenquote der Tschechoslowakei war einer konservativen Finanzpolitik geschuldet, die von Rumänien einem »religiösen Eifer, alle Schulden zurückzuzahlen«, der schwerste Schäden an der Wirtschaft hinterließ. Dimitri G. Demekas und Mohsin S. Khan, »The Romanian Economic Reform Program«, Working Paper (Internationaler Währungsfonds, 1991), https://elibrary.imf.org/openurl?genre=journal&issn=1018-5941&volume=1991&issue=080, zugegriffen am 09.04.2024; James Roaf u. a., *Regional Economic Issues--Special Report 25 Years of Transition: Post-Communist Europe and the IMF* (Washington, D.C.: International Monetary Fund, 2014), https://doi.org/10.5089/9781498305631.086, S. 13f.; Sebastian Horn, Carmen M. Reinhart und Christoph Trebesch, *Hidden Defaults*, Policy Research Working Papers (Weltbank, 2022), https://doi.org/10.1596/1813-9450-9925

295 Virginia Di Nino, Maurizio Michael Habib und Martin Schmitz, »Multinational enterprises, financial centres and their implications for external imbalances: a euro area perspective«, Economic Bulletin (Europäische Zentralbank, Februar 2020), https://www.ecb.europa.eu/press/economic-bulletin/articles/2020/html/ecb.ebart202002_01~1a58c02776.en.html, zugegriffen am 02.05.2024

296 Eigene Berechnungen

297 Eigene Übersetzung, im Original: »The euro area GDP data […] is increasingly telling us more about the tax strategies of large U.S. firms and less about the actual composition of activity in the euro area.« Brad W. Setser, »Ireland Really Shouldn't Be Driving the Details of the Euro Area's GDP Data«, *Follow the Money – Council on Foreign Relations* (blog), 27. April 2020, https://www.cfr.org/blog/ireland-really-shouldnt-be-driving-details-euro-areas-gdp-data, zugegriffen am 14.03.2024

298 Europäische Kommission, »Gross public debt (UDGG)«

299 Die modifizierte Schuldenquote wird als das Verhältnis von Schulden zu einem angepassten Bruttonationaleinkommen* (BNE*) berechnet. Das BNE* enthält keine Profite, die Irland sofort wieder verlassen, und ist um Abschreibungen von geistigem Eigentum und geleasten Flugzeugen bereinigt. National Treasury

Management Agency, »Irish Economy and Public Finances«,https://www.ntma.ie/business-areas/funding-and-debt-management/investor-relations/irish-economy, zugegriffen am 14.03.2024

300 Rebecca Beard, »Einen Trust in Malta gründen und warum es so vorteilhaft sein kann«, Dixcart, 10. Januar 2023, https://www.dixcart.com/de/establishing-a-trust-in-malta-and-why-it-can-be-so-beneficial/, zugegriffen am 14.03.2024

301 Dixcart, »A Move of Residence – Information Note: 450«, März 2024, https://www.dixcart.com/wp-content/uploads/2023/08/450-A-Move-of-Residence-Table.pdf, zugegriffen am 02.05.2024, S. 5

302 Europäische Kommission, »Nominal compensation per employee, relative to a country or aggregate (HWCDWR)« (AMECO, 15. November 2023), https://dashboard.tech.ec.europa.eu/qs_digit_dashboard_mt/public/sense/app/667e9fba-eea7-4d17-abf0-ef20f6994336/sheet/f38b3b42-402c-44a8-9264-9d422233add2/state/analysis/, zugegriffen am 14.03.2024

303 Claes Belfrage und Markus Kallifatides, »Financialisation and the New Swedish Model«, *Cambridge Journal of Economics* 42, Nr. 4 (14. Juli 2018): S. 875–900, https://doi.org/10.1093/cje/bex089, S. 892

304 Europäische Kommission, »Germany – Review of Progress on Policy Measures Relevant for the Correction of Macroeconomic Imbalances«, 5. Dezember 2019, https://economy-finance.ec.europa.eu/document/download/d58c0174-db8c-4143-a7ed-92311394dc09_en?filename=de_mip_specific_monitoring_2019_publication.pdf, zugegriffen am 02.05.2024, S. 3 ff.

305 Internationaler Währungsfonds, *World Economic Outlook – A Rocky Recovery. Chapter 3. Coming Down to Earth: How to Tackle Soaring Public Debt* (Washington, D.C., 2023), https://www.imf.org/-/media/Files/Publications/WEO/2023/April/English/text.ashx, zugegriffen am 02.05.2024, S 74 f.

306 Europäische Kommission, »Annual Economic Report 1991–92 – Strengthening growth and improving convergence«, European Economy, Dezember 1991, https://op.europa.eu/en/publication-detail/-/publication/2ee01e15-9126-4815-8e30-79b983b44ade/language-en#, zugegriffen am 02.05.2024, S. 190

307 Bernd Martens, »Wirtschaftlicher Zusammenbruch und Neuanfang nach 1990«, bpb.de, 27. Mai 2020, https://www.bpb.de/themen/deutsche-einheit/lange-wege-der-deutschen-einheit/47133/wirtschaftlicher-zusammenbruch-und-neuanfang-nach-1990/, zugegriffen am 14.03.2024

308 Thomas Hanke, »Apokalypse Ost«, *Die ZEIT*, 12. Juni 1992, https://www.zeit.de/1992/25/apokalypse-ost, zugegriffen am 09.04.2024

309 Sachverständigenrat zur Begutachtung der gesamtwirtschaftlichen Entwicklung, »Auf dem Wege zur wirtschaftlichen Einheit Deutschlands: Jahresgutachten 1990/91«, 13. November 1990, https://www.sachverstaendigenrat-wirtschaft.de/fileadmin/dateiablage/download/gutachten/1108472.pdf, zugegriffen am 02.05.2024, S. 81

310 Theo Waigel und Walther Otremba, »Die Finanzierung der Deutschen Einheit«, in *Historisch-politische Mitteilungen*, Archiv für Christlich-Demokratische Politik (Böhlau Verlag Wien Köln, 2023), S. 233–258, https://www.vandenhoeck-ruprecht-verlage.com/themen-entdecken/geschichte/zeitgeschichte-ab-1949/58812/historisch-politische-mitteilungen?c=1548, zugegriffen am 02.05.2024, S. 237

311 Deutsche Bundesbank, »Monatsberichte der Deutschen Bundesbank Dezember 1992«, Dezember 1992, https://www.bundesbank.de/resource/blob/691282/61901b796fe066bd538f627cf79cbc03/mL/1992-12-monatsbericht-data.pdf, zugegriffen am 02.05.2024, Statistischer Teil, S. 49

312 Deutscher Bundestag – Wissenschaftliche Dienste, »Sachstand – Entwicklung der Militärausgaben in Deutschland von 1925 bis 1944 und in der Bundesrepublik Deutschland von 1950 bis 2015 im Verhältnis zur gesamtwirtschaftlichen Leistung«, 2017, https://www.bundestag.de/resource/blob/503294/493c4e3a31e0705bd3b62a77d449bc76/wd-4-025-17-pdf-data.pdf, zugegriffen am 02.05.2024, S. 6

313 Sachverständigenrat zur Begutachtung der gesamtwirtschaftlichen Entwicklung, »Die wirtschaftliche Integration in Deutschland Perspektiven – Wege – Risiken: Jahresgutachten 1991/92«, 18. November 1991, https://www.sachverstaendigenrat-wirtschaft.de/fileadmin/dateiablage/download/gutachten/1201618.pdf, zugegriffen am 02.05.2024, S. 78 und S. 130

314 Richtlinie 92/77/EWG des Rates vom 19. Oktober 1992 zur Ergänzung des gemeinsamen Mehrwertsteuersystems und zur Änderung der Richtlinie 77/388/EWG (Annäherung der MWSt.-Sätze)

315 Bundesministerium der Finanzen, »Übersichten zur finanzwirtschaftlichen Entwicklung – Monatsbericht Juli 2023«, Juli 2023, https://www.bundesfinanzministerium.de/Monatsberichte/2023/07/Inhalte/Kapitel-6-Statistiken/6-1-14-entwicklung-der-steuer-und-abgabequoten.html, zugegriffen am 02.05.2024

316 Eigene Berechnungen basierend auf Internationaler Währungsfonds, »Central Government (Including Social Security Funds), Other, Percent of GDP; Primary Net Lending / Borrowing«, 2024, Macrobond, zugegriffen am 02.05.2024

317 Eigene Übersetzung, im Original: »the sick man of Europe«, »bloated welfare system« und »excessive labour costs« siehe The Economist, »The sick man of the euro«, 3. Juni 1999, https://www.economist.com/special/1999/06/03/the-sick-man-of-the-euro, zugegriffen am 09.04.2024

318 Auch wenn sie im Vergleich zu denen anderer europäischer Staaten nicht außergewöhnlich hoch waren; Anna Nobre, »EU Labour Costs 1999«, Statistics in focus – Population and Social Conditions (Eurostat, März 2001), https://aei.pitt.edu/85313/1/2001.3.pdf, zugegriffen am 02.05.2024, S. 3

319 Destatis, »Registrierte Arbeitslose und Arbeitslosenquote nach Gebietsstand«, 4. Januar 2024, https://www.destatis.de/DE/Themen/Wirtschaft/Konjunkturindikatoren/Lange-Reihen/Arbeitsmarkt/lrarb003ga.html, zugegriffen am 09.04.2024

320 Joachim Ragnitz, »Warum wächst die Wirtschaft in Ostdeutschland nicht schneller?«, Aktueller Kommentar (ifo Institut, 2011), https://www.ifo.de/DocDL/ifodb_2011_1_3_4.pdf, zugegriffen am 02.05.2024

321 Europäisches Währungsinstitut, »Konvergenzbericht«, März 1998, https://www.ecb.europa.eu/pub/pdf/conrep/cr1998de.pdf, zugegriffen am 02.05.2024, S. 29

322 FOCUS online, »Theo Waigel: Nach dem Mauerfall kümmerten sich Tierärzte um die DDR-Wirtschaft«, 29. Oktober 2014, https://www.focus.de/politik/deutschland/25-jahre-mauerfall/ex-finanzminister-zum-mauerfall-theo-waigel-wir-hatten-keine-ahnung-von-der-ddr-wirtschaft_id_4234891.html, zugegriffen am 12.04.2024

323 Bis 1999 beruhte die Berechnung der Schuldenquote auf ESVG 79, wurde dann

auf ESVG 95 und später auf ESVG 2010 umgestellt. Nach ESVG 2010 lag die Schuldenquote 1997 bei 59 Prozent. Siehe Europäische Kommission, »Economic Outlook of the EU: 1998–2000. Supplement A Economic trends«, Oktober 1998, https://ec.europa.eu/archives/economy_finance/publications/archives/pdf/publication2926_en.pdf, zugegriffen am 02.05.2024, S. 4 und Europäische Kommission, »Gross public debt (UDGG)«

324 KfW Research, »KfW-Kommunalpanel 2023«, S. 13

325 Jan Büchel, »Aufbau Ost: Die Gigabit-Lücke«, IW-Kurzbericht (Köln: Institut der deutschen Wirtschaft, 2023), https://www.iwkoeln.de/fileadmin/user_upload/Studien/Kurzberichte/PDF/2023/IW-Kurzbericht_2023-Aufbau-Ost-Digitall%C3%BCcke.pdf, zugegriffen am 02.05.2024, S. 2

326 Der Beauftragte der Bundesregierung für Ostdeutschland, »Zum Stand der Deutschen Einheit – Bericht der Bundesregierung 2023«, 2023, https://www.bundesregierung.de/resource/blob/975292/2226090/19e8d0dba83e65e13266838329366e15/zum-stand-der-deutschen-einheit-2023-download-bk-amt-data.pdf?download=1, zugegriffen am 02.05.2024, S. 169

Kapitel 6
Die gefährlichste Idee, die nie einer hatte

327 Der Spiegel, »Im März soll ich mich mal wieder melden«, 5. Dezember 1982, https://www.spiegel.de/politik/im-maerz-soll-ich-mich-mal-wieder-melden-a-3cd9731e-0002-0001-0000-000014356280, zugegriffen am 19.03.2024

328 Dr. Otto Graf Lambsdorff, »Konzepte für eine Politik zur Überwindung der Wachstumsschwäche und zur Bekämpfung der Arbeitslosigkeit«, 9. September 1982, https://www.freiheit.org/sites/default/files/import/2017-09/11501-in5-118lambsdorff-papier1982.pdf, zugegriffen am 02.05.2024, S. 2

329 Bundesregierung, »Die Kabinettsprotokolle der Bundesregierung: 91. Kabinettssitzung am Montag, dem 1. Juli 1985«, 1. Juli 1985, https://kabinettsprotokolle.bundesarchiv.de/protokoll/b72a8d4d-4338-4ce8-a4de-7f1ca47c6b0d, zugegriffen am 02.05.2024

330 Deutsche Bundesbank, »Übersicht der Gewinnverteilung von 1957–2022«, 23. Februar 2024, https://www.bundesbank.de/resource/blob/925290/fa61f0fe7efc45cfe7fa5ada0417c89f/mL/2024-02-23-geschaeftsbericht-gewinnverteilung-data.pdf, zugegriffen am 02.05.2024

331 Bundesregierung, »Die Kabinettsprotokolle der Bundesregierung: 133. Kabinettssitzung am Dienstag, dem 1. Juli 1986«, 1. Juli 1986, https://kabinettsprotokolle.bundesarchiv.de/protokoll/dd804288-a83c-45ec-ac01-38317aa5050c#hit0, zugegriffen am 02.05.2024

332 Der Spiegel, »Kohls Steuergeschenk ist unbezahlbar«, 7. Juni 1987, https://www.spiegel.de/politik/kohls-steuergeschenk-ist-unbezahlbar-a-02c78142-0002-0001-0000-000013523219, zugegriffen am 12.04.2024

333 Deutscher Bundestag, »Plenarprotokoll 11/53«, 15. Januar 1988, https://dserver.bundestag.de/btp/11/11053.pdf, zugegriffen am 02.05.2024 Deutscher Bundestag, S. 3709

334 Deutscher Bundestag, »Plenarprotokoll 11/92«, 9. September 1988, https://dserver.bundestag.de/btp/11/11092.pdf, zugegriffen am 02.05.2024, S. 6327

335 Winfried Didzoleit u. a., »Aufbruch ins Ungewisse«, *Der Spiegel*, 28. Dezember 2001, https://www.spiegel.de/politik/aufbruch-ins-ungewisse-a-d14646b3-0002-0001-0000-000021086842, zugegriffen am 12.04.2024

336 Kenneth Dyson und Kevin Featherstone, »Negotiating EMU Around the German Model: Agenda-Setting Under the Kohl Chancellorship, 1982–1989«, in *The Road To Maastricht*, von Kenneth Dyson und Kevin Featherstone, 1. Aufl. (Oxford University Press, 1999), 306–69, https://doi.org/10.1093/019829638X.003.0009, S. 341

337 Joachim Algermissen, »Digitale Zusatzmaterialien«, in *Hans Tietmeyer: Ein Leben für ein stabiles Deutschland und ein dynamisches Europa* (Mohr Siebeck, 2019), https://www.mohrsiebeck.com/uploads/tx_sgpublisher/produkte/zusatzmaterial/9783161568916.pdf, zugegriffen am 02.05.2024, S. 274

338 Rat der Europäischen Union, »10ème réunion au niveau ministérielle de la CIG-UEM, Bruxelles«, Archiv der Vertragsverhandlungen, 25. November 1991, https://data.consilium.europa.eu/doc/document/HICA-H-CM3-NEGO7-12-1/xx/pdf, zugegriffen am 02.05.2024, Spule 549, S. 6

339 Rat der Europäischen Union, »3ème réunion au niveau ministérielle de la C1G-UEM, Bruxelles«, Archiv der Vertragsverhandlungen, 25. Februar 1991, https://data.consilium.europa.eu/doc/document/HICA-H-CM3-NEGO7-5-1/xx/pdf, zugegriffen am 02.05.2024, Spule 0009, S. 8

340 Ausschuss zur Prüfung der Wirtschafts- und Währungsunion, »Report on Economic and Monetary Union in the European Community (Delors Report)« (Luxemburg: Office for Official Publications of the European Communities, 1989), https://ec.europa.eu/economy_finance/publications/pages/publication6161_en.pdf, zugegriffen am 02.05.2024

341 Im Report: »fiscal policy stance«; Ausschuss zur Prüfung der Wirtschafts- und Währungsunion, S. 10

342 Vergleiche Tabelle »Finanzpolitische Kennziffern« in Sachverständigenrat zur Begutachtung der gesamtwirtschaftlichen Entwicklung, »Die Chance nutzen – Reformen mutig voranbringen: Jahresgutachten. 2005/06« (Erscheinungsort nicht ermittelbar, 2005), https://www.sachverstaendigenrat-wirtschaft.de/fileadmin/dateiablage/download/gutachten/ga05_ges.pdf, zugegriffen am 02.05.2024, S. 241, und in Sachverständigenrat zur Begutachtung der gesamtwirtschaftlichen Entwicklung, »Widerstreitende Interessen – ungenutzte Chancen: Jahresgutachten 2006/07« (Erscheinungsort nicht ermittelbar, 2006), https://www.sachverstaendigenrat-wirtschaft.de/fileadmin/dateiablage/download/gutachten/ga06_ges.pdf, zugegriffen am 02.05.2024, S. 293

343 Rat der Europäischen Union, »3ème réunion au niveau ministérielle de la C1G-UEM, Bruxelles«, Spule 0009, S. 8

344 Hans Tietmeyer, *Herausforderung Euro: wie es zum Euro kam und was er für Deutschlands Zukunft bedeutet* (München Wien: Hanser, 2005), S. 163

345 Rat der Europäischen Union, »10ème réunion au niveau ministérielle de la CIG-UEM, Bruxelles«, Spule Nummer 543, 25.11.1991, S. 5

346 Christian Schubert, »3-Prozent-Defizitgrenze: Wie das Maastricht-Kriterium im

Louvre entstand«, *Frankfurter Allgemeine Zeitung*, 26. September 2013, https://www.faz.net/aktuell/wirtschaft/wirtschaftswissen/3-prozent-defizitgrenze-wie-das-maastricht-kriterium-im-louvre-entstand-12591473.html, zugegriffen am 19.03.2024

347 Rat der Europäischen Union, »10ème réunion au niveau ministérielle de la CIG-UEM, Bruxelles«, Spule Nummer 544, 25.11.1991, S. 3

348 Europäische Kommission, »Annual Economic Report 1991–92 – Strengthening growth and improving convergence«, S. 190

349 Kenneth Dyson und Kevin Featherstone, »Italy and EMU as a ›Vincolo Esterno‹: Empowering the Technocrats, Transforming the State«, *South European Society and Politics* 1, Nr. 2 (Juni 1996): S. 272–299, https://doi.org/10.1080/13608749608539475, S. 288

350 Der Spiegel, »Erschreckend niedrig«, 18. August 1991, https://www.spiegel.de/wirtschaft/erschreckend-niedrig-a-1d6e08f7-0002-0001-0000-000013489152, zugegriffen am 12.04.2024

351 Rat der Europäischen Union, »Documents de la phase préparatoire de la CIG-UEM CM3 NEGO. NEGO7. 13.1«, Archiv der Vertragsverhandlungen, 2. Dezember 1991, https://data.consilium.europa.eu/doc/document/HICA-H-CM3-NEGO7-13-1/xx/pdf, zugegriffen am 02.05.2024, Spule Nummer 585, 02.12.1991, S. 10 ff.

352 Der Nachfolger des Währungsausschusses ist der Wirtschafts- und Finanzausschuss, im Rahmen dessen die EU-Regierungen bis heute ihre Wirtschafts- und Finanzpolitik koordinieren, siehe Wirtschafts- und Finanzausschuss, »About the EFC«, https://economic-financial-committee.europa.eu/about-efc_en, zugegriffen am 19.03.2024

353 Im Original: »serait extrêment difficile en cette matière de fixer une limite supérieure acceptable […]. La question de savoir si un déficit est ou non excessif doit rester une affaire de jugement fondé sur des critères objectifs […] il conviendrait de tenir compte des fonctions attribuées au secteur public, qui diffèrent d'un pays à l'autre.«, Währungsausschuss, »L'union Économique Bt Monétaire Au-Delà De La Première Étape Orientations Pour La Preparation De La Conférence Intergouvernementale«, 23. Juli 1990, https://data.consilium.europa.eu/doc/document/HICA-H-CM3-NEGO7-17-1/xx/pdf, zugegriffen am 02.05.2024, S. 10

354 Eigene Übersetzung, im Original: »they may become cast in stone«, siehe Nigel Jenkinson, »Excessive Budget Deficits and Sanctions in EMU – A short summary of the Monetary Committee Alternates meeting in Brussels on 1st March 1991«, 4. Februar 1992, https://www.ecb.europa.eu/ecb/access_to_documents/document/cog_pubaccess/shared/data/ecb.dr.parcg2013_0007Excessive_budget_deficits_summary_MC_meeting19920204.en.pdf, zugegriffen am 02.05.2024, S. 2

355 Jenkinson, S. 2 f.

356 Die Europäische Kommission berichtete bereits seit 1983 in ihrem Jahresreport darüber, siehe Europäische Kommission, »Annual Economic Report 1983–84«, European Economy, 18. November 1983, http://aei.pitt.edu/98187/1/18.pdf, zugegriffen am 02.05.2024, S. 15

357 Europäische Kommission, »One market, one money – An evaluation of the potential benefits and costs of forming an economic and monetary union«, European

Economy, Oktober 1990, https://ec.europa.eu/economy_finance/publications/pages/publication7454_en.pdf, zugegriffen am 02.05.2024, S. 107

358 Robert L. Hetzel und Ralph F. Leach, »The Treasury-Fed Accord: a new narrative account«, Economic Quarterly (Federal Reserve Bank of Richmond, 2001), https://www.richmondfed.org/-/media/RichmondFedOrg/publications/research/economic_quarterly/2001/winter/pdf/hetzel.pdf, zugegriffen am 12.04.2024, S. 40

359 Hetzel und Leach, S. 51 f.

360 Wobei es hier darum gehen müsste, dass ein Staat die EZB daran hindert, die Realzinsen zu erhöhen. Gehen die höheren Nominalzinsen mit höherer Inflation einher, gleicht die Inflation den Zinseffekt tendenziell aus. Von 2020 bis 2023 zum Beispiel fiel die italienische Schuldenquote um 15 Prozentpunkte. [1] Der Anstieg der Realzinsen müsste so massiv und dauerhaft sein, dass er einen signifikanten Einfluss auf die staatlichen Finanzierungskosten hat, auch wenn die meisten Staaten nur ca. ein Siebtel ihrer Staatsschuld jedes Jahr refinanzieren. [1] Europäische Kommission, »Gross public debt (UDGG)«

361 Jean-Claude Trichet und Mario Draghi, »Letter to Italian Prime Minister«, 5. August 2011, https://www.ecb.europa.eu/ecb/access_to_documents/document/pa_document/shared/data/ecb.dr.par2021_0001lettertoItalianPrimeMinister.en.pdf, zugegriffen am 02.05.2024; weitere Beispiele siehe Jens van 't Klooster, »The political economy of central bank risk management« (University of Groningen, 2021), https://doi.org/10.33612/diss.168955381, S. 226

362 Artikel 126 Absatz 2 AEUV

363 Dyson und Featherstone, »Italy and EMU as a ›*Vincolo Esterno*‹«, S. 288

364 Bundesgesetzblatt, »Grundgesetz für die Bundesrepublik Deutschland vom 23. Mai 1949« (1949), https://www.bgbl.de/xaver/bgbl/start.xav?start=%2F%2F*%5B%40attr_id%3D%27bgbl149001.pdf%27%5D#__bgbl__%2F%2F*%5B%40attr_id%3D%27bgbl149001.pdf%27%5D__1713540249501, zugegriffen am 02.05.2024, S. 15

365 Deutscher Bundestag, »Schriftlicher Bericht des Rechtsauschusses zu Drucksache V/3605«, 6. Dezember 1968, https://dserver.bundestag.de/btd/05/036/0503605zu.pdf, zugegriffen am 02.05.2024, S. 13

366 Bundesgesetzblatt, »Zwanzigstes Gesetz zur Änderung des Grundgesetzes« (1969), https://www.bgbl.de/xaver/bgbl/text.xav?SID=&tf=xaver.component.Text_0&tocf=&qmf=&hlf=xaver.component.Hitlist_0&bk=bgbl&start=%2F%2F*%5B%40node_id%3D%27980710%27%5D&skin=pdf&tlevel=-2&nohist=1&sinst=0C899C17, zugegriffen am 02.05.2024, S. 358

367 BVerfG, Urteil vom 18.04.1989 – 2 BvF 1/82, Rn. 126

368 Deutscher Bundestag, »Entwurf eines Vierten Gesetzes zur Änderung der Bundeshaushaltsordnung«, Drucksache 11/6939 § (1990), https://dserver.bundestag.de/btd/11/069/1106939.pdf, zugegriffen am 02.05.2024, S. 7

369 § 13 Absatz 3 BHO

370 Deutscher Bundestag, »Plenarprotokoll 12/61«, 28. November 1991, https://dserver.bundestag.de/btp/12/12061.pdf, zugegriffen am 02.05.2024, S. 5203; Deutscher Bundestag, »Plenarprotokoll 12/29«, 7. Juni 1991, https://dserver.bundestag.de/btp/12/12029.pdf, zugegriffen am 02.05.2024, S. 2238; Deutscher Bundestag, »Plenarprotokoll 13/176«, 16. Mai 1997, https://dserver.bundestag.de/btp/13/13176.

pdf, zugegriffen am 02.05.2024, S. 15861; Deutscher Bundestag, »Plenarprotokoll 12/171«, 7. September 1993, https://dserver.bundestag.de/btp/12/12171.pdf, zugegriffen am 02.05.2024, S. 14696; Deutscher Bundestag, »Entschließungsantrag der Fraktion der SPD zu der dritten Beratung des Entwurfs des Haushaltsgesetzes 1998 – Drucksachen 13/8200, 13/8883, 13/9001 bis 13/9027«, Drucksache 13/9251, 26. November 1997, https://dserver.bundestag.de/btd/13/092/1309251.pdf, zugegriffen am 02.05.2024, S. 3

371 Dirk Koch und Heiko Martens, »Ich will Europäer sein«, *Der Spiegel*, 23. Februar 1997, https://www.spiegel.de/politik/ich-will-europaeer-sein-a-e40e53bd-0002-0001-0000-000008670641, zugegriffen am 14.03.2024

372 Deutsche Bundesbank, »Neubewertung der Gold- und Devisenreserven«, Monatsbericht, Juni 1997, https://www.bundesbank.de/resource/blob/691464/fbb83411e35891ec948f38da2e3e5872/mL/1997-06-gold-data.pdf, zugegriffen am 02.05.2024

373 Theo Waigel, »Bundesfinanzminister Theo Waigels ›Stabilitätspakt‹ für Europa«, November 1995, https://www.cvce.eu/de/obj/vorschlag_von_theo_waigel_zu_einem_stabilitatspakt_fur_europa_november_1995-de-50fc7cc3-0a4d-4762-9ee5-e312d32d41f1.html, zugegriffen am 02.05.2024

374 Der Spiegel, »Oskars zweiter Anlauf«, 19. November 1995, https://www.spiegel.de/politik/oskars-zweiter-anlauf-a-2fa12dc5-0002-0001-0000-000009231699, zugegriffen am 12.04.2024

375 Verordnung (EG) Nr. 1466/97 des Rates vom 7. Juli 1997 über den Ausbau der haushaltspolitischen Überwachung und der Überwachung und Koordinierung der Wirtschaftspolitiken

376 Buzer, »Änderung § 51a HGrG vom 01.01.2010«, https://www.buzer.de/gesetz/117/al23983-0.htm, zugegriffen am 12.04.2024

377 Euractive, »Schröder zum Stabilitätspakt: EU sollte weniger Einfluss haben«, www.euractiv.de, 17. Januar 2005, https://www.euractiv.de/section/finanzdienstleistungen/news/schroder-zum-stabilitatspakt-eu-sollte-weniger-einfluss-haben/, zugegriffen am 19.03.2024

378 »Specifications on the implementation of the Stability and Growth Pact and Guidelines on the format and content of Stability and Convergence Programmes«, https://ec.europa.eu/economy_finance/economic_governance/sgp/pdf/coc/2009-11-19_code_of_conduct_(consolidated)_en.pdf, zugegriffen am 02.05.2024, S. 4 f.

379 »Specifications on the implementation of the Stability and Growth Pact and Guidelines on the format and content of Stability and Convergence Programmes«, S. 5

380 Deutscher Bundestag, »Plenarprotokoll 16/27«, 28. März 2006, https://dserver.bundestag.de/btp/16/16027.pdf#P.2097, zugegriffen am 02.05.2024, S. 2101

381 Die Beteiligten sahen den Koalitionsvertrag der neuen Regierung »als klares Signal«, sich weiter mit dem Thema auseinanderzusetzen, auch wenn ein solches Vorhaben dort mit keinem Wort erwähnt wurde, siehe Elmar Dönnebrink, Florian Höppner und Margaretha Sudhof, »Entstehungsgeschichte und Entwicklung des BMF-Konzepts«, in *Die neuen Schuldenregeln im Grundgesetz: zur Fortentwicklung der bundesstaatlichen Finanzbeziehungen*, hg. von Christian

Kastrop, Gisela Meister-Scheufelen und Margaretha Sudhof, 1. Auflage, Schriften zur öffentlichen Verwaltung und öffentlichen Wirtschaft 219 (Berlin: Berliner Wissenschafts-Verlag, 2010), S. 22–48, S. 45

382 Sachverständigenrat zur Begutachtung der gesamtwirtschaftlichen Entwicklung, »Expertise. Staatsverschuldung wirksam begrenzen«, S. 29

383 Kommission von Bundestag und Bundesrat, »Kommissionsprotokoll«, 22. Juni 2007, https://webarchiv.bundestag.de/archive/2007/1105/parlament/gremien/foederalismus2/protokolle/prot04.pdf#page70, zugegriffen am 02.05.2024, S. 73 und 86

384 Tarik Ahmia, »Haushalt: Schwarze Null für Steinbrück«, *taz*, 3. Juli 2007, https://taz.de/!5198546/, zugegriffen am 20.03.2024

385 Paula Sophie Schiwy, »›Alles hängt mit allem zusammen‹ – Eine Prozessanalyse zur Einführung der Schuldenbremse«, Masterarbeit Universität Bremen, 6. Juni 2023, S. 48

386 Valerie Vandermeulen u.a., »Potential Output and EU Fiscal Surveillance«, *VoxEU – Centre for Economic Policy Research* (blog), 23. September 2019, https://cepr.org/voxeu/columns/potential-output-and-eu-fiscal-surveillance, zugegriffen am 19.03.2024

387 Deutscher Bundestag, »Deutscher Bundestag – Historische Debatten (16): Kontroverse um Bankenrettung«, 14. August 2017, https://www.bundestag.de/dokumente/textarchiv/bankenrettung-205998, zugegriffen am 20.03.2024

388 Mit einem Volumen von 12 Milliarden Euro, siehe György Barabas, Roland Döhrn und Heinz Gebhardt, »Was brachte das Konjunkturpaket II?«, *Wirtschaftsdienst* 2011, Nr. 7 (2011): S. 496–498

389 Schiwy, »›Alles hängt mit allem zusammen‹ – Eine Prozessanalyse zur Einführung der Schuldenbremse«, S. 49

390 Anna Mayr, »Jetzt mal langsam«, *Die ZEIT*, 17. September 2023, https://www.zeit.de/2023/39/schuldenbremse-haushaltsentwurf-christian-lindner-bundesregierung/seite-3, zugegriffen am 10.04.2024

391 Florian Gathmann, »Einigung zur Schuldenbremse: Seehofer preist ›Wetterwende‹ in der Finanzpolitik«, *Der Spiegel*, 6. Februar 2009, https://www.spiegel.de/politik/deutschland/einigung-zur-schuldenbremse-seehofer-preist-wetterwende-in-der-finanzpolitik-a-605954.html, zugegriffen am 20.03.2024

392 Siehe zum Beispiel CDU/CSU-Bundestagsfraktion, »Schuldenbremse für Deutschland – Beschluss der CDU/CSU-Bundestagsfraktion vom 11. März 2008«, 11. März 2008, https://webarchiv.bundestag.de/archive/2009/1223/bundestag/ausschuesse/gremien/foederalisreform/kommissionsdrucksachen/kdrs097.pdf, zugegriffen am 02.05.2024, S. 2

393 Deutscher Bundestag, »Entwurf eines Gesetzes zur Änderung des Grundgesetzes (Artikel 91c, 91d, 104b, 109, 109a, 115, 143d)«, Pub. L. No. Drucksache 16/12410 (2009), https://dserver.bundestag.de/btd/16/124/1612410.pdf, zugegriffen am 02.05.2024, S. 6

394 Verordnung (EG) Nr. 1055/2005 des Rates vom 27. Juni 2005 zur Änderung der Verordnung (EG) Nr. 1466/97 über den Ausbau der haushaltspolitischen Überwachung und der Überwachung und Koordinierung der Wirtschaftspolitiken

395 In seinem Brief an die Föderalismuskommission schreibt Steinbrück, der Sta-

bilitäts- und Wachstumspakt sehe vor dem Hintergrund der demographischen Entwicklung ein maximales Defizit von 0,5 Prozent vor [1]. Dönnebrink et al. schreiben dazu: »Die auf Basis dieses Tragfähigkeitskonzepts im sogenannten ›Code of Conduct‹ zum Stabilitäts- und Wachstumspakt definierten Kriterien führen im Falle Deutschlands zum Ergebnis, dass das strukturelle Defizit maximal 0,5 Prozent des BIPs betragen darf.« [2] Als mittelfristiges Haushaltsziel hatte man in Europa allerdings nicht 0,5 Prozent angegeben, sondern eine Nullverschuldung. [3] [1: Bundesministerium der Finanzen, »FöKo II – FV 1080/07/0001«, Kommissionsdrucksache 096, FöKo II – FV 1080/07/0001 (Kommission zur Modernisierung der Bund-Länder-Finanzbeziehungen, 25. Februar 2008), https://webarchiv.bundestag.de/archive/2009/1223/bundestag/ausschuesse/gremien/foederalisreform/kommissionsdrucksachen/kdrs096.pdf, zugegriffen am 02.05.2024, S. 4; 2: Dönnebrink, Höppner und Sudhof, »Entstehungsgeschichte und Entwicklung des BMF-Konzepts«, S. 38; 3: Bundesministerium der Finanzen, »Deutsches Stabilitätsprogramm. Aktualisierung Dezember 2008«, Dezember 2008, https://www.bundesfinanzministerium.de/Content/DE/Downloads/Oeffentliche-Finanzen/Stabilitaetsprogramme/stabilitaetsprogramm-2008.pdf?__blob=publicationFile&v=4, zugegriffen am 02.05.2024]

396 Artikel 3 Absatz 1 Vertrag über Stabilität, Koordinierung und Steuerung in der Wirtschafts- und Währungsunion«, 2. März 2012

397 Wobei Deutschland in seiner Rechnung etwas von der europäischen Methode abweicht, wie sich an den Differenzen der projizierten Inputwerte zeigt, siehe zum Beispiel Europäische Kommission, »2023-II Autumn Forecast – 3. Results« (circabc, 2023), https://circabc.europa.eu/ui/group/671d465b-0752-4a2e-906c-a3effd2340ba/library/8f7c1fb6-0648-4c18-9275-4978954c78c5?p=1&n=10&sort=modified_DESC, zugegriffen am 12.04.2024, versus Bundesministerium für Wirtschaft und Klimaschutz und Bundesministerium der Finanzen, »Gesamtwirtschaftliches Produktionspotenzial und Konjunkturkomponenten. Datengrundlagen und Ergebnisse der Schätzungen der Bundesregierung – Herbstprojektion 2023«, 11. Oktober 2023, https://www.bmwk.de/Redaktion/DE/Downloads/G/gesamtwirtschaftliches-produktionspotenzial-herbstprojektion-2023.pdf?__blob=publicationFile&v=4, zugegriffen am 02.05.2024

398 Deutscher Bundestag, »Unterrichtung durch die Bundesregierung – Sozialbericht 2009«, Drucksache 17/13830, 20. Juli 2009, https://dserver.bundestag.de/btd/16/138/1613830.pdf, zugegriffen am 02.05.2024, S. 23

399 Deutscher Bundestag, »Plenarprotokoll 16/215«, 27. März 2009, https://dserver.bundestag.de/btp/16/16215.pdf#P.23363, zugegriffen am 02.05.2024, S. 23372

400 So erklärt Steinbrück in seiner Rede anlässlich der Abstimmung über die Einführung der Schuldenbremse: »Wir sind Keynes immer nur zur Hälfte gefolgt. Wir haben zwar in konjunkturell schlechten Zeiten Schulden aufgenommen, aber in guten Zeiten nicht, wie es ein vollständiges Befolgen der Theorie von Keynes verlangt hätte, die Schulden wieder getilgt.« [1] Hier bezieht er sich möglicherweise auf Keynes Aussage von 1937, »the boom, not the slump, is the right time for austerity at the Treasury«. Keynes motiviert diese Aussage aber auch. So erklärt er: »Just as it was advisable for the Government to incur debt during the slump, so for the same reasons it is now advisable that they should incline to the opposite

policy. Aggregate demand is increased by loan expenditure and decreased when loans are discharged out of taxation.« Keynes hält Sparen im Boom also für richtig, da Kreditaufnahme die Nachfrage weiter befeuern würde. [2] [1: Deutscher Bundestag, S. 23375; 2: John Maynard Keynes, *The Collected Writings of John Maynard Keynes – Activities 1931–1939: World Crises and Policies in Britain and America*, hg. von Donald Moggridge, Bd. XXI (Macmillan Cambridge University Press, 1978), S. 390]

401 Europäische Kommission, »Report on Greek Government Deficit and Debt Statistics«, COM(2010) 1 final, 8. Januar 2010, https://ec.europa.eu/eurostat/documents/4187653/6404656/COM_2010_report_greek/c8523cfa-d3c1-4954-8ea1-64bb11e59b3a, zugegriffen am 02.05.2024

402 Florian Schuster, »Sovereign Spreads, Central Bank Collateral Frameworks, and Periphery Premia in the Eurozone« (Dezernat Zukunft, 29. Juni 2023), https://www.dezernatzukunft.org/sovereign-spreads-central-bank-collateral-frameworks-and-periphery-premia-in-the-eurozone/, zugegriffen am 29.06.2023

403 Artikel 18.1 Protokoll über die Satzung des Europäischen Systems der Zentralbanken und der Europäischen Zentralbank

404 Eigene Übersetzung, im Original: ›authorization gap‹, siehe Jens van 't Klooster, »The Politics of the ECB's Market-Based Approach to Government Debt«, *Socio-Economic Review* 21, Nr. 2 (7. Juni 2023): S. 1103–1123, https://doi.org/10.1093/ser/mwac014, S. 1104

405 Wobei Artikel 123 Absatz 1 AEUV lediglich festlegt, dass die EZB Staaten keine Kredite geben oder ihre Staatsanleihen direkt kaufen darf. Was genau Staatsfinanzierung konstituiert, bleibt unscharf, siehe van 't Klooster, S. 1104

406 Europäische Zentralbank, »The Eurosystem Collateral Framework Throughout the Crisis«, Monthly Bulletin, Juli 2013, https://www.ecb.europa.eu/pub/pdf/other/art1_mb201307en_pp71-86en.pdf, zugegriffen am 02.05.2024, S. 73

407 Will Bateman und Jens van 't Klooster, »The Dysfunctional Taboo: Monetary Financing at the Bank of England, the Federal Reserve, and the European Central Bank«, *Review of International Political Economy* 31, Nr. 2 (24. Mai 2023): S. 413–437, https://doi.org/10.1080/09692290.2023.2205656, S. 18

408 J. Adam Tooze, *Crashed: How a Decade of Financial Crises Changed the World* (New York: Viking, 2018), S. 338

409 Tooze, S. 346

410 Eigene Berechnungen

411 Janko Tietz, »Folgen der Griechenland-Krise: ›Das zwingt uns in die Knie‹«, *Der Spiegel*, 26. April 2010, https://www.spiegel.de/wirtschaft/soziales/folgen-der-griechenland-krise-das-zwingt-uns-in-die-knie-a-691214.html, zugegriffen am 20.03.2024

412 Der Spiegel, »Defizitprognose: IWF lobt solides Deutschland«, 12. April 2011, https://www.spiegel.de/wirtschaft/unternehmen/defizitprognose-iwf-lobt-solides-deutschland-a-756658.html, zugegriffen am 20.03.2024

413 Carmen M. Reinhart und Kenneth S. Rogoff, »Growth in a Time of Debt«, *American Economic Review* 100, Nr. 2 (1. Mai 2010): S. 573–578, https://doi.org/10.1257/aer.100.2.573

414 »Rede des Bundesministers der Finanzen, Dr. Wolfgang Schäuble« (Deutscher

Bundestag, 6. September 2011), https://www.bundesregierung.de/breg-de/service/newsletter-und-abos/bulletin/rede-des-bundesministers-der-finanzen-dr-wolfgang-schaeuble--802334, zugegriffen am 20.03.2024

415 Eigene Berechnungen auf Basis von: The Economist, »Still in a spin«, 15. April 2010, https://www.economist.com/briefing/2010/04/15/still-in-a-spin, zugegriffen am 20.03.2024

416 Wolfgang Schäuble, »Rede des Bundesministers der Finanzen Dr. Wolfgang Schäuble« (Université Paris-Sorbonne, 2. November 2010), https://www.wolfgang-schaeuble.de/1595/, zugegriffen am 20.03.2024

417 Jeromin Zettelmeyer, Christoph Trebesch und Mitu Gulati, »The Greek Debt Restructuring: An Autopsy«, *Economic Policy* 28, Nr. 75 (Juli 2013): S. 513–563, https://doi.org/10.1111/1468-0327.12014

418 Ab Verkündung des Pandemic Emergency Purchase Programmes im März 2020. Eigene Berechnungen basierend auf Macrobond, »Government Benchmarks, 10 Year, Yield«

419 Zum Beispiel Deutscher Bundestag, »Plenarprotokoll 17/14«, 19. Januar 2010, https://dserver.bundestag.de/btp/17/17014.pdf, zugegriffen am 02.05.2024, S. 1142

420 CDU, CSU und SPD, »Deutschlands Zukunft gestalten – Koalitionsvertrag zwischen CDU, CSU und SPD«, 27. November 2013, https://archiv.cdu.de/sites/default/files/media/dokumente/koalitionsvertrag.pdf, zugegriffen am 02.05.2024, S. 62

421 T. Herndon, M. Ash und R. Pollin, »Does High Public Debt Consistently Stifle Economic Growth? A Critique of Reinhart and Rogoff«, *Cambridge Journal of Economics* 38, Nr. 2 (1. März 2014): S. 257–279, https://doi.org/10.1093/cje/bet075

422 CDU, CSU und SPD, »Deutschlands Zukunft gestalten – Koalitionsvertrag zwischen CDU, CSU und SPD«, S. 62

423 CDU, »›Schwarze Null‹ ist ein historischer Erfolg«, 13. Januar 2015, https://archiv.cdu.de/artikel/schwarze-null-ist-ein-historischer-erfolg, zugegriffen am 20.03.2024

424 Tagesschau, »Bundeshaushalt: ›Schwarze Null‹ bereits 2014«, 13. Januar 2015, https://www.tagesschau.de/inland/bundeshaushalt-103.html, zugegriffen am 19.04.2024

425 Bundesministerium der Finanzen, »2017: Zum Abschied formen Beschäftige des Bundesfinanzministeriums eine ›schwarze Null‹«, 28. Dezember 2023, https://www.bundesfinanzministerium.de/Content/DE/Bilderstrecken/Bildergalerien/2023/2023-12-27-Wolfgang-Schaeuble/22.html, zugegriffen am 19.04.2024

426 DE: Jan Behringer u. a., »News and Views on Public Finances: A Survey Experiment«, CESifo Working Paper (ifo Institut, 23. Januar 2024), https://www.ssrn.com/abstract=4703295, zugegriffen am 20.03.2024, EU: Björn Bremer und Reto Bürgisser, »Do Citizens Care about Government Debt? Evidence from Survey Experiments on Budgetary Priorities«, *European Journal of Political Research* 62, Nr. 1 (Februar 2023): S. 239–263, https://doi.org/10.1111/1475-6765.12505 USA: Christopher Roth, Sonja Settele und Johannes Wohlfart, »Beliefs about Public Debt and the Demand for Government Spending«, *Journal of Econome-*

trics 231, Nr. 1 (November 2022): S. 165–187, https://doi.org/10.1016/j.jeconom.2020.09.011
427 The White House, »Remarks by President Biden on the Passage of H.R. 5376, the Inflation Reduction Act of 2022«, 14. September 2022, https://www.whitehouse.gov/briefing-room/speeches-remarks/2022/09/13/remarks-by-president-biden-on-the-passage-of-h-r-5376-the-inflation-reduction-act-of-2022/, zugegriffen am 20.03.2024
428 Europäische Kommission, »Gross public debt (UDGG)«
429 Behringer u. a., »News and Views on Public Finances«, S. 14 ff.
430 Bremer und Bürgisser, »Do Citizens Care about Government Debt?«, S. 252
431 Google Trends, »Staatsschulden und Soli«, 18. April 2024, https://trends.google.com/trends/explore?date=all&geo=DE&q=staatsschulden,soli&hl=de, zugegriffen am 02.05.2024
432 Google Trends, »Schuldenquote und Modernisierungsumlage«, 18. April 2024, https://trends.google.com/trends/explore?date=all&geo=DE&q=schuldenquote,modernisierungsumlage&hl=de, zugegriffen am 02.05.2024
433 Deutsche Bundesbank, »Erwartete Realzinsen Deutschland für Bundeswertpapiere mit 10-jähriger Restlaufzeit (BBSEI.M.ERZ.GVB.DE._Z.R10XX)«
434 *Olaf Scholz zum Haushalt 2018, Eckwerte 2019 und Finanzplan bis 2022*, 2018, https://www.youtube.com/watch?v=j7jiUCXSXSg, zugegriffen am 20.03.2024
435 Bundesrepublik Deutschland – Finanzagentur GmbH, »Auktionsergebnisse seit 1999«
436 CDU, »Ja, wir gestehen, wir haben einen kleinen Fetisch: Solide Finanzen ohne neue Schulden! Das ist praktizierte Generationengerechtigkeit! Und es ist die beste Voraussetzung für Investitionen in die Zukunft. Uns geht es um beides. Und unser Haushalt zeigt: Es geht beides!«, *Twitter*, 27. November 2019, https://twitter.com/CDU/status/1199656278102028288, zugegriffen am 20.03.2024
437 OECD, »Unemployment rates«, Dezember 2023, https://www.oecd.org/employment/unemployment-rates-oecd-updated-december-2023.htm, zugegriffen am 20.03.2024
438 Max Krahé, »Understanding Italy's Stagnation« (Dezernat Zukunft, 13. Februar 2023), https://www.dezernatzukunft.org/understanding-italys-stagnation/, zugegriffen am 16.02.2023, S. 8
439 *Pressekonferenz mit Angela Merkel und Emmanuel Macron*, 2020, https://www.youtube.com/watch?v=7HB6d0jLpeE, zugegriffen am 27.04.2024
440 Christian Odendahl, Sebastian Grund und Lucas Guttenberg, »A proposal for a coronabond: The Pandemic Solidarity Instrument« (Centre for European Reform, 7. April 2020), https://www.cer.eu/sites/default/files/insight_CO_6.4.20.pdf, zugegriffen am 02.05.2024
441 Bojan Pancevski und Laurence Norman, »How Angela Merkel's Change of Heart Drove Historic EU Rescue Plan«, *Wall Street Journal*, 21. Juli 2020, https://www.wsj.com/articles/angela-merkel-macron-covid-coronavirus-eu-rescue-11595364124, zugegriffen am 19.04.2024
442 *Wir wollen mit Wumms aus der Krise kommen*, 2020, https://www.bundesregierung.de/breg-de/themen/coronavirus/-wir-wollen-mit-wumms-aus-der-krise-kommen--1757510, zugegriffen am 27.05.2024

443 Bundesministerium der Finanzen, »Vorläufiger Abschluss des Bundeshaushalts 2019 – Monatsbericht Januar 2020«, Januar 2020, https://www.bundesfinanzministerium.de/Monatsberichte/2020/01/Inhalte/Kapitel-3-Analysen/3-4-vorlaeufiger-abschluss-bundeshaushalt-2019_pdf.pdf;jsessionid=9A855522680F20B5D069CDE55D883355.delivery1-master?__blob=publicationFile&v=3, zugegriffen am 02.05.2024

444 Deutsche Bundesbank, »Central government – budgetary accounts (Germany as a whole) – deficit/surplus [BBGFS1.A.BJ2160]«, 26. Januar 2024, https://www.bundesbank.de/dynamic/action/en/statistics/time-series-databases/time-series-databases/745582/745582?tsTab=0&listId=www_v27_web013_12a&tsId=BBGFS1.A.BJ2160&id=0&dateSelect=2022, zugegriffen am 02.05.2024

445 Eigene Berechnungen basierend auf dem Haushaltsgesetz 2021, https://www.bundeshaushalt.de/static/daten/2021/soll/BHH%202021%20gesamt.pdf, zugegriffen am 02.05.2024

446 Lars P. Feld und Marcel Fratzscher, »Finanzpolitik: Wie wir die Zukunft finanzieren können«, *Die ZEIT*, 15. Oktober 2021, https://www.zeit.de/2021/42/finanzpolitik-investitionen-zukunft-schuldenbremse-transformation-klimaschutz-digitalisierung, zugegriffen am 05.04.2024

447 Der Klima- und Transformationsfonds hieß damals noch Energie- und Klimafonds (EKF).

448 Phoenix, »Stabilitätsratssitzung«, 10. Dezember 2021, https://www.phoenix.de/stabilitaetsratssitzung-a-2394479.html, zugegriffen am 20.03.2024

449 BVerfG, Urteil des Zweiten Senats vom 15. November 2023 – 2 BvF 1/22

450 Presse- und Informationsamt der Bundesregierung, »Pressemitteilung Nummer 280/23 – Zum Haushalt 2024«, 19. Dezember 2023, https://www.bundesregierung.de/resource/blob/975226/2250312/6fc279292e1cd7a71d62fa31d7aaf7bb/2023-12-19-haushalt-data.pdf?download=1, zugegriffen am 02.05.2024, S. 3

451 Bundesministerium der Finanzen, Christian Lindner im Interview, BILD am Sonntag, 20. November 2023, https://www.bundesfinanzministerium.de/Content/DE/Interviews/2023/2023-11-20-bild-am-sonntag.html, zugegriffen am 20.03.2024

452 Florian Toncar, *X (zuvor Twitter)*, 14. Dezember 2023, https://twitter.com/florian_toncar/status/1735370231814500627, zugegriffen am 20.03.2024

453 Jens Spahn, *X (zuvor Twitter)*, 21. November 2023, https://twitter.com/jensspahn/status/1727222997755343086, zugegriffen am 20.03.2024

454 Bundesministerium für Bildung und Forschung, »Fragen und Antworten zum Haushalt 2024 – BMBF«, Januar 2024, https://www.bmbf.de/bmbf/shareddocs/faq/2024-faq-haushalt.html, zugegriffen am 20.03.2024

455 Tagesschau, »Bahn stoppt wegen Haushaltskürzungen offenbar fast alle Neubaupläne«, 2. Februar 2024, https://www.tagesschau.de/wirtschaft/bahn-stoppt-neubau-haushaltskrise-100.html, zugegriffen am 12.03.2024

456 Grobe Schätzung im Vergleich zu 2019: Philippa Sigl-Glöckner u. a., »Bundeshaushalt 2024 – vor allem eine große Erzählung?«, Dezernat Zukunft, 7. Juli 2023, https://www.dezernatzukunft.org/bundeshaushalt-2024-vor-allem-eine-grosse-erzaehlung/. Eine detaillierte Schätzung wird aktuell vom Dezernat Zukunft erarbeitet.

457 Felix Heilmann und Philippa Sigl-Glöckner, »Können Einsparvorschläge strukturelle Lücken nach dem KTF-Urteil schließen?« (Dezernat Zukunft, 27. November 2023), https://www.dezernatzukunft.org/koennen-einsparvorschlaege-strukturelle-luecken-nach-dem-ktf-urteil-schliessen/, zugegriffen am 05.12.2023

Kapitel 7
Eine neue Finanzpolitik

458 Deutsche Bundesbank, »Monatsberichte der Deutschen Bundesbank Dezember 1973«, Dezember 1973, https://www.bundesbank.de/resource/blob/690820/a6c89332496dee4d8cd271df88ec45f6/mL/1973-12-monatsbericht-data.pdf, zugegriffen am 02.05.2024, S. 29

459 Eigene Übersetzung, im Original: »›exotic‹ interest rates«, Deutsche Bundesbank, »Geschäftsbericht der Deutschen Bundesbank für das Jahr 1972«, S. 22

460 Deutsche Bundesbank, S. 15

461 Deutsche Bundesbank, S. 23

462 Kern, Sigl-Glöckner und Krahé, »Geldpolitische Implementierung im Wandel«, S. 11

463 Plus Steuern minus Subventionen

464 »Human Development Index (HDI)«, zugegriffen 2. Mai 2024, https://hdr.undp.org/data-center/human-development-index#/indicies/HDI, zugegriffen am 02.05.2024

465 Der HDI entspricht dem geometrischen Mittel der drei Indizes.

466 BArch, »Bd. 3, R 3101/14891, II D Nr. 133, Vermerk, 2–3«, 24. Januar 1921, Berlin-Lichterfelde

467 Adam Tooze, *Statistics and the German State 1900–1945: The Making of Modern Economic Knowledge* (Cambridge University Press, 2001), zugegriffen am 18.03.2024 Kapitel 3, VI

468 Hugh Rockoff, »Off to a Good Start: National Income and Economic Measurement at the NBER«, 31. Dezember 2019, https://www.aeaweb.org/conference/2020/preliminary/paper/f8SfSeh5, zugegriffen am 02.05.2024, S. 10

469 Simon Kuznets, »National Income, 1929–1932« (National Bureau of Economic Research, 7. Juni 1934), http://www.nber.org/chapters/c2258, zugegriffen am 02.05.2024. (Genau genommen entwickelte Kuznets einen Indikator für das Bruttonationalprodukt.)

470 Simon Kuznets, »National Product, War and Prewar« (National Bureau of Economic Research, 17. Februar 1944), https://www.nber.org/books-and-chapters/national-product-war-and-prewar/national-product-war-and-prewar, zugegriffen am 18.03.2024, S. 1 f.

471 Was ein Endprodukt charakterisiert, bleibt auf den knapp 800 Seiten des Handbuchs Europäisches System Volkswirtschaftlicher Gesamtrechnungen im Ungefähren. Es schreibt: »Das BIP ist ein Maß für die gesamte Wirtschaftstätigkeit in einem Wirtschaftsgebiet, die dazu führt, dass die Produktion die Endnachfrage der Volkswirtschaft befriedigt.« Weitere Ausführungen zur ›Endnachfrage‹ gibt es keine.

Eurostat., *Europäisches System Volkswirtschaftlicher Gesamtrechnungen: ESVG 2010.* (LU: Publications Office, 2013), https://data.europa.eu/doi/10.2785/1598, S. 25

472 Jacob Assa, »The Financialization of GDP and its Implications for Macroeconomic Debates«, Working Paper (The New School for Social Research, Oktober 2016), https://www.economicpolicyresearch.org/econ/2016/NSSR_WP_102016.pdf, zugegriffen am 02.05.2024

473 Andrew Haldane, »The Contribution of the Financial Sector Miracle or Mirage?« (Future of Finance Conference, London, 14. Juli 2010), https://www.bankofengland.co.uk/-/media/boe/files/speech/2010/the-contribution-of-the-financial-sector-miracle-or-mirage-speech-by-andrew-haldane.pdf, zugegriffen am 02.05.2024

474 [1]. Allerdings sind die Schätzungen mit großen Unsicherheiten behaftet. [2] [1: Sibylle Wilke, »Gesellschaftliche Kosten von Umweltbelastungen«, Text, Umweltbundesamt (Umweltbundesamt, 10. August 2023), https://www.umweltbundesamt.de/daten/umwelt-wirtschaft/gesellschaftliche-kosten-von-umweltbelastungen, zugegriffen am 19.03.2024; 2: Richard S.J. Tol, »A Meta-Analysis of the Total Economic Impact of Climate Change«, *Energy Policy* 185 (Februar 2024): S. 1–14, https://doi.org/10.1016/j.enpol.2023.113922]

475 Peter Borscheid und Hans Pohl, Hg., »Auto und Massenmobilität«, in *Die Einflüsse der Motorisierung auf das Verkehrswesen von 1886 bis 1986*, Zeitschrift für Unternehmensgeschichte Beiheft 52 (Stuttgart: Steiner-Verlag-Wiesbaden-GmbH, 1988)

476 Destatis, »Pressemitteilung Nr. N048: Pkw-Dichte im Jahr 2022 erneut auf Rekordhoch«, 5. September 2023, https://www.destatis.de/DE/Presse/Pressemitteilungen/2023/09/PD23_N048_46.html, zugegriffen am 09.04.2024

477 Bundesministerium für Wirtschaft und Klimaschutz, »Branchenfokus Automobilindustrie«

478 Wobei hier immer auch die Arbeitseinkommen von Selbstständigen mit gemeint sind.

479 Der auf Basis der britischen Zahlen überschlagene notwendige Stundenlohn liegt bei 17,65 Euro, das Jahresgehalt bei 36.863 Euro.

480 Eigene Berechnungen

481 Eigene Berechnungen

482 Zu dem Vergleichsmaßstab BIP: Da nur Geld, das nicht in Vorleistungen geflossen ist, über Löhne und Renten verteilt werden kann, und Ausgaben für Erziehung, Bildung und Pflege kaum Vorleistungen enthalten, also nahezu komplett in das BIP fließen, scheint ein Vergleich methodisch vertretbar.

483 Artikel 115 Absatz 2 Satz 3 GG

484 Dönnebrink, Höppner und Sudhof, »Entstehungsgeschichte und Entwicklung des BMF-Konzepts«, S. 408

485 Zur Problematik der Unbestimmtheit siehe unter anderem Johannes Falter, *Die Schuldenbremse des Grundgesetzes und ihre Umsetzung in den Ländern: ein Beitrag zum föderalen Staatsschuldenrecht nach der Föderalismusreform II*, Schriften zum öffentlichen Recht, Band 1461 (Berlin: Duncker & Humblot, 2021), S. 223; Christian Seiler, »Konsolidierung der Staatsfinanzen mithilfe der neuen Schuldenregel«, *JuristenZeitung* 64, Nr. 14 (2009): 721–28, S. 721 ff.; Hermann Mangoldt, Friedrich

Klein und Christian Starck, *Grundgesetz*, 7. Auflage, 2018, Rn. 43f. Theodor Maunz und Günter Dürig, *Grundgesetz Kommentar, 56. Ergänzungslieferung*, 2009, Art. 115 Rn. 164; Stefan Korioth und Michael Müller, »Rechtsgutachten zur Konjunkturkomponente«, in *Dezernat Zukunft*, 2021, S. 1–20, https://www.dezernatzukunft.org/gutachten-zu-unserem-reformvorschlag-fuer-die-konjunkturkomponente-der-schuldenbremse/, zugegriffen am 30.11.2022

486 Florian Schuster, Max Krahé und Philippa Sigl-Glöckner, »Warum die Konjunkturkomponente ihren Zweck nicht mehr erfüllt. Analyse und ein Reformvorschlag« (Dezernat Zukunft, 24. August 2021), https://www.dezernatzukunft.org/warum-die-konjunkturkomponente-ihren-zweck-nicht-mehr-erfuellt-analyse-und-ein-reformvorschlag/, zugegriffen am 30.11.2022

487 Eigene Berechnungen auf Basis von Schuster, Krahé und Sigl-Glöckner, S. 47, und Bundesministerium der Finanzen, »Aufteilung der 2018 neu berechneten Budgetsemielastizität auf Bund, Länder, Gemeinden und Sozialversicherungen – Monatsbericht April 2019«, April 2019, https://www.bundesfinanzministerium.de/Monatsberichte/2019/04/Inhalte/Kapitel-3-Analysen/3-6-budgetsemielastizitaet_pdf.pdf?__blob=publicationFile&v=3, zugegriffen am 02.05.2024

488 Damit die Regelung grundgesetzkonform ist, muss das Potenzial erreichbar sein, darf keiner Ideallage entsprechen. [1] Daher spielt die Schätzung des Potenzials nach bestimmten Reformen durch Fachleute eine zentrale Rolle. [1: Korioth und Müller, »Rechtsgutachten zur Konjunkturkomponente«, S. 8]

489 Dazu könnte die Politik nicht einfach eine Reihe Maßnahmen nennen, die später nicht umgesetzt würden, um das Potenzial zu erhöhen. Denn schon heute wird die Einhaltung der festgelegten Defizitobergrenze nach Ende des Haushaltsjahres überprüft. Auf Basis einer aktualisierten Schätzung der Produktionslücke wird berechnet, wie sehr sich die Bundesregierung im letzten Jahr verschulden durfte. Liegt die tatsächliche Neuverschuldung darüber, wird diese auf dem sogenannten Kontrollkonto verbucht. Würde der Bundestag nun zur Bestimmung des Potenzials vor Beginn des Haushaltsjahres Maßnahmen in seine Schätzung mit einbeziehen, die nicht realisiert werden, würde die Produktionslücke in der finalen Schätzung kleiner ausfallen und die übermäßige Neuverschuldung auf dem Kontrollkonto verbucht.

490 Wobei sich der finanzielle Spielraum nur erhöht, wenn die Nutzleistung auch das wirtschaftliche Potenzial erhöht. In den meisten Fällen wird das so sein: Ein besser ausgebautes Erziehungs-, Bildungs- und Pflegesystem erlaubt Frauen, mehr erwerbstätig zu sein. Ein besseres Erziehungs- und Bildungssystem sorgt außerdem dafür, dass die nächste Generation der Erwerbstätigen ein höheres Einkommenspotenzial hat.

491 Deutsche Rentenversicherung, »Analyse der Altersrenten in den Bundesländern«, Deutsche Rentenversicherung, 10. Juli 2023, https://www.deutsche-rentenversicherung.de/DRV/DE/Ueber-uns-und-Presse/Presse/Meldungen/2023/230710-vorauszug-rentenatlas.html, zugegriffen am 19.03.2024

492 Lars P Feld [@Lars_Feld], »Der Bund soll sich so lange zusätzlich verschulden, wie diese politisch gesetzte Vollbeschäftigung noch nicht erreicht ist. Das ist, freundlich gesagt, unwissenschaftlich, pointiert: Pippi-Langstrumpf-Ökonomie – ich mach mir die Welt, wie sie mir gefällt. 9/n«, Tweet, *X (zuvor Twitter)*,

9. November 2021, https://twitter.com/Lars_Feld/status/1457996781120331776, zugegriffen am 11.04.2024

493 § 5 Absatz 4 Gesetz zur Ausführung von Artikel 115 des Grundgesetzes (Artikel 115-Gesetz – G 115)

494 Christian Lindner, Bundesfinanzminister Christian Lindner im Interview mit dem Redaktionsnetzwerk Deutschland, interviewt von RND, 18. Dezember 2023, https://www.bundesfinanzministerium.de/Content/DE/Interviews/2023/2023-12-18-rnd.html, zugegriffen am 19.03.2024

495 Siehe zum Beispiel Jens Boysen-Hogrefe und Timo Hoffmann, »Potenzialschätzung und Produktionslücken der Bundesregierung – Darstellung und Vergleich von Vorschlägen zur Anpassung der Bestimmungsmethode. Gutachten für das BMWK zum Projekt Nr. 08/22« (Kiel Institut für Weltwirtschaft, 2. Mai 2023), https://www.bmwk.de/Redaktion/DE/Downloads/P-R/potenzialschaetzung-und-produktionsluecken-der-bundesregierung-gutachten.pdf?__blob=publicationFile&v=6, zugegriffen am 02.05.2024

496 Internationaler Währungsfonds, »Central Government (Including Social Security Funds), Other, Percent of GDP; Primary Net Lending / Borrowing«

497 Aus dem Grund hat sich die EZB noch nie auf ein bestimmtes Maß für Produktionspotenzial gestützt: »One practical difficulty is the unobservability of potential output and equilibrium employment, against which to assess current activity and employment. On this basis, in 2003 the ECB did not commit to any particular estimate of potential output or of the natural rate of unemployment« [1] und stützt sich die Fed auch nicht mehr auf die NAIRU und damit das Produktionspotenzial. [2] Die Europäische Kommission hält es für automatische Entscheidungsfindung sowieso für ungeeignet und nutzte es auch so nicht im Kontext des Stabilitäts- und Wachstumspakts. [3] Das European Fiscal Board hält es für »tollkühn«, einfach eine Methode zu übernehmen: »This paper therefore advises that practitioners developing output gap estimates for use in assessing the cycle proceed with caution and with an open mind. Putting too much faith in applying one method mechanically would be foolhardy.« [4] [1: Europäische Zentralbank, »An Overview of the ECB's Monetary Policy Strategy«, 8. Juli 2021, https://www.ecb.europa.eu/home/search/review/pdf/ecb.strategyreview_monpol_strategy_overview.en.pdf, zugegriffen am 19.03.2024, S. 11 f.; 2: Federal Reserve Board, »What Is the Lowest Level of Unemployment That the U.S. Economy Can Sustain?«, Board of Governors of the Federal Reserve System, 16. September 2020, https://www.federalreserve.gov/faqs/economy_14424.htm, zugegriffen am 19.03.2024; 3: Vandermeulen u. a., »Potential Output and EU Fiscal Surveillance«; 4: EU Independent Fiscal Institutions, »Testing output gaps – An Independent Fiscal Institutions' guide«, 2. Januar 2022, https://www.euifis.eu/publications/24, zugegriffen am 19.03.2024, S. 2 [4] EU Independent Fiscal Institutions, S. 2]

498 Ľudovít Ódor und Judita Jurašeková Kucserová, »Finding Yeti – More Robust Estimates of Output Gaps in Slovakia« (National Bank of Slovakia, Februar 2014), https://nbs.sk/_img/documents/publik/wp_1-2014_odor_jurasekova_findingyeti.pdf, zugegriffen am 02.05.2024

499 Christoph Möllers, *Das Grundgesetz: Geschichte und Inhalt* (C. H. Beck, 2009), S. 10

500 Kommission von Bundestag und Bundesrat, »Kommissionsprotokoll«, 22. Juni 2007, https://webarchiv.bundestag.de/archive/2007/1105/parlament/gremien/foederalismus2/protokolle/prot04.pdf#page70, zugegriffen am 02.05.2024, S. 70

501 Man könnte hinterfragen, ob eine Zweckbindung nicht auch eine unbotmäßige Entmachtung des Gesetzgebers darstellt. Liegt aber keiner der beiden genannten Zwecke vor, ist die Wirtschaft bereits ohne Neuverschuldung ausgelastet. Eine weitere Kreditaufnahme führt in diesem Fall lediglich zu Inflation. Über die beiden Zwecke hinaus sollte die Notlageregelung natürlich weiterhin Bestand haben.

502 Monika Schnitzer, »Germany needs fiscal reform, says the chair of its council of economic experts«, *Economist*, 8. Dezember 2023, https://www.economist.com/by-invitation/2023/12/08/germany-needs-fiscal-reform-says-the-chair-of-its-council-of-economic-experts, zugegriffen am 02.06.2024

503 Hubertus Bardt u. a., »Investitionen ermöglichen!« (Institut der deutschen Wirtschaft, Institut für Makroökonomie und Konjunkturforschung, 18. November 2019), https://www.iwkoeln.de/studien/hubertus-bardt-michael-huether-investitionen-ermoeglichen.html, zugegriffen am 20.03.2024; Feld und Fratzscher, »Finanzpolitik: Wie wir die Zukunft finanzieren können«

504 Deutsche Bundesbank, »Die Schuldenbremse des Bundes: Möglichkeiten einer stabilitätsorientierten Weiterentwicklung«, Monatsbericht, April 2022, https://www.bundesbank.de/resource/blob/889644/ecd0c4b6a1da711d8df1fd446561fb63/mL/2022-04-schuldenbremse-data.pdf, zugegriffen am 02.05.2024

505 Die man sich hier herunterladen kann: Internationaler Währungsfonds, »Sovereign Risk and Debt Sustainability Analysis for Market Access Countries«, 27. Oktober 2023, https://www.imf.org/en/Publications/DSA/sovereign-risk-and-debt-sustainability-analysis-for-market-access-countries, zugegriffen am 11.04.2024

506 Christina Laskaridis, »Debt sustainability: towards a history of theory, policy and measurement« (PhD thesis. SOAS University of London, 2021), https://eprints.soas.ac.uk/35675/, zugegriffen am 20.03.2024, Kapitel 6, S. 215 ff.

507 Charles Wyplosz, »Debt Sustainability Assessment: Mission Impossible«, *Review of Economics and Institutions* 2, Nr. 3 (1. Oktober 2011): 37; Martin Guzman und Daniel Heymann, »The IMF Debt Sustainability Analysis: Issues and Problems«, *Journal of Globalization and Development* 6, Nr. 2 (1. Dezember 2015): S. 387–404, https://doi.org/10.1515/jgd-2015-0034

508 Philipp Heimberger, »Debt Sustainability Analysis as an Anchor in EU Fiscal Rules – An Assessment of the European Commission's Reform Orientations«, In-Depth Analysis requested by the ECON-Committee (Economic Governance and EMU Scrutiny Unit – Directorate-General for Internal Policies, März 2023), https://www.europarl.europa.eu/RegData/etudes/IDAN/2023/741504/IPOL_IDA(2023)741504_EN.pdf, zugegriffen am 02.05.2024, S. 13

509 *Anhörung im Europäischen Parlament am 20.9.2023 des Ausschusses für Wirtschaft und Währung (17:30)*, 2023, https://multimedia.europarl.europa.eu/en/webstreaming/committee-on-economic-and-monetary-affairs_20230920-1430-COMMITTEE-ECON, zugegriffen am 02.05.2024

510 Wenn es einen störte, dann weil die Formeln zu nachgiebig erschienen.

511 J. Bradford De Long, »Fiscal Policy in the Shadow of the Great Depression«, in *The*

Defining Moment: The Great Depression and the American Economy in the Twentieth Century, hg. von Michael D. Bordo, Claudia Goldin und Eugene N. White (University of Chicago Press, 1998), S. 67–86, https://www.nber.org/books-and-chapters/defining-moment-great-depression-and-american-economy-twentieth-century/fiscal-policy-shadow-great-depression, zugegriffen am 20.03.2024, S. 69

512 Christian Endt u. a., »Rechtspopulismus : Ein Kontinent driftet nach rechts«, *Die ZEIT*, 20. Januar 2024, https://www.zeit.de/politik/ausland/2024-01/rechtspopulismus-europa-europawahl-rechtsruck-ausnahmen, zugegriffen am 19.04.2024

513 Ricardo Duque Gabriel, Mathias Klein und Ana Sofia Pessoa, »The Political Costs of Austerity«, *Review of Economics and Statistics*, 27. September 2023, 1–45, https://doi.org/10.1162/rest_a_01373; Evelyne Hübscher, Thomas Sattler und Markus Wagner, »Does Austerity Cause Polarization?«, *British Journal of Political Science* 53, Nr. 4 (Oktober 2023): 1170–88, https://doi.org/10.1017/S0007123422000734

514 Adam Tooze, *The Wages of Destruction: The Making and Breaking of the Nazi Economy* (Penguin Books, 2007), S. 144

515 Stephanie Ettmeier und Alexander Kriwoluzky, »Austeritätspolitik der Ära Brüning hat den Wirtschaftseinbruch verstärkt und die Arbeitslosigkeit erhöht«, DIW Wochenbericht (DIW, 2022), https://doi.org/10.18723/diw_wb:2022-24-1

516 Gregori Galofre Vila u. a., »Austerity and the Rise of the Nazi Party«, Working Paper (National Bureau of Economic Research, Dezember 2017), https://www.nber.org/system/files/working_papers/w24106/revisions/w24106.rev1.pdf, zugegriffen am 02.05.2024, S. 16

517 Nikolaus Kowall, »›Arbeit und Brot‹ – die sozioökonomische NS-Propaganda vor 1933«, *Wirtschaftsdienst* 2023, Nr. 6 (2023): S. 406–412

518 Gary King u. a., »Ordinary Economic Voting Behavior in the Extraordinary Election of Adolf Hitler«, *The Journal of Economic History* 68, Nr. 4 (Dezember 2008): S. 951–996, https://doi.org/10.1017/S0022050708000788

519 Wolfgang König, »Das Scheitern einer nationalsozialistischen Konsumgesellschaft: ›Volksprodukte‹ in Politik, Propaganda und Gesellschaft des ›Dritten Reiches‹«, *Zeitschrift für Unternehmensgeschichte* 48, Nr. 2 (1. Oktober 2003): S. 131–163, https://doi.org/10.1515/zug-2003-0202, S. 152

520 Christoph Buchheim, »Der Mythos vom Wohlleben. Der Lebensstandard der deutschen Zivilbevölkerung im Zweiten Weltkrieg«, *Vierteljahrshefte für Zeitgeschichte* 58, Nr. 3 (15. Juli 2010): 299–328, https://doi.org/10.1524/vfzg.2010.0016, S. 327

521 Jürgen Falter, »Reichstagswahlergebnisse und Mandate in der Weimarer Republik«, Historische Ausstellung des Deutschen Bundestags (Deutscher Bundestag, 1986), https://www.bundestag.de/resource/blob/190456/f8d637d1039a06a614cff0264f8b5d10/reichstagswahlergebnisse-data.pdf, zugegriffen am 02.05.2024

522 Tooze, *The Wages of Destruction: The Making and Breaking of the Nazi Economy*, S. 30

523 Eurostat, »ESA 2010, Auxiliary Indicators (Population, GDP per Capita & Productivity), Main GDP Aggregates per Capita, Gross Domestic Product, 2010 Reference Year, Constant Prices, Chained, Per Capita, Market Prices, EUR«, 30. April 2024, https://doi.org/10.2908/NAMA_10_PC

524 Òscar Jordà, Moritz Schularick und Alan M. Taylor, »Macrofinancial History and the New Business Cycle Facts«, *NBER Macroeconomics Annual* 31, Nr. 1 (Januar 2017): 213–63, https://doi.org/10.1086/690241

525 De Long, »Fiscal Policy in the Shadow of the Great Depression«, S. 68

526 De Long, S. 77

527 Für den direkten Vergleich siehe S. 4 in Internationaler Währungsfonds, »Greece: 2022 Article IV Consultation-Press Release; Staff Report; and Statement by the Executive Director for Greece«, IMF Staff Country Reports (Internationaler Währungsfonds, 21. Juni 2022), https://www.imf.org/en/Publications/CR/Issues/2022/06/16/Greece-2022-Article-IV-Consultation-Press-Release-Staff-Report-and-Statement-by-the-519669, zugegriffen am 20.03.2024

528 Orsola Costantini, »Invented in America. Birth and Evolution of the Cyclically Adjusted Budget Rule, 1933–1961«, *History of Political Economy* 50 (1. März 2018): S. 83–117, https://doi.org/10.1215/00182702-4335021, S. 93 f.

529 Costantini, S. 96

530 J. Bradford De Long, »Keynesianism, Pennsylvania Avenue Style: Some Economic Consequences of the Employment Act of 1946«, *Journal of Economic Perspectives* 10, Nr. 3 (1. August 1996): S. 41–53, https://doi.org/10.1257/jep.10.3.41

531 BusinessEurope, »The EU economic governance review – a BusinessEurope position paper«, Positionspapier, 25. Juli 2023, https://www.businesseurope.eu/publications/eu-economic-governance-review-businesseurope-position-paper-0, zugegriffen am 20.03.2024

532 Jessie Romero, »A Capital Compromise – How War Debts, States' Rights, and a Dinner Table Bargain Created Washington, D. C.«, Econ History (Richmond Fed, Erstes Quartal 2019), https://www.richmondfed.org/publications/research/econ_focus/2019/q1/economic_history, zugegriffen am 20.03.2024

533 Es gab schon vorher Handelsüberschüsse, die waren aber im Vergleich zu den später folgenden nur mit der Lupe zu erkennen.

534 Siehe zum Beispiel Donato Di Carlo, »Understanding Wage Restraint in the German Public Sector: Does the Pattern Bargaining Hypothesis Really Hold Water?«, *Industrial Relations Journal* 51, Nr. 3 (Mai 2020): S. 185–208, https://doi.org/10.1111/irj.12288 vs Lucio Baccaro und Martin Höpner, »The Political-Economic Foundations of Export-Led Growth: An Analysis of the German Case«, in *Diminishing Returns*, hg. von Lucio Baccaro, Mark Blyth und Jonas Pontusson, 1. Aufl. (Oxford University Press, 2022), S. 238–267, https://doi.org/10.1093/oso/9780197607855.003.0010, Kapitel 9

535 Mai Dao, »Wealth Inequality and Private Savings: The Case of Germany«, Working Paper (Internationaler Währungsfonds, 26. Juni 2020), https://www.imf.org/en/Publications/WP/Issues/2020/06/26/Wealth-Inequality-and-Private-Savings-The-Case-of-Germany-49471, zugegriffen am 20.03.2024

536 Vergleich der Stundenlöhne von Servicearbeitern im Gesundheitssektor und manuellen Arbeitern im verarbeitenden Gewerbe, Daten von 2018. Eigene Berechnungen basierend auf Eurostat, »Mean hourly earnings by sex, economic activity and occupation (earn_ses18_47)«, 4. August 2021, https://data.europa.eu/data/datasets/siiwiteqksmxe5bwrhr0g?locale=en, zugegriffen am 02.05.2024

537 The White House, »FACT SHEET: One Year In, President Biden's Inflation

Reduction Act Is Driving Historic Climate Action and Investing in America to Create Good Paying Jobs and Reduce Costs«, The White House, 16. August 2023, https://www.whitehouse.gov/briefing-room/statements-releases/2023/08/16/fact-sheet-one-year-in-president-bidens-inflation-reduction-act-is-driving-historic-climate-action-and-investing-in-america-to-create-good-paying-jobs-and-reduce-costs/, zugegriffen am 20.03.2024

538 Foundation for Renewable Energy and Environment, »How the U.S. Can Create Widespread Job Opportunities in the Era of the IRA«, 5. Januar 2024, https://freefutures.org/how-the-u-s-can-create-widespread-job-opportunities-in-the-era-of-the-ira/, zugegriffen am 20.03.2024

539 Eigene Berechnungen basierend auf U.S. Census Bureau, »U.S. Census Bureau QuickFacts: United States«, 1. Juli 2023, https://www.census.gov/quickfacts/fact/table/US/HCN010217, zugegriffen am 20.03.2024

540 Eigene Berechnungen

Gutes Geld

541 Wobei es sich hier um den Gegenwartswert der Auslandverschuldung handelt, der 30 Prozent des BIPs nicht überschreiten soll. Internationaler Währungsfonds, »Liberia: Fourth Review Under the Extended Credit Facility Arrangement and Requests for Waivers of Nonobservance of Performance Criteria, Modification of Performance Criteria, and Rephasing and Extension of the Arrangement-Press Release; Staff Report; and Statement by the Executive Director for Liberia«, IMF Staff Country Reports (Internationaler Währungsfonds, 8. Januar 2016), https://www.imf.org/en/Publications/CR/Issues/2016/12/31/Liberia-Fourth-Review-Under-the-Extended-Credit-Facility-Arrangement-and-Requests-for-43587, zugegriffen am 08.04.2024